# COMPRAMOS UM ZOOLÓGICO

OBJETIVA

BENJAMIN MEE

# COMPRAMOS UM ZOOLÓGICO

A história verídica de um zoológico arruinado e dos duzentos animais que mudaram uma família para sempre

*Tradução*
Angela Pessôa

OBJETIVA

Todos os direitos desta edição reservados à
Editora Objetiva Ltda.
Rua Cosme Velho, 103
Rio de Janeiro — RJ — Cep: 22241-090
Tel.: (21) 2199-7824 — Fax: (21) 2199-7825
www.objetiva.com.br

Título original
*We Bought a Zoo*

Capa
Pronto Design a partir do cartaz nacional do filme *Compramos um zoológico* cedido pela Fox Film do Brasil


Preparação de original
Fernanda Calvo
Villa Nova de Mello

Revisão
Cristiane Pacanowski
Tamara Sender
Bruno Fiuza

Editoração eletrônica
Abreu's System Ltda.

CIP-BRASIL. CATALOGAÇÃO-NA-FONTE
SINDICATO NACIONAL DOS EDITORES DE LIVROS, RJ

---

M444c

Mee, Benjamin

Compramos um zoológico / Benjamin Mee; tradução Angela Pessôa. – Rio de Janeiro: Objetiva, 2011.

Tradução de: *We bought a zoo*
238p. ISBN 978-85-390-0298-6

1. Mee, Benjamin. 2. Dartmoor Wildlife Park. 3. Jardins zoológicos – Inglaterra. I. Título.

11-5791. CDD: 590.7342353
CDU: 590

# Sumário

# Prólogo

Mamãe e eu chegamos pela primeira vez como proprietários do Dartmoor Wildlife Park, em Devon, por volta das seis da tarde de 20 de outubro de 2006, e saltamos do carro ao som dos uivos dos lobos na escuridão enevoada. Meu irmão Duncan acendeu todas as luzes da casa para nos dar as boas-vindas, e cada janela irradiava essa mensagem pela neblina quando ele surgiu na porta da frente para me dar um abraço de urso — de esmagar os ossos. Ele foi mais delicado com mamãe. Nós nos atrasamos um dia em Leicester com os advogados, pois uma papelada de última hora não chegou a tempo e precisou ser despachada de moto pela rodovia M1. Duncan organizara a mudança de toda a mobília de mamãe de Surrey em três vans, com oito homens que tinham de ir para o trabalho no dia seguinte. O atraso representou um tenso impasse na entrada do parque, até que o advogado do proprietário anterior acabou permitindo que Duncan descarregasse as vans, mas apenas em dois cômodos (um deles era a malcheirosa cozinha da frente) até que a papelada estivesse pronta.

Então, admirados, nós três avançamos com cuidado por entre as torres vacilantes de caixas e entramos na cozinha revestida de lajota, que estava relativamente arrumada, e achamos que ela daria um bom centro de operações. A imensa e antiga mesa montada sobre cavaletes que eu vinha guardando na garagem de meus pais havia vinte anos enfim demonstrou sua utilidade e foi armada em um cômodo condizente com seu tamanho. Ela continua lá, como nossa mesa de jantar, mas nessa primeira noite seu valor simbólico foi enorme. Algumas caixas e alguns tapetes que Duncan tinha conseguido guardar na despensa dos fundos acabavam de ser encharcados; então, enquanto ele desentupia o cano de esgoto no lado de fora, dirigi até um restaurante chinês que tinha visto ao sair da rodovia A38, e depois nós nos sentamos para a primeira refeição juntos na nova casa. Nossos ânimos se encontravam ligeiramente abalados, mas estávamos exultantes, e naquela primeira noite rimos muito na casa fria, escura e caótica, e o fato de ao menos morarmos perto de um bom restaurante chinês nos proporcionou imenso conforto.

Naquela noite, com mamãe em segurança na cama, Duncan e eu saímos pelo parque enevoado para tentar entender o que fizemos. Onde quer que a lanterna iluminasse, olhos de tamanhos variados piscavam de volta para nós e, sem uma ideia clara da disposição do parque àquela altura, o mistério de que animais exatamente se escondiam por trás deles contribuiu de forma significativa para o clima. No entanto, sabíamos onde estavam os tigres e nos dirigimos a uma das áreas cercadas, que haviam sido marcadas para terem as traves substituídas, a fim de ver de perto que tipo de deterioração enfrentaríamos. Sem nenhum tigre à vista, ultrapassamos a barreira de isolamento e à luz da lanterna começamos a examinar a base das traves estruturais de madeira que sustentavam a tela de arame. Nós nos agachamos, absortos, cutucando e raspando as camadas superficiais da madeira podre para encontrar o núcleo mais resistente, neste caso, de forma reconfortante, próximo à superfície. Concluímos que as traves não estavam tão estragadas, mas, quando nos levantamos, ficamos estarrecidos ao ver os três tigres da área cercada agora a apenas poucos passos, prontos para saltar, nos olhando fixamente, como se fôssemos o jantar.

Foi fantástico. As três feras — e eram animais magníficos — se aproximaram de modo a ficarmos ao alcance de suas patas sem que nenhum dos dois percebesse. Cada animal era maior do que nós dois juntos, e ainda assim se deslocaram em silêncio. Se estivéssemos na selva ou, mais precisamente nesse caso, na tundra siberiana, a primeira coisa que perceberíamos seria uma enorme boca em torno de nosso pescoço. Os tigres possuem sensores especiais na parte anterior de seus caninos de 5 centímetros, capazes de detectar a pulsação de nossa aorta. A primeira mordida é para agarrar, então sentem a nossa pulsação com os dentes, os reposicionam e cravam.

Enquanto eles nos mantinham sob olhares glaciais, estávamos impressionados. Por fim, um daqueles felinos imensos e musculosos — reconhecendo que, devido a circunstâncias além de seu controle (isto é, a cerca entre nós), aquilo havia sido um mero ensaio geral — bocejou, rangeu os caninos curvos como adagas e desviou o olhar. Permanecemos impressionados.

Começamos a voltar para casa. Os lobos deram início ao seu sinistro coro noturno, acompanhado pelos sons das corujas — havia cerca de 15 no local —, o guincho bizarro de uma águia e o brado noturno de perigo dos macacos-vervet ao passarmos por sua jaula. E sentimos que era essa a questão. Tudo o que tínhamos de fazer agora era planejar o que fazer em seguida.

Chegar até ali fora uma incrível jornada. Um novo começo, que marcava também o fim de uma estrada longa e tortuosa envolvendo toda a nossa família. Minha parte da história começa na França.

# 1

# No início...

L'Ancienne Bergerie, junho de 2004, e a vida era boa. Minha esposa Katherine e eu tínhamos acabado de assumir o último compromisso com nossa nova vida ao vendermos nosso apartamento em Londres e comprarmos dois deslumbrantes celeiros de pedra dourada no calor do sul da França, onde vivíamos de baguetes, queijo e vinho. O vilarejo onde nos instalamos aninhava-se entre Nimes e Avignon, no Languedoc, a Provença dos pobres, região com o menor índice pluviométrico de toda a França. Eu estava escrevendo uma coluna de "faça você mesmo" sobre melhorias domésticas para o jornal *Guardian* e duas outras para a revista *Grand Designs*, e também um livro sobre o humor nos animais, projeto longamente acalentado que, eu achava, demandava um bocado de tempo em ambiente propício. E aquele era.

Nossos dois filhos, Ella e Milo, bilíngues e bronzeados, brincavam com gatinhos na segurança de um grande jardim murado, caçando juntos imensos gafanhotos, atirando-se em meio à relva alta e seca e a camadas de trigo, semeado provavelmente em consequência dos grãos que caíam das carretas quando os celeiros faziam parte de uma fazenda produtiva. Nosso grande cachorro, Leon, estendia-se nos limites dos amplos portões enferrujados, zelando por nós com a vigilância benigna do animal criado especialmente para esse fim, ofegando alegremente no trabalho.

O lugar estava de fato começando a parecer um lar. Nossos parcos 65 metros quadrados no centro de Londres haviam se convertido em 1.200 metros quadrados rurais no sul da França, ainda que ligeiramente menos equipados, e não tão próximos da Marks & Spencer,* do South Bank** ou do Museu Britânico. Mas o verão durava de março a novembro e o vinho da região, vendido a oito libras no Tesco (mercado inglês), custava 3,50 euros na fonte. Bem, era preciso aproveitar — fazia parte da cultura local. Churrascos de truta fresca e linguiças picantes de Cévennes, ao norte, taças de rosé com gelo que derretia rápido sob o forte calor do sul da Europa. Era idílico.

Esse ambiente perfeito foi conquistado depois de cerca de dez anos me estabelecendo, profissional e financeiramente, em uma posição na qual eu mal podia me dar ao luxo de viver como um camponês em um celeiro abandonado em uma aldeia repleta de outros camponeses muito mais saudáveis, que ganhavam a vida por meio de atividade agrícola honesta. Eu era o inglês louco; eles eram camponeses franceses ligeiramente perturbados — tolerantes, agradáveis, gentis, mas, ainda assim, extremamente críticos.

Katherine, com quem me casara em abril daquele ano após nove anos juntos (esperei até que ela tivesse perdido totalmente as esperanças), tornou-se a queridinha do vilarejo. Bonita e atenciosa, educada, gentil e graciosa, fez um verdadeiro esforço para participar da vida de cidade pequena e se adaptar a ela. Aprendeu rapidamente a língua, que já estudara em nível avançado, para tornar-se versada no francês coloquial local, assim como no francês parisiense e no francês profissional da administração pública. Podia brincar com o proprietário da galeria de artes de Uzes, a cidade vizinha, a respeito do formulário fiscal exato que ele precisava preencher para adquirir uma escultura de Elisabeth Frink — a quem ela por acaso certa vez conhecera e entrevistara —, e lamentava-se com a melhor das mães do vilarejo acerca das complexidades do sistema médico francês. Meu francês, por outro lado, antes um intermediário grau D, provavelmente chegou ao grau C enquanto estava lá, pois tentei efetivamente bloquear minha mente no sentido de aprender a língua, caso esta de alguma forma retardasse ainda mais a entrega de meu já atrasado livro. Eu ia dormir justo quando os fazendeiros se levantavam, e raras vezes interagia, a não ser para perturbá-los

---

* Maior rede de lojas de departamento no Reino Unido. (*N. da T.*)

** A margem sul do rio Tâmisa. (*N. da T.*)

com perguntas elementares e mal-elaboradas sobre bricolagem. Eles gostavam mais dela.

Mas esse idílio não foi alcançado sem alguns custos. Tivemos de vender nosso querido apartamento do tamanho de uma caixa de sapatos em Londres a fim de comprar os dois lindos celeiros, totalmente abandonados, com chão de barro pisoteado com estrume de carneiro. Sem água ou eletricidade, não pudemos nos mudar de imediato, portanto, na semana em que trocamos internacionalmente os contratos, também nos mudamos dentro do vilarejo, de um adorável chalé de verão de pedra natural cujo aluguel estava prestes a triplicar, uma vez que a temporada havia começado, para uma propriedade muito menos atraente na rua principal da cidade. A casa não tinha mobília nenhuma, nós tampouco, tendo chegado à França quase dois anos antes com a intenção de passar seis meses. Seria justo dizer que foi uma época estressante.

Assim, quando Katherine começou a ter enxaquecas e a fixar o olhar a meia distância, em vez de se mostrar o habitual furacão de eficiência na manutenção do escritório, na arrumação das malas e na organização, atribuí o fato ao estresse.

— Vá ao médico, ou vá para a casa dos seus pais se não der para evitar — declarei, em tom simpático. Eu deveria ter percebido que era sério quando ela encurtou uma viagem de compras (uma de suas atividades preferidas) para escolher a mobília para o quarto das crianças, e ambos sentimos um tremor de ansiedade quando ela embolou as palavras no carro na viagem de volta. Mas alguns telefonemas para amigos que sofriam de enxaqueca nos asseguraram que isso certamente estava dentro da gama normal de sintomas desse fenômeno não raro associado ao estresse.

Por fim, ela foi ao médico e fiquei em casa esperando que voltasse com um analgésico específico para enxaqueca. Em vez disso, recebi um telefonema informando que o médico queria que ela fizesse uma tomografia cerebral de imediato, naquela noite. Nessa etapa eu ainda não estava particularmente ansioso, pois os franceses são hipocondríacos renomados. Se o paciente entrar no consultório com o nariz escorrendo, o médico vai prescrever uma sacola repleta de medicamentos, em geral incluindo supositórios. Um mapeamento do cérebro parecia o típico exagero francês; inconveniente, mas precisava ser feito.

Katherine providenciou para que nossa amiga Georgia a levasse ao hospital local, a cerca de 30 quilômetros, e eu sosseguei novamente à espera de que ela voltasse. E então recebi o telefonema que ninguém jamais espera. Georgia ligou, aos prantos, dizendo que a coisa era séria.

— Eles encontraram alguma coisa — ela continuava a repetir. — Você tem que vir para cá. — A princípio achei que devia ser uma brincadeira de mau gosto, mas a emoção em sua voz era real.

Atordoado, consegui que uma vizinha ficasse com as crianças enquanto eu pegava emprestado seu Honda Civic incrivelmente dilapidado e me punha a caminho na inusitada viagem pelas estradas rurais escuras. Com um único farol dianteiro funcionando, sem a terceira marcha, sem ré e com os freios muito desgastados, estava ciente de que podia bater e me ferir gravemente se não tomasse cuidado. Ultrapassei uma curva e tive de saltar e empurrar o carro de volta para a estrada, mas cheguei a salvo ao hospital e abandonei o veículo decrépito no estacionamento vazio.

Lá dentro, consolei uma Georgia chorosa e fiz o possível para acalmar uma Katherine pálida e abalada. Ainda esperava que houvesse algum equívoco, que alguma explicação simples que esclareceria tudo houvesse sido omitida. Mas, quando pedi para ver a tomografia, havia de fato uma massa negra do tamanho de uma bola de golfe assustadoramente aninhada no lobo parietal esquerdo de minha esposa. Eu me formei em psicologia muito tempo atrás, então as imagens por ressonância magnética não me eram totalmente estranhas. Minha cabeça girava à medida que eu tentava desesperadamente encontrar uma explicação que respondesse por tal anomalia. Mas não havia nenhuma.

Passamos a noite no hospital tentando levantar o moral uns dos outros. Pela manhã, um helicóptero levou Katherine para Montpellier, a unidade neurológica local — e provavelmente a melhor da França. Depois da noite aconchegante que passamos juntos, a realidade de vê-la transportada por via aérea para uma ala neurológica distante como paciente de emergência fez a ficha cair — em cheio. Enquanto eu seguia o helicóptero pela *autoroute*, o choque começou realmente a surtir efeito. Percebi que estava devaneando, tentando entender a situação, de modo que mal conseguia me concentrar na direção. No mesmo instante desacelerei, e cheguei uma hora mais tarde ao estacionamento do enorme complexo hospitalar Gui de

Chaulliac para descobrir que não havia vagas. Acabei estacionando de forma criativa, à francesa, ao longo de um pequeno trecho de meio-fio. Um porteiro balançou o dedo na minha direção em um gesto reprovador, mas passei por ele, a essa altura em um estado de espírito irrefreável, desesperado para encontrar Katherine. Se ele tentasse me deter naquele momento, acho que teria lhe quebrado o braço e o encaminhado ao raio X. Eu estava indo para a Emergência Neurológica, no quinto andar, e nada entraria em meu caminho. Aquele instante me fez compreender que nunca se deve subestimar a perturbação emocional de pessoas que visitam hospitais. As regras normais não se aplicavam, pois minhas prioridades achavam-se completamente reorientadas no sentido de encontrar Katherine e entender o que aconteceria a seguir. Deparei com ela sentada em uma maca, vestindo uma camisola hospitalar amarela, com ar perplexo e confuso. Parecia bastante vulnerável, porém nobre, cooperando de modo resignado com o que quer que lhe pedissem. Finalmente, fomos informados de que uma operação fora programada para dali a alguns dias, durante os quais altas doses de esteroides reduziriam a inflamação ao redor do tumor para que este fosse mais facilmente removido.

Vê-la ser deslocada pelos corredores, sentada, vestindo uma camisola aberta atrás, olhando ao redor com uma dignidade silenciosa e confusa talvez tenha sido o pior momento. A logística estava concluída, estávamos no local certo, havia alguém cuidando das crianças e agora precisávamos esperar três dias e nos adaptar à nova realidade. Passei a maior parte desse tempo no hospital com Katherine ou no telefone no saguão soltando a bomba para amigos e familiares. Todos os telefonemas assumiam forma semelhante: nítida descrença, seguida de choque e muitas vezes lágrimas. Após três dias, tornei-me veterano e passei a guiar as pessoas por esses estágios ao dar a notícia.

A sexta-feira chegou afinal, e Katherine estava preparada para a cirurgia. Recebi permissão para acompanhá-la até uma área de espera diante da sala de operações. O local, tipicamente francês, era lindo, com a luz do sol entrando em um átrio moderno, com árvores cujas folhas vermelhas e marrons captavam a luz e cintilavam como vitral. Não havia muito o que dizer um ao outro, e dei-lhe um beijo de despedida sem saber se a veria novamente ou, se visse, quanto a operação poderia afetá-la.

No último minuto, pedi ao cirurgião que me deixasse assistir ao procedimento. Como ex-escritor da área de saúde, já estivera em salas de cirurgia e desejava apenas entender com precisão o que estava acontecendo com Katherine. Longe de se perturbar, o médico, um dos melhores neurocirurgiões da França, ficou encantado. Estou razoavelmente convencido de que sofria de síndrome de Asperger de alto nível funcional. Pela primeira e última vez em nossa conversa, olhou-me nos olhos e sorriu, como se dissesse "Então você também gosta de tumores?", e me apresentou à equipe com entusiasmo. O anestesista ficou muito menos impressionado com a ideia e pareceu visivelmente alarmado, então me apressei a voltar atrás, pois não queria baixar o desempenho de nenhuma das pessoas envolvidas por qualquer motivo. Os ombros do cirurgião afundaram e ele retomou sua aborrecida eficiência.

Na verdade, a cirurgia foi um sucesso total, e quando a encontrei na unidade de terapia intensiva algumas horas mais tarde, Katherine estava consciente e sorrindo. Mas o cirurgião me explicou pouco depois que não gostara da aparência do tecido removido.

— O tumor vai voltar — preveniu. Àquela altura, sentia-me tão aliviado por ela simplesmente ter sobrevivido à operação que deixei a informação descansar no fundo da mente enquanto lidava com as consequências familiares e com a quimioterapia e a radioterapia de Katherine.

Ela recebia visitas, inclusive das crianças, nos gramados imaculados, ornamentados com palmeiras e pinheiros diante do prédio em que ficava sua ala — no início em cadeira de rodas, depois sentada na grama sob a luz do sol matizada, as ataduras na cabeça cobertas por um reconfortante lenço de seda, como sempre bonita e relaxada, como se fosse a anfitriã de um movimentado piquenique. Nossos bons amigos Phil e Karen estavam passando as férias em Bergerac, a sete horas de viagem ao norte, mas foram nos visitar e foi muito emocionante ver nossos filhos brincando com os deles naquele lugar em outras circunstâncias idílico, como se nada estivesse acontecendo.

Após passarmos alguns dias estarrecidos na internet, a inevitabilidade da volta do tumor ficou clara. As associações médicas britânica e americana, todas as organizações globais de pesquisa de câncer e efetivamente todas as organizações com que fiz contato tinham a mesma mensagem para alguém com diagnóstico de glioblastoma grau IV:

— Sentimos muitíssimo.

Vasculhei meus contatos na área de saúde atrás das boas notícias a respeito da doença de Katherine que ainda não haviam alcançado a literatura, mas nada obtive. A sobrevivência média — o tempo de sobrevivência estatisticamente mais frequente — era de nove a dez meses a partir do diagnóstico. O mais comum era um tanto diferente, mas 50% das pessoas diagnosticadas com tumores de grau IV sobreviviam um ano, e 3% estavam vivas após três anos. Não parecia nada bom. Eram informações difíceis, principalmente por Katherine estar se recuperando tão bem de sua craniotomia para remover o tumor (dado o raro grau de excisão de 100%), e pelo fato de o excelente sistema médico francês a estar rapidamente encaminhando a seus mais avançados programas de radioterapia e quimioterapia. Dentre as pessoas com a doença, as que sobreviviam mais tempo eram as mulheres jovens e saudáveis, de mente ativa — justamente Katherine. E, apesar da previsão pessimista, havia vários rumos de pesquisa promissores, que talvez surgissem na internet no intervalo de tempo da reincidência.

Quando saiu do hospital, Katherine foi para uma casa pequena e vazia, o que a tornava imensa, em uma aldeia incrivelmente solidária. Seus pais, irmãos e sua irmã estavam lá, e em seu primeiro dia de volta houve uma batida na janela. Era Pascal, nosso vizinho, que passou sem a menor cerimônia uma mesa de jantar e seis cadeiras pela janela, seguidas por um pirex contendo uma refeição quente. Tentamos voltar ao normal, montando um escritório no sótão empoeirado, elaborando os regimes de tratamento que Katherine teria de seguir e trabalhando em meu livro com as colunas de "faça você mesmo", que ela estava decidida a continuar a planejar. Enquanto isso, uma centena de metros estrada acima estavam nossos celeiros, um projeto de restauração que representava um sonho em aberto e poderia facilmente nos ocupar pela década seguinte se assim escolhêssemos. Tudo o que faltava era o pequeno detalhe do dinheiro para reformá-los, mas, para ser franco, na ocasião eu estava mais preocupado em dar a Katherine a melhor qualidade de vida possível e em aproveitar o pouco tempo que o corpo médico me garantiu que teríamos. Tentava não acreditar nisso, e vivíamos mês após mês em meio a ressonâncias magnéticas e exames de sangue, nossa confiança crescendo timidamente a cada resultado negativo.

Katherine ficava mais contente trabalhando e sabendo que as crianças estavam felizes. Com sua eficiência revigorante, montou o próprio escritório e começou a projetar e fazer colagens de layouts, amostras de cores e ilustrações que pendurava nas paredes do aposento, um andar abaixo do meu. Também administrava nossos assuntos franceses, levava as crianças à escola e mantinha contato com o grupo de pessoas bem-intencionadas que nos procuravam e, ocasionalmente, vinham para passar alguns dias. Continuei com minhas colunas e a pesquisa para o livro sobre animais, que não raro era dolorosamente lenta devido à instável conexão discada com a internet, cujo fio se encontrava remendado com fita isolante, e que era sujeita aos caprichos do "serviço" francês de telecomunicações que, com a maior dívida corporativa da Europa, fazia a Telecom britânica parecer amistosa e eficiente.

As crianças adoravam os celeiros, e decidimos habitá-los de qualquer jeito o mais rápido possível, por isso, começamos a investir o restante de nossas economias na construção de um pequeno chalé de madeira — ainda assim maior que nosso antigo apartamento em Londres — nos fundos do galpão espaçoso. Isso estava muito além de meus parcos conhecimentos de bricolagem, e os franceses nativos, amistosos e viciados em almoços, achavam difícil de entender, portanto convocamos ajuda especializada na forma de Karsan, um empreiteiro anglo-indiano amigo nosso de Londres. Karsan é pau-para-toda-obra e mestre em todas elas também. Assim que chegou, pôs-se a percorrer o terreno e pediu que o levássemos ao depósito de madeira. Trabalhando duro por trinta dias consecutivos enquanto eu o atrapalhava, Karsan construiu uma moradia de dois quartos viável, com água corrente, eletricidade e um banheiro decente que incluía vaso sanitário com descarga.

Com alguma experiência em canteiros de obras e quatro anos como escritor em bricolagem, eu estava convencido de que Karsan ficaria impressionado com meu vasto conhecimento, minha ética de trabalho e minha extensa seleção de ferramentas. Mas não foi o que ocorreu.

— Todas as suas ferramentas estão novas — observou ele.

— Bem, estão ligeiramente usadas — retruquei.

— Se alguém viesse trabalhar para mim com essas ferramentas eu mandaria embora — disse ele. — Estou trabalhando sozinho. Tem alguém na cidade que possa me ajudar? — queixou-se.

— Ei, eu estou te ajudando, Karsan — declarei. E lá estava eu todos os dias erguendo madeira, cortando coisas em ordem e fazendo o melhor que podia para aprender com aquele mestre de obras que era um turbilhão polivalente. Tenho de admitir que por vezes precisava tirar algumas horas por dia para dar continuidade ao malabarismo com meu trabalho de escritor; os jornais ingleses são extremamente avessos aos atrasos no envio das matérias e descobri que desculpas do tipo "precisei pegar emprestado um misturador de cimento com *monsieur* Roget e traduzir para Karsan na loja de materiais de construção" simplesmente não davam certo.

— Eu estou totalmente sozinho — Karsan continuava a se lamentar, e então, pouco antes do final do mês, consegui convencer um empreiteiro francês local a ajudá-lo, e este, com intervalos de três horas para o almoço e outras regalias, deu duro nas últimas duas semanas. Nossa encantadora amiga Georgia, do círculo de mães inglesas com que passamos a nos relacionar depois que chegamos, também ajudou muito, e deixou Karsan bastante impressionado com seu autêntico conhecimento do ofício de bombeiro, seus saltos altos e suas blusas decotadas. Os dois tornaram-se grandes amigos, e Karsan começou a falar em se estabelecer na região, "onde a pessoa pode dirigir como na Índia", com Georgia trabalhando como sua assistente administrativa e tradutora. Por algum motivo, a ideia foi vetada pela mulher de Karsan.

Quando a casa de madeira ficou pronta, os moradores locais não conseguiam acreditar. Um deles chegou mesmo a dizer "*Sacré bleu*". Alguns vinham trabalhando havia anos na própria casa, em lotes de terra próximos ao vilarejo, rumo aos quais a nova geração estava se expandindo. No entanto, era raro que alguma dessas moradias chegasse de fato a ser concluída, salvo as casas de veraneio encomendadas por expatriados holandeses, alemães e ingleses, que em geral empregavam mão de obra estrangeira ou administravam pedreiros locais a ponto de chegarem à beira da loucura, até que o trabalho estivesse de fato concluído. Esse equilíbrio vida/trabalho com firme ênfase na vida era uma das partes mais agradáveis de se morar na região, e combinava perfeitamente com o preguiçoso que existe em mim, mas também foi gratificante exibir um projeto concluído à moda inglesa, em dias sucessivos de 14 horas de trabalho, com uma rápida parada para um sanduíche de queijo e uma xícara de chá como almoço. Demos um afetuoso adeus a Karsan e nos mudamos para a nova casa, atrás de um grande celeiro aberto com vista para outro, em um jardim murado onde as crianças podiam brincar com o cachorro, Leon, e com os gatos em segurança, e cuja parede de fundos ficava à distância de um arremesso adulto de frisbee. Era nosso primeiro lar decente desde antes de as crianças nascerem, e gostávamos do espaço e da chance de estarmos enfim trabalhando em nossa própria casa. No entanto, para onde quer que olhássemos, havia montes de coisas urgentes a serem feitas, e, ao longo do verão seguinte, revestimos a casa com isolante térmico, instalamos internet banda larga e Katherine deu início a sua própria horta, que produzia suculentos tomates cereja e framboesas. Os figos caíam da árvore do vizinho em nosso jardim, o alho selvagem crescia nas cercas vivas ao redor dos vinhedos e os melões permaneciam nos campos, muitas vezes sem serem recolhidos, gerando um suprimento aparentemente interminável de deliciosos produtos locais. Percorrer os caminhos poeirentos e ressecados pelo sol com Leon todos os dias, cruzando a paisagem ressoante de cigarras, reavivava lembranças infantis de Corfu, onde nossa família passou vários verões. As oliveiras retorcidas eram plantadas em filas, em lugar dos bosques aleatórios da Grécia, mas o estilo de vida era o mesmo, embora agora eu fosse adulto, com minha própria família. Era surreal, dado o pano de fundo da doença de Katherine, que tudo estivesse tão perfeito e, ao mesmo tempo, terrivelmente errado.

Pusemo-nos a aproveitar a vida, e para mim isso significava explorar a fauna e a flora locais com as crianças. O que mais claramente diferia do Reino Unido eram os pássaros, com cores brilhantes e obviamente habituados a passar mais tempo no norte da África do que seus desleixados congêneres do Reino Unido, cuja plumagem parecia mais adaptada ao outono incessante do que às cores vívidas de Marrakesh.

A vinte minutos de distância ficava a Camarga, cujos arrozais e salinas são quentes o bastante para manter uma população de flamingos durante o ano inteiro, mas eu estava decidido a não me interessar por aves. Certa vez participei de uma "excursão pela natureza" a Mull, que acabou por se revelar uma excursão de ornitófilos. As graciosas lontras foram ignoradas em prol de circundar um arbusto esperando por algo chamado rabirruivo-de-testa-branca, um pardal avermelhado aparentemente fora de estação que estava visitando a região. A que ponto chega a loucura.

Muito mais tentadora, e não raro inevitável, era a população de insetos, que saltitava, rastejava e se reproduzia por toda parte. Grilos do tamanho de ratos lançavam-se sobre a grama alta, distraindo os gatos e as crianças, que os capturavam por razões opostas, as últimas para tentar alimentá-los, os primeiros para comê-los. À noite, besouros-rinocerontes de aparência exótica e em risco de extinção cruzavam pesadamente meu caminho como pequenos tanques pré-históricos, brandindo com violência seus chifres completamente inúteis, lembrando mais os tricerátopos do que rinocerontes até certo ponto graciosos. Esses animais divertidos permaneciam conosco por alguns dias, chocalhando ao redor de uma tigela de vidro contendo terra, lascas de madeira e em geral folhas de dente-de-leão, para ver se conseguíamos reproduzir seu hábitat natural. Mas não constituíam bons animais de estimação, e eu invariavelmente os libertava à noite, na segurança dos vinhedos. Outras capturas noturnas incluíam sapos grandes e gordos, sempre libertados sobre uma jangada no rio no que se tornou uma cerimônia formal depois da escola, e um ouriço carregado entre dois galhos, alojado em uma banheira de lata e alimentado com minhocas, até sua fuga para o jardim três dias depois. Foi só então que descobri que essas criaturas amistosas, porém cheias de pulgas e malcheirosas, podem transmitir raiva. Mas talvez a captura mais dramática tenha sido a de uma cobra não identificada, com quase um metro de comprimento, também transportada empregando o método dos galhos e acomodada durante a noite em um vaso suspenso na sala de estar, tampado, com orifícios para a entrada de ar.

— O que você achou da cobra? — perguntei orgulhoso a Katherine na manhã seguinte.

— Que cobra? — retrucou ela. O vaso estava vazio. A cobra esgueirara-se por um dos orifícios e caíra no chão bem ao lado de onde dormíamos (o sofá-cama na ocasião) antes de deslizar para fora por baixo da porta. Era o que eu esperava. Katherine não achou graça, e resolvi tomar mais cuidado com o que levava para dentro de casa.

Nem toda a fauna selvagem local era inofensiva. As cobras, ou *les vipères*, são numerosas e o protocolo é chamar os bombeiros, ou *pompiers*, que chegam e, segundo Georgia, que testemunhou o processo, "se agitam como garotinhas acenando com gravetos na direção do animal até que ele fuja". Uma vez vi uma *vipère* sob uma pedra no jardim, calcei um par de luvas grossas e depois disso comecei a bater cuidadosamente em todas as pedras que deslocava. Por vezes vespas gigantes também entravam zunindo em nossa vida como helicópteros de combate malignos, e todos os habitantes locais concordavam que três picadas matavam um homem. Minha enciclopédia cada vez mais manuseada de animais e insetos revelava apenas que eram "potencialmente perigosas para seres humanos". De qualquer forma, sempre que as via, apressava-me a adotar o procedimento completo dos *pompiers*.

Mas o animal que causou maior impressão no início foi o escorpião. Certa noite apareceu um na parede de meu escritório, o que induziu níveis de adrenalina e pânico que eu só considerava possíveis na selva. Não havia lugar seguro? Quantas daquelas coisas andavam por ali? Haveria escorpiões no quarto das crianças naquele instante? Uma busca na internet revelou que, na Argélia, 57 pessoas haviam sido mortas por escorpiões na década anterior. A Argélia é ex-colônia francesa. Ficava próxima. Mas felizmente aquele escorpião — marrom-escuro e do tamanho da ponta de um polegar masculino — não era o culpado; na realidade, sua ferroada assemelhava-se mais à de uma abelha. Esse golpe, o de que eu decididamente não estava em Londres e talvez houvesse conduzido minha família a uma situação perigosa, inspirou meu primeiro (e último) poema em cerca de vinte anos, infelizmente com palavrões demais para ser reproduzido aqui.

E houve também o javali. Para não ser ultrapassada por meros insetos, répteis e artrópodes, certa noite, enquanto eu passeava com o cachorro, a ordem dos mamíferos preparou uma surpresa especial. Excepcionalmente, eu havia me afastado para dar uma corrida e estava um pouco à frente de Leon, então fiquei surpreso ao vê-lo mais adiante, nos vinhedos, a cerca de 25 metros. Ao me aproximar, também me surpreendeu o fato de ele parecer negro como azeviche ao luar, pois, da última vez que o vira, apresentava seu castanho-amarelado de costume. Além disso, embora Leon representasse 50 quilos maciços de cão montanhês felpudo, aquele animal parecia mais pesado, semelhante a um barril. E grunhia, como um grande porco. Comecei a perceber que não era Leon, mas um *sanglier*, ou javali, que sabidamente vagava pelos vinhedos à noite e era capaz de produzir um buraco no formato de seu corpo na tela de arame, sem diminuir a marcha.

Minhas armas eram uma coleira, uma lapiseira (caso a inspiração batesse) e um capacete com lanterna, que estava apagada. Quando o animal me encarou e começou a pisotear o chão, senti que precisava decidir rápido se acendia ou não a lanterna — ou ele investiria, decidido, ou a acharia aversiva. Quando a luz se acendeu, o monstro, grunhindo, girou devagar e saiu trotando para os vinhedos, mais irritado do que temeroso. E então chegou Leon, a cavalaria tardia e inadequada, e disparou para o interior dos vinhedos atrás dele. Em geral, Leon é incansável ao perseguir coelhos imaginários por vários minutos seguidos ao menor indício de rumor na vegetação rasteira, mas, na ocasião, voltou no mesmo instante, simulando completa ignorância de qualquer coisa errada, e manteve-se bem próximo a mim no caminho de volta. Bastante prudente.

No dia seguinte, levei as crianças para rastrear o javali, e seus olhos se arregalaram quando encontramos e fotografamos as pegadas do animal na terra fofa e acinzentada. Elas foram examinadas por fazendeiros sarcásticos no Café of the Universe na cidade. "*Il était gros*" [era grande], concluíram, rindo sonoramente e enchendo o ar com nuvens de *pastis** quando reproduzi meu medo.

Portanto, serpentes incluídas, sentia que aquela vida era a mais parecida possível com o Éden. Com a internet banda larga por fim instalada e morcegos voando ao redor de meu escritório improvisado no celeiro vazio, o livro que eu fora escrever estava finalmente em andamento, e o tratamento e as condições de Katherine pareciam tão bons quanto seria razoável esperar. O que poderia nos levar para longe daquele nicho quase celestial, conquistado a duras penas? Minha família decidiu comprar um zoológico, é claro.

---

* Bebida alcoólica à base de anis. (*N. da E.*)

# 2

# A aventura começa

Foi na primavera de 2005 que ele aterrissou no degrau de nossa porta: o prospecto que mudaria nossas vidas para sempre. Como qualquer outro prospecto de corretagem imobiliária, a princípio o descartamos. Mas, diferentemente dos demais, vimos no impresso o Dartmoor Wildlife Park anunciado pela primeira vez. Minha irmã Melissa enviou-me uma cópia na França, com um bilhete em anexo: "O cenário dos seus sonhos." Tive de concordar com ela que, embora achasse que já estava vivendo no cenário de meus sonhos, aquela estranha oferta de uma casa de campo vinculada a um zoológico parecia ainda melhor — se conseguíssemos comprá-la, o que parecia muito pouco provável. E se não houvesse nada de errado com o lugar, o que também parecia muito pouco provável. Devia haver graves problemas estruturais na casa, no terreno ou nos anexos, ou alguma falha fundamental no negócio, impossível de ser corrigida.

Ainda assim, mesmo com a quase certeza do fracasso final, a família inteira ficou intrigada o bastante para investigar mais a fundo. Um voo da imaginação? Talvez, mas concluímos que era um voo por meio do qual reestruturaríamos toda a nossa vida.

Meu pai, Ben Harry Mee, morrera havia poucos meses, e mamãe teria de vender a casa da família, na qual os dois haviam morado nos últimos vinte anos, uma residência de cinco quartos em Surrey, construída em 8 mil metros quadrados e que acabara de ser avaliada em 1,2 milhão de libras. Essa incrível quantia refletia não apenas a vizinhança agradável, como também, mais importante, a proximidade de Londres, estando o imóvel confortavelmente inserido no cordão de segurança econômica da via M25. A 25 minutos de trem da ponte de Londres, ficava na zona da corretagem de valores, posição invejável na hierarquia imobiliária, alcançada por meu pai que, como filho de um esclarecido minerador de Doncaster, deu duro e investiu com sabedoria a vida inteira em favor de sua prole.

Trabalhou na bolsa de valores nos últimos 15 anos de sua carreira, mas não como corretor, cargo que considerava moralmente duvidoso. Papai era fiscal administrativo e supervisionava os encargos das bolsas de valores de Londres, Manchester, Dublin e Liverpool, mais um total de 11 prédios conglomerados regionais e irlandeses. (Em fase semelhante da vida, eu tinha dificuldades para me administrar como jornalista autônomo.) Assim, como família, nossa situação era relativamente próspera, embora não fôssemos realmente ricos e não possuíssemos bens líquidos para arcar com empreendimentos extravagantes. Em 2005, o Banco Halifax, com uma das maiores agências imobiliárias da Grã-Bretanha, estimou que existiam 67 mil propriedades semelhantes avaliadas em mais de um milhão de libras no Reino Unido, mas, ao que tudo indicava, éramos a única família que decidira convertê-la em dinheiro para tentar comprar um zoológico.

Parecia uma causa perdida desde o começo, mas sabíamos que nos arrependeríamos se não a perseguíssemos. Tínhamos um plano sofrível. Mamãe vinha querendo vender a casa e comprar alguma coisa menor e mais manejável, como um chalé de dois ou três quartos, e viver em paz e segurança com uma reserva em dinheiro, mas com espaço para que um ou dois filhos a visitassem por vez com sua prole numerosa. O problema, e era com isso que todos nós nos preocupávamos, era que o isolamento na terceira idade se tornasse a sala de espera para uma deterioração gradual (e, segundo ela, a inevitável demência) e a morte.

O novo plano era converter os bens da família e a casa de mamãe em uma casa de 12 quartos inserida em um negócio estagnado, sobre o qual nada sabíamos. Eu desistiria completamente da França e adiaria meu livro, Duncan largaria o trabalho em Londres, e moraríamos juntos e administraríamos o zoológico em tempo integral. Mamãe seria poupada das preocupações diárias com o funcionamento do zoológico, mas se beneficiaria do ambiente estimulante e do fato de estar perto da família em uma vida nova e instigante, cuidando de duzentos animais exóticos. O que poderia dar errado? Vamos lá, mãe... vai dar tudo certo.

Na verdade, foi uma negociação surpreendentemente fácil. Mamãe sempre foi aventureira e gosta de felinos. Quando estava com 73 anos, levei-a a um santuário de leões, onde era possível andar no meio do mato com eles e acariciá-los em suas áreas de confinamento; muitos haviam nascido em cativeiro, descendentes de leões resgatados ao serem atingidos por fazendeiros. Fiquei aterrorizado com o tamanho dos leões e francamente apavorado, incapaz de abandonar a ideia de que não deveria estar tão próximo daqueles predadores. Cada movimento do bigode do animal desencadeava em mim um choque de adrenalina que se traduzia em um sobressalto involuntário. Mamãe simplesmente lhes fazia cócegas debaixo do queixo e dizia: "Ah, eles não são lindos?" No ano seguinte, essa senhora aventureira tentou esquiar pela primeira vez. Portanto, o projeto de comprar um zoológico não foi terminantemente descartado.

Nenhum de nós gostava da ideia de deixar mamãe sozinha, tanto que já considerávamos a possibilidade de ela morar com um de nós, talvez em um imóvel maior, com os rendimentos combinados. Que foi como os detalhes do Dartmoor Wildlife Park foram por acaso parar na caixa de correio de mamãe, por cortesia da Knight Frank, uma imobiliária no sul da Inglaterra. Minha irmã Melissa foi quem mais se entusiasmou; encomendou várias cópias das especificações e enviou-as a seus quatro irmãos: o mais velho, Vincent, Henry, Duncan e eu. Eu estava na França e recebi minha cópia juntamente com o bilhete "o cenário dos seus sonhos". Tinha de admitir que a coisa parecia boa, mas apressei-me a jogar o prospecto sobre minha vacilante pilha de assuntos "a serem classificados em breve". Esta se encontrava recoberta pelo pó do mistral, o magnífico vento meridional que periodicamente irrompia pelo canal criado pelas montanhas que circundam os rios Ródano e Saône, no sudoeste da França, e então penetrava direto na argamassa antiga da parede norte de meu celeiro/escritório, espalhando-a uniformemente por aquele espaço como uma pequena tempestade de pó por períodos de cerca de quatro dias seguidos. Pequenas dunas onduladas de pó de argamassa surgiram sobre o panfleto, então outros documentos surgiram sobre as dunas, e em seguida outras pequenas dunas.

Mas Melissa não deixou o assunto morrer. E não o deixou morrer porque o achava possível; mandou avaliar sua casa e continuava a arrastar o zoológico de volta a todas as conversas que travávamos com ela. Duncan prontamente se entusiasmou. Tendo passado um curto período como tratador de répteis no zoológico de Londres, era o que tínhamos de mais próximo a um profissional da área. Àquela altura, um experiente gerente de negócios em Londres era também o principal candidato a administrador geral do projeto, se optasse por trocar seu estilo de vida na ocasião, quase com certeza juntamente com os demais, por uma existência completamente diferente.

Melissa organizou uma visita para a família, sem Henry e Vincent, que tinham outros compromissos, mas eram a favor da sondagem. Então ficou combinado, e "vovó" Amelia e boa parte de sua prole, que se estendia por três gerações, chegaram ao pequeno hotel rural em South Hams, no distrito de Devon. O hotel estava sediando um casamento, o que o enchia de cordialidade, e nos jardins, frios por força do ar noturno de início de primavera, de vez em quando ecoavam os saltos altos das jovens escassamente vestidas, que se precipitavam em direção aos carros em busca de itens indispensáveis à farra no interior do hotel.

Reuniões de toda uma família, ou mesmo aquelas moderadamente abrangentes, que não fossem para o Natal ou para casamentos, eram raras, e nós nos encontrávamos em uma modesta missão, e não em férias, ainda que acompanhados de um punhado de crianças de idades variadas. Mas nosso grupo parecia definitivamente a representação de uma dessas situações, com tudo o que isso implicava. Bebês vomitando, grávidas, crianças aprendendo a andar e arrancando por acidente as cortinas das paredes, tentando imitar Darth Vader. Na noite anterior à visita, sentíamo-nos otimistas, porém realistas. Éramos pretendentes sérios, mas estávamos convencidos de que daríamos nossa melhor tacada e, provavelmente, surgiria alguém com mais dinheiro, ou mais experiência, ou ambos, e nos roubaria o negócio.

Chegamos ao parque em uma fresca manhã de abril de 2005 e nos encontramos com Ellis Daw pela primeira vez. Homem enérgico no final da casa dos 70, com barba branca e um gorro que nunca retirava, Ellis nos conduziu pelo parque e pela casa como um profissional no piloto automático. Ficou claro que ele já seguira esse roteiro algumas vezes. Em nosso rápido percurso pela labiríntica mansão de 12 dormitórios, notamos que a sala de estar estava repleta de gaiolas com papagaios, a decoração geral precisava ser atualizada em quase três décadas, e o encanamento e o sistema elétrico pareciam capazes de consumir dezenas de milhares de libras para serem consertados.

No parque, ficamos maravilhados com os animais e com o design inovador das áreas de confinamento de Ellis. A Montanha dos Tigres, assim chamada porque três tigres siberianos rondavam uma elevação artificial no centro do parque, era particularmente impressionante. Em vez de telas de arame ou cercas de arame farpado, Ellis adotara um sistema que envolvia basicamente um fosso profundo ao redor do perímetro, por sua vez circundado por um muro de mais de 1,80m de altura no lado dos animais, porém com cerca de um metro no lado dos visitantes. Isso gera a impressão de extrema proximidade a esses espetaculares felinos, que caminham pesadamente pela área cercada como versões gigantescas e chamejantes dos gatos domésticos que conhecemos e amamos, fazendo-nos reavaliar por completo a relação com os pequenos predadores que muitos de nós abrigamos em casa.

Havia leões atrás de telas de arame, tão assombrosos quanto os tigres, rugindo desafiadores para outros animais, particularmente outros leões, ao que parecia provocando-os por causa de seu território. E é preciso que se diga que tais urros, projetados por diafragmas muito potentes por bons 5 quilômetros ao longo do vale, com o decorrer dos anos mostraram-se 100% eficazes. Nem mesmo uma única vez esse grupo de leões foi desafiado por outro grupo de leões, ou por qualquer outro animal por motivo de território. É fácil argumentar que isso se deve à falta de predadores dessa magnitude nos arredores, mas, ao que tudo indica, uma leoa capturou uma garça a 4,5m do solo há alguns anos, confirmando que aquela defesa territorial não era um blefe.

Pavões passeavam pela área de piquenique, de onde se via uma matilha de lobos rondando em meio a árvores que ficavam atrás de uma cerca de arame. De um matagal cercado, três grandes ursos europeus ergueram os olhos em nossa direção, e três jaguares, dois pumas, um lince, alguns flamingos, porcos-espinhos, guaxinins e uma anta brasileira somavam-se à mistura eclética da coleção.

Estávamos boquiabertos com os animais e, por incrível que possa parecer, nem um pouco intimidados. Mesmo a nossos olhos leigos, era evidente que havia muito trabalho a ser feito. Tudo o que era de madeira, das bancadas de piquenique às traves das áreas de confinamento e barreiras de proteção, encontrava-se recoberto de limo, que claramente estava ali havia algum tempo. Parte dele localizava-se, de forma preocupante, na base de várias traves das áreas de confinamento, e era óbvio que provocava um efeito corrosivo.

Notamos que o zoológico necessitava de trabalho, mas percebemos igualmente que, até pouco antes, era um negócio em funcionamento, e que nos ofereceria a oportunidade única de estar próximos de alguns dos animais mais espetaculares — e ameaçados de extinção — do planeta.

Como parte de nossa visita oficial à propriedade, fomos convidados por uma equipe de filmagem do *Animal Planet* a participar de um documentário sobre a venda. O jornalista em mim começou a se perguntar se aquele excêntrico empreendimento inglês seria sustentável por meio de outra fonte. A atividade literária e a mídia haviam sido minha carreira por 15 anos, e, embora não rendessem quantias enormes de dinheiro, me proporcionaram uma tremenda qualidade de vida. Se eu podia escrever sobre as coisas que gostava de fazer, em geral também podia fazê-las e, por vezes, conseguia impulsionar a atividade em si devido à luz que a mídia lançava sobre ela. Talvez ali houvesse um modelo semelhante. Um projeto antes próspero agora à beira da extinção, funcionando perfeitamente bem na época, mas agora precisando de um empurrãozinho do mundo exterior para sobreviver...

Mamãe, Duncan e eu fomos convidados a nos posicionar lado a lado em meio aos papagaios na sala de estar e a explicar para a câmera o que faríamos se comprássemos o zoológico. Ao fim de nossa explosão de entusiasmo amador, o cinegrafista declarou, em tom espontâneo:

— Eu quero que vocês fiquem com o zoológico.

As outras ofertas eram de profissionais da indústria de lazer com muito dinheiro, contra os quais achávamos que tínhamos uma possibilidade remota, nada mais. Meu ceticismo continuava enorme, mas comecei a vislumbrar uma clara trajetória caso, de alguma forma, nos dessem uma chance. Embora aquilo continuasse a parecer absurdo, como examinar todas aquelas casas para as quais meus pais nos arrastavam quando estávamos nos mudando na infância: *Não fiquem muito interessados porque vocês sabem que é quase certo que não vão acabar morando lá.*

Em nossa visita ao parque em si, Ellis por fim desligou sua fala profissional e olhou para mim, para meu irmão Duncan e para meu cunhado Jim, todos homens relativamente fortes com seus quarenta e poucos anos, e disse:

— Bem, em todo caso, vocês têm a idade certa para isso.

Registramos esse voto de confiança, pois ficou claro que Ellis vira algo em nós de que gostara. Nossas pretensões para o lugar eram modestas, o que também era do seu agrado. Na realidade, Ellis declarou que recusara várias ofertas por envolverem muitos gastos na restauração.

— No que vocês querem gastar um milhão de libras aqui? — perguntou ele, em tom um tanto retórico. — O que há de errado com o lugar? Podem ir embora, eu disse a eles. — Posso imaginar a cor fugindo do rosto de seus banqueiros quando receberam a notícia. Por sorte, não dispúnhamos de um milhão de libras para gastar em restauração, ou, àquela altura, nem mesmo com o próprio zoológico, de modo que nossos planos modestos, de ordem familiar, pareceram sensibilizar Ellis.

Por volta das três e meia da tarde, a visita havia terminado e começamos a perceber que a conversa animada dos adultos em nosso grupo era interrompida com frequência crescente por explosões emocionais sem importância e um tanto exageradas das crianças, que nos rodeavam como brinquedos, cada vez mais vidradas e turbulentas. Em nosso entusiasmo pelo parque, cometemos o erro parental elementar de principiantes de deixar passar o almoço, o que resultou no Horror dos Pais: hipoglicemia em crianças com menos de 10 anos. Tínhamos de encontrar comida rapidamente. Entramos no imenso restaurante Jaguar, construído por Ellis em 1987 para acomodar trezentas pessoas. Então tornamos a sair. Raras vezes estive em um restaurante em funcionamento menos propício ao consumo de alimentos. Uma fina película de gordura proveniente das produtivas fritadeiras da cozinha recobria o tampo de fórmica desgastada das mesas, dispostas em fileiras como em uma cantina e iluminadas por lâmpadas fluorescentes implacáveis penduradas no turbilhão de sujeira do teto de gesso amarelado de gordura. O forte odor do óleo usado para preparar batatas fritas dava uma indicação bastante precisa do cardápio e se misturava à fumaça dos cigarros enrolados à mão que se erguia do grupo de funcionários que vestiam aventais brancos encardidos sentados em torno do bar, contemplando os poucos clientes com desconfiança.

Mesmo correndo o risco do colapso hipoglicêmico total, não comeríamos ali e pedimos o endereço do supermercado mais próximo para irmos atrás de provisões de emergência. E então, para mim, a última peça do quebra-cabeça de Dartmoor se encaixou, pois foi quando descobrimos o Tesco em Lee Mill. A sete minutos de carro, não havia apenas um supermercado, mas um hipermercado. No clímax do filme *Monty Python — Em Busca do Cálice Sagrado*, o rei Artur por fim alcança uma elevação que lhe proporciona uma vista do "Castelo de Aaargh", tido como o esconderijo do Santo Graal, o objetivo de sua busca. Enquanto Artur e sir Bedevere cruzam as águas rumo ao castelo em uma embarcação não tripulada com crista de dragão, uma música de proporções épicas wagnerianas faz-se ouvir para indicar que estão chegando a um local de verdadeira importância. Essa música começou a soar espontaneamente em minha cabeça quando fizemos a curva no topo de uma pequena colina e avistamos lá embaixo uma depressão artificial, com o que quase se assemelhava a uma gigantesca espaçonave secretamente pousada na exuberante paisagem verde. Parecia ser do tamanho do aeroporto de Stansted, as luzes irradiando sua mensagem de consumo em escala industrial no crepúsculo que baixava com rapidez sobre a tarde de final de primavera. Frango assado, pão fresco, salada, pasta de grão-de-bico, pilhas, roupas infantis, jornais e muitas outras provisões das quais necessitávamos foram imediatamente obtidas. Porém, mais importante, ao percorrer os corredores altos como catedrais, tive a certeza de que, se necessário, encontraria de tudo ali: televisões, câmeras, ferros de passar, cafeteiras, artigos de papelaria, DVDs ou brinquedos. E a loja ficava aberta 24 horas por dia. Enquanto observava 37 caixas atenderem sua fila de clientes, o último receio quanto a me mudar para a região foi enterrado. Londrino por vinte anos, eu me acostumei à disponibilidade de artigos como TVs de tela plana, cartões de aniversário ou hortaliças a qualquer hora do dia ou da noite, e um dos maiores choques culturais de viver no sul da França nos últimos três anos foi a concepção local completamente diferente a esse respeito. Para eles, o consumismo global se encerrava às oito da noite, e quem precisasse de alguma coisa urgente depois disso tinha de *esperar até o dia seguinte*. Aquele Tesco significava para mim que o projeto podia ser executado, e fizemos nosso piquenique de alto-astral, assistindo ao pôr do sol em uma praia nos arredores.

Embora nem sequer estivesse à venda, a casa de mamãe fora avaliada no valor pedido pelo parque; assim, com certa apreensão, fizemos uma oferta nesse valor em um leilão de lance fechado e aguardamos com entusiasmo o resultado. Mas, dois dias depois, fomos informados de que não conseguimos. Nosso lance foi rejeitado pelos assessores de Ellis com base no fato de sermos inexperientes e não possuirmos muito dinheiro. O que, tínhamos de admitir, eram argumentos justos. Voltamos a nossa vida com o mínimo de remorso, com a sensação de termos feito o possível e de que nos preparamos para ir até o fim, mas agora o assunto estava fora de nosso alcance. Melissa voltou para a família em Gloucestershire; Duncan estava ocupado em Londres com seu novo negócio; Vincent, nosso irmão mais velho, tinha um recém-nascido aos 54 anos; mamãe retornou à casa da família em Surrey, preparando-se para colocá-la à venda. Todos relativamente satisfeitos, bem-sucedidos e recompensados. Minha vida em particular, eu achava, era compensação suficiente para perder aquela chance. Tendo passado quase uma década manobrando para alcançar a posição de escrever para viver com poucas despesas em um país quente e ver as crianças crescerem naquele retiro um tanto estranho, eu estava satisfeito com meu quinhão e ansioso para voltar a ele.

Mas, depois de toda aquela agitação, não podia deixar de me perguntar como teria sido. Sentado em meu escritório improvisado em acrílico no fundo de meu lindo celeiro abandonado, com andorinhas entrando e saindo durante o dia e morcegos rondando minha cabeça ao cair da noite, não podia deixar de pensar na vida que teríamos construído em torno daquele zoológico.

Katherine ficava mais forte a cada dia, empunhando minha enxada/picareta em sua horta com energia crescente, e seu tônus muscular e sua massa corporal — debilitados ao extremo pela quimioterapia, fazendo com que, de modelo de passarela, passasse a parecer uma roqueira punk definhada, com tufos de cabelo aleatórios — melhoraram ao longo do verão. Sua neurologista, madame Campello, extremamente inteligente e um tanto hostil, estava satisfeita com o progresso e decidiu alterar a frequência mensal das ressonâncias magnéticas para exames bimestrais, o que consideramos um bom sinal. Isso nos dava mais tempo entre a inevitável ansiedade de ir a Nimes para pegar os resultados, um processo que nós dois, Katherine em particular, achávamos bastante intimidante.

Madame Campello era sem dúvida compassiva, e estou certo de tê-la visto ofegar quando viu Katherine, comigo e com as crianças, em sua primeira consulta pós-operatória. A partir daí, adiantou quase todas as partes do tratamento, e percebi que essa mulher faria tudo o que estivesse ao seu alcance para garantir que Katherine sobrevivesse. Nas consultas clínicas normais, no entanto, madame Campello lembrava uma diretora escolar rígida, o que fazia com que Katherine, sempre a boa menina, se sentisse incapaz de questioná-la mais a fundo sobre as opções de tratamento. No entanto, com uma ou duas expulsões em meu histórico, nunca me senti intimidado por diretores de escola e me achava no direito de perguntar. Madame Campello se revelou extremamente receptiva, e várias vezes lhe telefonei depois de conversar com Katherine ao chegar em casa, e decidíamos ajustar sua medicação.

Minhas excursões noturnas com Leon continuavam a render criaturas interessantes, como vaga-lumes de bosques impenetráveis que nada faziam de interessante à luz do dia, na presença das crianças; escorpiões com os quais estava começando a me acostumar, mas que ainda me deixavam nervoso e, provavelmente o mais surpreendente para mim, um besouro de chifre longo. Nunca, antes ou depois disso, vi esse besouro na natureza, e estava convencido de que se encontrava no continente errado. Comprido — medindo talvez 8 centímetros —, com o revestimento das asas iridescente, cabeça pequena e uma antena enorme, motivo pelo qual suponho que tenha recebido esse nome. Senti imensa satisfação ao identificá-lo com as crianças em nossa enciclopédia francesa voluptuosamente ilustrada, comprada em uma feira de livros em Avignon, e ao fotografá-lo sobre a página ao lado de seu modelo, embora fosse muitíssimo mais impressionante e colorido.

Katherine estava bem e em mãos competentes, as crianças desenvolviam-se e eu estava escrevendo sobre reformas domésticas para o *Guardian*, ocasionalmente realizando algumas, e pouco a pouco fazendo contatos com especialistas em todo o mundo a respeito de temas como a predação de macacos pelos chimpanzés por gratificação sexual, a inteligência dos elefantes e a aptidão dos golfinhos para a sintaxe. Era quase o paraíso, com amigos da região aparecendo de repente para a obrigatória taça de rosé gelado dos vinhedos na soleira de nossa porta e eu conseguindo conciliar meu horário de trabalho às exigências do vilarejo e da vida familiar com relativa facilidade. Fora todo aquele vinho rosé.

Ainda assim, continuava a pensar no zoológico. O parque situava-se na orla de Dartmoor, rodeado pela floresta exuberante e pelas lindas praias de South Hams. Os dois dias que passara na região de Devon não me deixavam. Nossa família desfrutou a estada, mas era mais do que isso, de certa forma encantador, era algo de que só com muita relutância eu conseguia abrir mão, embora soubesse que já estava perdido.

À porta de meu celeiro francês, livre da interferência da Comissão de Saúde e Segurança, com as velhas arcadas branqueadas pelo sol como madeira flutuante e polidas pela areia do mistral, com as guarnições internas e externas da porta cobertas de ferrugem, parte delas supostamente datada da era napoleônica, o zoológico continuava a me voltar à lembrança.

Quando passou por nosso vilarejo de Arpaillargues em 1815, Napoleão notoriamente matou dois dissidentes locais, conhecidos (ainda que por uma seleta minoria de historiadores franceses da região) como os Dois de Arpaillargues. Em 2005, o Tour de France* passou pela cidade sem causar mortes, mas sim muita emoção (embora não o bastante para que a dona do armazém local, Sandrine, renunciasse a seu intervalo de almoço de três horas para vender bebidas geladas às centenas de turistas mortos de calor enfileirados ao longo do caminho). Portanto, em dois séculos, dois fatos importantes ocorreram no vilarejo. Nesse meio-tempo, a cidade voltou a assar sob o sol e a acolher as rajadas do mistral. E, de forma apenas um tanto melancólica, também voltei a me acomodar a isso.

Um ano se passou, com o zoológico como uma distração triste, mas distante. As árvores de grande porte, tão distintas do matagal ressequido do sul da Europa, os rios e o mar vizinhos, os animais ridiculamente mag-

---

* Competição ciclística disputada anualmente com mais de 3 mil quilômetros de percurso. (N. da E.)

níficos, tão próximos de casa, tão estupidamente ameaçados pela espécie humana e, ainda assim, bem ali, em circunstâncias propícias para serem mantidos vivos para as gerações futuras.

Em parte por toda a família estar um pouco atordoada com a morte de meu pai, a casa de mamãe ainda não estava à venda; portanto, estávamos despreparados para o que aconteceu a seguir. Como um estrangeiro sem TV via satélite (isso seria trapacear), eu ainda assim ansiava por notícias inglesas e acessava religiosamente o site da BBC News duas ou três vezes ao dia. De repente, em 12 de abril de 2006, lá estava ele de novo. Ellis divulgou um comunicado declarando que a venda fracassara mais uma vez e que muitos dos animais teriam de ser mortos se não encontrassem um comprador nos 11 dias seguintes.

Aquilo não nos dava muito tempo, mas eu sabia exatamente o que tinha de fazer. Telefonei para Melissa e para Duncan, que foram os principais responsáveis pela tentativa anterior, e lhes disse que precisávamos tentar novamente. Não fiquei completamente surpreso, porém, quando nenhum dos dois se mostrou tão entusiasmado quanto eu. Ambos investigaram a fundo as maquinações necessárias para a compra, e Duncan em particular ficara alarmado na ocasião com a exigência de um "depósito não restituível" de 25 mil libras para garantir um lugar na frente da fila.

— Se você conseguir uma declaração por escrito de que ele vai definitivamente nos vender o zoológico e se conseguirmos vender a casa a tempo, dou o meu apoio — disse ele.

Duncan considerava aquilo apenas uma interminável perda de tempo, mas me forneceu de boa vontade todas as informações de que dispunha. Meu cunhado Jim também possuía uma lista de contatos e ofereceu ajuda para preparar as planilhas para um plano de negócios, caso chegássemos tão longe.

O primeiro telefonema foi para Peter Wearden. Como agente de saúde ambiental do distrito de South Hams, Peter era diretamente responsável pela emissão da licença do zoológico.

— Um bando de amadores como nós pode realmente comprar e administrar um zoológico? — perguntei.

— Pode — respondeu ele em tom inequívoco —, desde que estabeleçam uma estrutura de gestão adequada.

Essa estrutura consiste principalmente em contratar um curador de animais, um profissional experiente e qualificado, com conhecimentos detalhados do trabalho com animais exóticos, que é responsável por cuidar diariamente dos animais. Peter enviou-me um fluxograma que exibia a posição do curador abaixo dos diretores do zoológico, que seríamos nós, mas ainda em posição de alocar fundos para o cuidado dos animais a seu critério.

— Você não pode simplesmente decidir comprar um novo quiosque de sorvete se o curador acha que o cercado do leão está precisando de traves novas — disse Peter. — Se não tem dinheiro para ambos, precisa dar ouvido ao curador. — Aquilo me pareceu bastante justo. — Por sinal — acrescentou ele —, o cercado do leão está precisando de traves novas.

— E quanto custam?

— Não faço ideia — respondeu Peter. — É aí que você vai precisar conseguir aconselhamento profissional. Mas isso é só uma das muitas e muitas coisas que você vai ter que fazer antes de conseguir a licença do zoológico.

Peter explicou um pouco sobre a Lei de Licenciamento de Zoológicos e informou que Ellis entregaria sua licença em duas semanas, daí o prazo final de 11 dias para a venda.

Na realidade, os animais não teriam de ser separados na ocasião, pois seriam mantidos como coleção particular sob a Lei de Animais Silvestres Perigosos. Isso significava apenas que a visitação seria proibida, o que faria com que as finanças seriamente oscilantes do parque atingissem um ponto crítico. Mas, ao que tudo indicava, não necessariamente um ponto crítico em 11 dias. Se conseguíssemos levantar uma oferta convincente, tínhamos todas as chances de continuar negociando por algumas semanas depois que o parque fechasse. Até aqui, havia motivos para termos esperança de que essa empreitada, que parecia perdida, não seria obrigatoriamente impossível.

— O negócio é viável? — perguntei a Peter. Dessa vez ele levou mais tempo para responder.

— Hum, tenho certeza que sim — disse. — Com o gerenciamento certo, muito dinheiro investido em infraestrutura e muito, muitíssimo trabalho duro, deve ser viável, sim. Por muito tempo o zoológico foi uma das atrações mais populares da região. Decaiu nos últimos anos por causa da falta de investimento e por não se adaptar aos novos tempos. Mas até bem recentemente, era um negócio bem-sucedido.

Eu estava profundamente desconfiado de que houvesse mais do que isso, e da existência de algum tipo de buraco negro em toda a estrutura do local que significasse que o negócio não estava em condições de funcionar. Por que as outras vendas fracassaram? Vários profissionais do ramo se aproximaram do projeto e, por algum motivo, não morderam a isca. Seríamos os otários a comprá-lo para depois descobrir a verdade?

Era evidente que eu necessitava de ajuda profissional, que surgiu como uma mensagem de texto de uma amiga — cuja cunhada, Suzy, trabalhava na Austrália e por acaso era uma profissional bastante experiente na área de zoológicos. Na realidade, equiparava-se facilmente ao nível hierárquico de curador. Eu havia conhecido Suzy em um casamento fazia tempos e gostei dela instantaneamente. Fiquei impressionado pela maneira com que, mesmo usando um vestido curto formal, com sua juba selvagem de cabelos louros, conseguia dar a impressão de estar vestindo botas de trabalho, *legging* e um pesado casaco de lã. Naquela época, seu trabalho consistia em instruir criadores de gado de Queensland sobre a necessidade de preservação da fauna selvagem local, tarefa que eu considerava difícil até mesmo para um pugilista profissional violento. Mas não para Suzy, que então era diretora de aquisição de animais para os três zoológicos no estado de Victoria, incluindo o mais importante, o zoológico de Melbourne, onde estava sediada. Suzy ofereceu toda a ajuda possível e disse que pensaria até mesmo na possibilidade de tirar uma licença de um ano para atuar como curadora.

— Não posso garantir — disse. — Mas pode me inscrever como candidata até vermos como as coisas evoluirão. Nesse meio-tempo, antes de ir adiante, você precisa de um levantamento feito por um profissional capaz de informar se o negócio funciona ou não.

Suzy compartilhava minhas preocupações sobre a possibilidade de o negócio ser um buraco negro, pois lera a respeito do declínio de Dartmoor na literatura da comunidade zoológica. Teria ela alguém em mente para a inspeção?

— Há uma pessoa com quem eu costumava trabalhar em Jersey que poderia dar uma opinião bastante definitiva — disse Suzy. — Acho que agora é conceituado demais para esse tipo de coisa, mas vou ver o que ele acha.

E foi assim que viemos a conhecer Nick Lindsay, diretor dos Programas Internacionais para a Sociedade Zoológica de Londres, no estacionamento do Dartmoor Wildlife Park poucos dias mais tarde. Aquele homem alto, que lembrava ligeiramente um tio, apertou minha mão e a de Melissa, que a essa altura estava grávida de cerca de oito meses, e concordou que devíamos percorrer a pé o caminho ao longo do acesso normal para visitantes a fim de ter uma noção do funcionamento do parque. Tínhamos encomendado um relatório da ZSL, e Nick concordou gentilmente em realizar a inspeção, pois também acompanhara as dificuldades do zoológico e, tendo sido um garoto da região, tinha interesse nele. Posteriormente, chegou a se hospedar na casa da mãe, para que não precisássemos ter gastos com hotel.

Durante o percurso, fomos tão sinceros quanto poderíamos ser.

— Não sabemos nada a respeito de zoológicos, mas se este for realmente um zoológico viável, você acha possível fazermos isso?

— Ah, vocês não precisam saber nada sobre zoológicos para comprar um — disse Nick, rindo. — Vocês têm que ser um pouco malucos, mas acho que isso é com vocês. Primeiro vamos ver se o zoológico é de fato viável.

Nossa primeira parada foi Ronnie, a anta, cujo cercado era paralelo à estrada. Nick se curvou e a chamou e, para minha surpresa, ela se aproximou. Nunca vira uma anta tão de perto e me impressionou que aquele animal enorme e de aparência estranha fosse tão dócil e amistoso. Semelhante a um grande porco com uma corcunda no lombo e uma miniatura de tromba de elefante no lugar do nariz, segundo os indonésios fora criada por Deus a partir das sobras deixadas depois que Ele terminou de criar todos os outros animais.

Nick estendeu os dedos pela tela metálica, e Ronnie aproximou a tromba alongada e trêmula e depois a pousou sobre nossas mãos, feliz em nos conhecer. Com esse encontro encantador, porém, surgiu a primeira coisa a ser enfrentada.

— Essa cerca devia ter uma barreira de isolamento — disse Nick. — Temos que nos certificar de que a jaula dela seja aquecida no inverno, e aquilo lá dentro está parecendo um pouco enlameado. Ela é um ungulado, por isso suas patas são bastante delicadas. — Eu estava decidido a tomar notas o dia todo para ficar de olho nas despesas que teríamos, mas já deparava com um problema imprevisto: meleca de anta por toda a minha mão e sobre o bloco de anotações. — Não se preocupe — disse Nick. — Vou colocar tudo no relatório.

O dia correu bem e já estávamos na metade do parque quando fomos interceptados por Robin, um sujeito de aparência tensa com um longo rabo de cavalo grisalho que se apresentou como membro da equipe, claramente preparado para suportar o dissabor de nos acompanhar pelo parque, embora não gostasse daquilo. Ainda que houvéssemos marcado um horário para a visita, informou-nos ele, deveríamos estar permanentemente acompanhados por motivos legais e de segurança. E ele foi nosso guia pelo restante da visita externa. Logo ficou claro que não havia pergunta sobre o parque que Robin não conseguisse responder. A história, os índices de frequência, as dietas dos animais, os nomes das plantas — ele sabia tudo. E então aconteceu uma coisa que lhe rendeu uma pergunta difícil. Soou um forte disparo, que ecoou pelo vale. Aquilo só poderia ter sido um tiro, e de arma de grande porte, o tipo de som que geralmente só se ouve em filmes. Interrompemos nosso trajeto.

— Bem, isso é algum problema com os tigres? — perguntei.

Robin hesitou, pareceu um pouco mais tenso, agora, porém, com um quê de tristeza, e respondeu:

— Não, na verdade é uma das leoas. Ela tinha câncer de pulmão. — Virou-se para continuar a nos conduzir e olhei para Nick, completamente ansioso. Nunca tinha estado em qualquer lugar em que houvessem atirado em um leão a 50 metros de onde me encontrava. Aquilo era certo? Tinham permissão para fazer tal coisa? Era uma atitude justificada? Estaria o fato de alguma forma relacionado ao buraco negro? Nick dava a impressão de estar ligeiramente surpreso, mas pareceu aceitar bem a situação.

— Se ela tinha câncer de pulmão e o veterinário disse que era hora, foi uma atitude completamente justificada — disse. E o emprego de uma arma em lugar de uma injeção também era bastante normal caso o animal fosse difícil, ou fosse perigoso atingi-lo com um dardo. Portanto, estava tudo bem, tudo normal, só que uma leoa havia tomado um tiro. Se o diretor dos programas Internacionais da Sociedade Zoológica de Londres havia dito que estava tudo bem, deveria estar, mas confesso que achei aquilo um tanto inquietante.

Assim como Rob, o sujeito que puxara o gatilho. Nós o encontramos mais tarde no restaurante Jaguar, junto com Ellis e sua irmã, Maureen. Ellis também estava alterado — por uma dor de dente, explicou —, razão pela qual segurava um copo de uísque. Havia uma atmosfera tensa e difícil, pois a estrutura de um negócio familiar antes bem-sucedido se encontrava em ruínas, os credores os rodeavam e as emoções estavam à flor da pele. Mas havia perguntas que nós e Nick precisávamos fazer a Ellis, e ele também tinha perguntas a nos fazer. Rob parecia quase à beira das lágrimas depois da dura experiência de matar a leoa Peggy, um animal que conhecia havia 13 anos, e a princípio relutou em se aproximar da mesa, mas Maureen convenceu-o de que talvez fosse necessário, pois agora ele estava de posse da licença para manter a coleção no local sob a Lei de Animais Silvestres Perigosos. Ellis andava para cima e para baixo, praguejando, não exatamente à meia-voz.

Por fim, todos nos sentamos e Nick cumprimentou Ellis como um professor talvez houvesse saudado um ex-aluno, expulso mas presente à reunião, como se aquilo fosse simplesmente o justo. Conheciam-se de várias reuniões da Federação de Zoológicos ao longo dos anos, e Ellis balançou a cabeça, reconhecendo que ali se encontrava um homem com quem ele precisava cooperar. Nick deu início a uma sucessão de perguntas para o relatório, e tudo correu bem até que mencionou o nome de Peter Wearden, o agente de saúde ambiental de South Hams.

— Peter Wearden? Peter Wearden? Vou matar esse sujeito, é o que eu vou fazer. Vou cortar a cabeça dele com uma espada e fincar num pedaço de pau no alto da estrada. Isso vai mostrar o que eu penso dele. — Ellis prosseguiu por algum tempo, explicando como matara homens na guerra. — Eu sou bom em matar homens. — Bem como todo tipo de animal no planeta. Ele não faria um estardalhaço por matar um leão, como Rob.

Nesse momento, interrompi a conversa e disse que, pessoalmente, não achava absurdo o fato de Rob estar perturbado, mas que precisávamos conversar a respeito de Peter Wearden.

— Eu mataria o cara sem pensar, igualzinho ao leão — disse ele, olhando-me nos olhos. Sem saber o que dizer, pensei em me agarrar novamente a dados de realidade.

— Bem, isso iria ao menos resolver seus problemas de alojamento nos próximos anos — declarei. Ele pesou o comentário, voltou a me olhar e disse:

— Tenho aqui o caixão dele pronto antes disso. — E era verdade. Fazia cerca de seis meses que havia no restaurante um caixão com a foto de Peter Wearden em seu interior, mesmo enquanto o parque estava aberto ao público.

— E então, Ellis — perguntou Nick, prosseguindo como se nada houvesse acontecido —, e quanto àquelas barreiras de isolamento?

Ellis foi educado, mas estava visivelmente preocupado quando nos levou para visitar a casa de novo, ainda mais rápido que da última vez, e fiquei surpreso ao ver que esta parecia em condições bem piores do que eu me lembrava. Se era superficial e devido ao aumento da bagunça, ou ao fato de eu estar pouco lembrado da estrutura do lugar, era difícil dizer, mas a impressão foi forte o bastante para gerar um novo lançamento em minha planilha mental de gastos.

O primeiro alerta foi o aumento na intensidade do cheiro na cozinha, na frente da casa. Esse era o ponto de acesso de Ellis e obviamente um dos cômodos principais que usava, mas o lugar fedia. Da última vez, fedia muito, mas dessa vez o fedor parecia uma névoa que dava a sensação de grudar na roupa. Mulheres no estado de Melissa são especialmente sensíveis a cheiros e ela quase vomitou ao passar por ali, pressionando a boca com a mão caso fosse obrigada a conter algum vômito — afinal de contas, é indelicado vomitar quando alguém está orgulhosamente lhe mostrando a casa.

A principal fonte do cheiro parecia ser um balde em um canto, contendo cavala crua e pintinhos mortos na véspera para alimentar durante as manhãs a população de garças e gralhas. Era um balde velho, de plástico amarelado, e sua integridade era duvidosa, pois uma nódoa extensa, antiga e colorida escorria de sua base como uma lama sulfurosa, porém mais virulenta. Até mesmo Ellis foi levado a comentar.

— Está um pouco fedido aqui dentro. Mas vocês não precisam deixar aquilo ali — acrescentou, gesticulando em direção ao balde. — Vocês vão mudar as coisas de lugar, suponho. — De certa forma, eu achava que simplesmente reposicionar o balde não eliminaria o mau cheiro. Jurei na soleira da porta que, se comprássemos o parque, nenhuma comida voltaria a ser preparada naquela cozinha.

O restante da casa parecia mais bagunçado do que lembrávamos, e ainda não havíamos tido tempo para obter uma imagem completa de como ficaria o projeto. Metade do imóvel tinha sido usada por estudantes, e essa parte estava coberta de letreiros em plástico que diziam "Proibido Fumar", "Apague as Luzes" e, curiosamente, "É Proibido Vomitar na Escada". Mas parecia que, no geral, uma reforma aceitável nas instalações elétricas, na tubulação e no revestimento a deixaria em bom estado. A outra metade da casa, com uma grande escadaria e a cozinha em pedra, estava arruinada por décadas de papéis de parede conflitantes e superfícies repletas de fios remendados, que serpenteavam desgovernados como os rebentos agressivos de uma trepadeira gigante apropriando-se gradualmente da casa. E, é claro, o cheiro penetrante proveniente da cozinha.

A cozinha revestida em pedra não era usada como tal havia décadas. Na lareira, por trás de um lençol esfarrapado e poeirento pendurado em uma corda pregada na cornija alta acima dela, jazia a carcaça enferrujada de um fogão antigo, a porta solta, coberta na parte interna pelo que parecia ser excremento de ave que vinha da chaminé.

— Minha avó cozinhava nele — disse Ellis. — Com um pouco de trabalho dá para colocar esse fogão funcionando novamente. Ele vale uns trocados. — Eu não tinha tanta certeza. Mas o cômodo dava para um pátio calçado com pedras, agora coberto de capim, com vista para um chalé no lado oposto, depois do "estábulo"/depósito de lixo. Melissa, que é boa em enxergar potenciais e visualizar uma casa finalizada, alegrou-se.

— Essa é a melhor parte da casa — anunciou. Seria mesmo? — Posso me imaginar preparando o café da manhã aqui, olhando para o outro lado do pátio e acenando para Katherine ou para mamãe na cozinha do chalé. — Na ocasião, Melissa ainda estava considerando seriamente a possibilidade de vender a casa e se mudar também, incluindo cinco crianças e Jim. Parecia bom. Mas no tempo previsto, e com entulho suficiente para encher uma centena de brechós espalhados por aí, era difícil avaliar o que seria viver naquela casa. Salvo que isso, tal como o parque, exigiria muito trabalho (dispendioso).

Saímos da casa e voltamos a nos reunir a Nick no restaurante, agradecemos a nossos anfitriões e fizemos o caminho de volta a pé. A essa altura, nosso conselheiro imparcial e objetivo tornara-se um tanto partidário.

— Eu acho um ótimo lugar — entusiasmou-se Nick. — Muito melhor do que pensei, a julgar por todas as histórias. Vocês vão precisar de uma inspeção adequada do local, sem sombra de dúvida, mas até onde posso ver, isso aqui pode se tornar um zoológico em funcionamento sem muito problema. — Como consultor de projeto de zoológicos, Nick também acrescentou ideias nesta fase. — Tirem os visitantes do caminho para automóveis — que avançava por uns 300 metros até o centro da metade mais baixa do parque — e levem-nos para a área cercada ao lado dele. Vocês podiam traspassar a área com uma passarela de madeira sinuosa, para que os visitantes não percebam a subida, e colocar algum animal que chame atenção lá dentro, como as zebras, ou quem sabe alguns antílopes interessantes, de modo que, assim que passarem pelo quiosque, penetrem em um mundo diferente.

— Nós podemos conseguir zebras? — perguntei.

— Ah, eu posso conseguir zebras — respondeu Nick com ar despreocupado, como se fosse um item que ele pudesse encontrar no Tesco. Gostei. Ele dissera aquilo quase como se fosse um negociante: gravadores de vídeo, jaquetas de couro, zebras e assim por diante. Mas esse vislumbre do funcionamento do universo do zoológico era interessante também por outros motivos. Nick estava pintando com os animais, bem como esboçando um importante layout comercial na imaginação. — Vocês precisam de mais flamingos — disse ele. — Os flamingos ficam bem em contraste com as árvores. O lago com a ilha lá em cima tem árvores ao fundo; se vocês colocarem mais alguns ali, vão ficar sensacionais quando os visitantes alcançarem o topo do caminho. Então, depois de ter escalado a encosta, eles vão sentir calor. É aí que vocês vendem o primeiro sorvete. — Uau. Infelizmente, o flamingo é em geral um dos poucos animais que não chegam grátis dos outros zoológicos, podendo custar entre 800 e 1.500 libras cada um. O que significa um bocado de sorvete. E com a perspectiva da gripe aviária migrando sobre o horizonte, havia a possibilidade de uma ordem de extermínio em massa pelo Departamento de Meio Ambiente, Alimentação e Assuntos Rurais pouco depois de recebermos essas aves graciosas e caras. O nosso arquipélago de flamingos talvez tivesse de esperar.

Voltei para a França, Melissa voltou para os filhos em Gloucester e Nick voltou para Whipsnade, onde preparou o relatório que determinaria a direção de nossa vida. Se fosse negativo, seria definitivo, e não faria mais sentido perseguir aquele sonho. Sob muitos aspectos, eu meio que esperava, como antes, que isso ocorresse, assim finalmente poderia deixar de lado aquela ideia sabendo, de forma decisiva, que seria um erro prosseguir. No entanto, se fosse positivo, sabíamos que tínhamos de continuar e o próprio relatório seria útil na obtenção do apoio que tornaria possível a empreitada.

Nesse meio-tempo, a cada dia eu aprendia mais sobre o zoológico. Ellis já fora visto como um visionário, projetando cercados inovadores, investindo em acesso para deficientes em locais com aclives penosos muito antes que a legislação exigisse e desenvolvendo um programa de educação de alcance ambicioso, um dos primeiros desse tipo no país, hoje copiado por quase todos os outros zoológicos. Mas tinha controle total e absoluto. Não havia ninguém que lhe dissesse quando parar. E, com excesso de investimento em infraestrutura cara como o imenso restaurante (em oposição às recomendações, que ele desconsiderou), um divórcio dispendioso e outros zoológicos aprendendo, copiando e desenvolvendo suas técnicas e mudando continuamente o jogo enquanto ele começava a estagnar, o número de visitantes diminuiu.

Minha vida tornou-se uma série de longos telefonemas para advogados, corretores imobiliários, banqueiros, membros da minha família e Ellis. Percebi que, sempre que conversava com Ellis, ele conduzia inexoravelmente a conversa rumo à discórdia. Fomos francos com ele. Ainda não dispúnhamos do dinheiro para comprar o zoológico, mas possuíamos bens de igual valor mediante os quais obteríamos empréstimos, ou venderíamos se ele simplesmente conseguisse segurar.

— É de se pensar que quando alguém se apresenta para comprar um imóvel esse alguém tenha ao menos o dinheiro para isso — disse ele certa vez, o tipo de observação que me dava uma indicação do porquê de tantas outras vendas terem fracassado. Ao lado de outras coisas, Ellis estava na terrível posição de ter de vender seu adorado parque, construído em grande parte com suas próprias mãos, a expressão de sua visão da vida nos últimos quarenta anos, portanto, não era de admirar que estivesse irascível. O único concorrente restante era um construtor que desejava transformar o parque em uma clínica de repouso, e Ellis não queria isso. De modo que, a seu imenso favor, esperou por nós.

Nessa situação tensa, eu estava genuinamente preocupado com Peter Wearden, que se tornara o foco da irritação de Ellis e firmara-se como o mentor deliberado e maquiavélico de sua desgraça. Tudo começara com uma inspeção de rotina havia vários anos, que concluíra que as placas pintadas à mão nas áreas cercadas dos animais eram ilegíveis e precisavam ser substituídas. Ellis escoltou o inspetor para fora do parque (alguns dizem que sob a mira de uma espingarda) e recusou-se a cumprir a diretriz. Isso ativou um processo unilateral de confronto direto com as autoridades, que se estendeu para muitas outras áreas ao longo dos anos e, em última instância, sujeitou-o a entregar sua licença para administrar o zoológico em abril de 2006. Quando visitamos o lugar pela última vez, após muitos anos de declínio gradual, nossa impressão foi a de termos ingressado no Coração das Trevas, em que um visionário carismático criara um império antes fervilhante de vida e esperança, mas onde as fragilidades humanas haviam enfim sido expostas pelo ambiente, com consequências terríveis. Liguei para Peter e contei-lhe minhas preocupações. Ellis era, em minha opinião, um homem encurralado, e eu estava realmente preocupado com sua segurança.

— Ah, não estou preocupado com isso — riu Peter, com uma coragem que duvido de que eu teria demonstrado em sua situação.

— Ele realmente parece muito difícil de lidar — comentei. — Tem mais alguém por lá com quem eu consiga conversar? — O advogado dele? Rob?

— Tente Maureen, a irmã dele — aconselhou Peter. — Ela fala as coisas com bom-senso.

E então outra peça vital para a compra do parque se encaixou. Maureen era dedicada ao irmão, e em ambas as visitas à casa vimos uma foto sua quando adolescente caindo da traseira de um *stock car* durante um salto que Ellis estava realizando (entre outras coisas, fora piloto de *stunt-car*). Ela trabalhara a vida inteira em um hotel fora do parque e talvez entendesse as pressões do mundo exterior melhor do que ele. Eu conversava com Maureen duas ou três vezes por dia, tentando traçar um plano para salvar o parque.

Outra pessoa vital, sem a qual nunca teríamos conseguido, foi Mike Thomas. Para obter apoio, necessitávamos de uma inspeção do local, o que custaria cerca de 3 mil libras. Mas eu sabia que várias dessas inspeções (na realidade, nove) haviam sido recém-encomendadas e relutava em pagar por outra. Perguntei a Maureen se conhecia algum dos potenciais compradores recentes que estivesse disposto a nos vender sua inspeção.

— Tente Mike Thomas — disse ela. De modo que acabei soltando por telefone a um total estranho que estávamos tentando comprar o parque e que soubemos que ele havia encomendado recentemente uma inspeção completa do local.

— Continue — pediu uma voz empedernida. Revelei nossa inexperiência e falta de capital, surpreso, à medida que prosseguia, com o fato de ele não desligar o telefone. — Você pode ficar com a inspeção — disse ele no final. — Para onde devo enviar? — Essa foi a primeira das muitas generosidades de Mike, cuja voz reconfortante várias vezes me ajudou em momentos difíceis nos meses seguintes.

Mike era ex-proprietário do zoológico de Newquay, que transformara de um negócio precário com 40 mil visitantes por ano em um próspero centro de excelência com cerca de 250 mil visitantes no espaço de nove anos. Sabia o que estava fazendo. Sua oferta fracassara ante as rochas gêmeas que eram Ellis e o sócio de Mike, mas ele desejava que tudo corresse bem para o parque. Mais importante, Peter Wearden designara-o para supervisionar a dispersão da coleção de animais para outros zoológicos, caso fosse necessária. Ele estava em contato diário com Rob, o portador da licença sob a Lei de Animais Silvestres Perigosos, e Peter, como um homem inserido na atividade, não poderia estar mais bem-colocado. Seu permanente apoio e seus bons conselhos foram absolutamente fundamentais para que conseguíssemos adquirir o parque.

As semanas arrastavam-se, e o principal avanço positivo — fora a chegada do relatório de Nick Lindsay da Sociedade Zoológica de Londres, que dava uma retumbante aprovação ao parque como empreendimento futuro — foi encontrarmos um comprador para a casa de mamãe que pagaria à vista. Mas tratava-se de um sujeito cauteloso, sem pressa, e qualquer alusão ao fato de precisarmos desesperada e *imediatamente* do dinheiro resultaria, quase com certeza, na redução da oferta. Tentamos os empréstimos em curto prazo — aqueles acordos caros e perigosos oferecidos por bancos comerciais na esperança de roubar todos os bens das pessoas em um ano —, mas fracassaram. Hipotecas comerciais nos foram igualmente oferecidas e revogadas. Vários bancos prestigiados nos deixaram de mãos abanando. Por três vezes, o Lloyds nos estendeu a mão amiga e, justo quando a estávamos apertando, retirou-a, levou o polegar ao nariz e pôs-se a balançá-la. Muito engraçado, pessoal. Os bancos privados foram igualmente volúveis. Talvez oito bancos no total tenham nos prometido apoio em negociações prolongadas, com as quais contávamos, então dávamos a boa notícia ao outro lado, naturalmente bastante interessado, e empenhávamos mais recursos com base nisso. Em seguida a oferta era retirada. Os gerentes corporativos eram geralmente fáceis de convencer e bons em conceder acordos 100% verbais e apertos de mão. Mas nos bastidores, os caras com as calculadoras e ternos cinza, que constituíam o que conhecemos como equipes responsáveis por investimentos de risco, invariavelmente recusavam. Os advogados também se puseram a trabalhar. A certa altura, um pasto de 2,4 hectares desapareceu do mapa que continha o que estava incluído no preço. Deixei claro para Maureen que aquilo seria um obstáculo ao negócio, e ele ressurgiu.

Para um rápido descanso ao final de 12 horas por dia de telefonemas circulares, assistíamos à série *24 horas*, que estava transitando entre as mães inglesas na França. Kiefer Sutherland interpreta Jack Bauer, um agente dissidente da UCT (Unidade Contraterrorismo) que, ao longo de vários episódios, sempre tem de salvar o mundo em 24 horas, exibidas em tempo real, uma hora a cada episódio. O chão se move sob seus pés à medida que ele persegue, com total empenho, pistas que acabam por se revelar becos sem saída. Ele é traído por seus superiores, agentes duplos e diversos vilões e enfrenta novos reveses a cada tique-taque do relógio. Aliados tornam-se inimigos, inimigos tornam-se amigos, mas então morrem; ainda assim, ele se adapta de alguma forma e encontra um novo curso a seguir. Eu sabia exatamente como ele se sentia. Todos os dias havia obstáculos intransponíveis, que à tarde eram resolvidos e esquecidos, como preparação para o seguinte.

Mas a situação no outro lado parecia muito mais desesperadora. Os gastos de rotina — sete tigres, três leões e seis tratadores para alimentar — persistiam sem a venda de ingressos para cobri-los, os juros sobre as dívidas se acumulavam e os credores apresentavam-se com frequência crescente. Então, justo quando o comprador da casa de mamãe concordou em assinar,

Maureen declarou que precisávamos começar a pagar os custos correntes do zoológico para evitar que este fosse parar nas mãos do construtor da clínica de repouso. A essa altura, estávamos bastante comprometidos, e Duncan e eu detonamos nossos cartões de crédito para pagar, de qualquer jeito, 3 mil libras por semana para manter nossa oferta em aberto. Isso estava muito além de nossos recursos e não poderia durar muito tempo, sobretudo por uma coisa que poderia não compensar. Felizmente, Duncan conseguiu um doador — que deseja permanecer anônimo — para nos emprestar 50 mil libras a serem usadas como "depósito semi-irrestituível". Aquilo era uma boa notícia, mas era óbvio que o empréstimo precisava ser pago, quer ganhássemos quer perdêssemos, e a situação "perda" não comportava essa despesa.

Ao concordar em pagar o depósito semi-irrestituível (ressarciríamos metade se a venda fracassasse), passávamos a ser credores de Ellis. Estávamos subindo o rio para ver Kurtz.* Fizéramos o reconhecimento. Agora precisávamos ver se conseguíamos ir até o fim. Só tínhamos de nos lembrar de não sair do barco. Então, justo quando a venda da casa de mamãe ficou finalmente acertada, tivemos nosso pior momento. Meu irmão Henry, que no início fora favorável à empreitada, de repente perdeu a coragem e armou uma dispendiosa batalha legal contra o restante da família. Henry era o executor da metade de meu pai dos bens; portanto, podia atrasar a liberação do dinheiro como bem entendesse. Recusava-se a ser contatado, exceto por carta enviada por correio, o que, com a situação mudando a cada hora, era simplesmente insustentável no caso de um participante tão crucial. Mamãe, Duncan e eu tentamos contornar e discutir o assunto com ele várias vezes, mas ele não atendia a porta nem o telefone. Aquilo não estava nada bom. Sentíamos pelo que quer que ele estivesse passando, mas havia um contexto maior, com o qual todos os outros membros da família estavam de acordo.

Por fim, a família inteira acabou na soleira da porta de seus advogados caros (pagos pelo espólio) e, após três horas de espera, os convencemos de que aquele era o desejo de mamãe e o desejo de todos os beneficiários do testamento de meu pai. Todos nós queríamos comprar o zoológico.

---

* Menção ao personagem Coronel Kurtz, de *Coração das Trevas*, de Joseph Conrad, livro no qual se baseou o filme *Apocalypse Now*, de Francis Ford Coppola. (N. da T.)

Henry acabou concordando, desde que assinássemos a cláusula de não processá-lo quando tudo desse errado, e cada irmão recebeu o total de 50 mil libras a que tinha direito nos termos da legislação Nil Rate Band (o valor do espólio que não está sujeito a imposto de herança). O que queria dizer que não haveria dinheiro suficiente para comprar o zoológico, a não ser que ao menos quatro de nós devolvessem imediatamente o dinheiro, com o que todos menos Henry concordaram num piscar de olhos, ainda que, a fim de fazer isso, tivéssemos de recorrer à assistência legal independente. Isso significava que cada um de nós precisava procurar outro advogado e pagar por evidência escrita para mostrar que fomos informados dos riscos envolvidos, o que era uma piada.

Além disso, em lugar de ser comprado em nome de uma companhia limitada, um veículo comercial e fiscal eficiente e a base de todos os nossos meses de negociações, o zoológico tinha de ser comprado em nome de mamãe. E ninguém empresta meio milhão de libras a uma senhora de 76 anos, por mais ativa e ousada que seja. Cálculos aproximados revelaram que, se tudo corresse de acordo com o planejado, haveria dinheiro suficiente para comprar o zoológico, pagar todos os honorários legais e ter uma reserva de 4 mil libras, o equivalente a cerca de dez dias de custos operacionais.

Lançamo-nos sobre a oportunidade. Bem, meus dois irmãos, minha irmã e a minha mãe se lançaram. Katherine ficara ligeiramente preocupada com a ideia durante as negociações, em parte devido à incerteza inerente a conseguirmos o zoológico, mas também porque administrar um estabelecimento desse tipo nunca fora um item importante em sua lista de afazeres. No entanto, pensou em quanto as crianças gostariam, notou meu entusiasmo e pesquisou uma função para si mesma, confeccionando gráficos e gerindo o dinheiro. Ambas eram habilidades que desenvolvera no período em que atuou como diretora artística em revistas de alto nível, e assim que conseguiu equacionar a coisa toda para organizar uma extensa e complexa sessão fotográfica, deu sua prudente cobertura. Agora que a empreitada estava se tornando uma realidade, ela sabia o que precisava fazer e estava pronta. As crianças, como vocês podem imaginar, ficaram muito entusiasmadas, pulando para cima e para baixo, batendo palmas e gritando. Não tenho certeza de que realmente acreditassem — mas era verdade.

# 3

# Os primeiros dias

Desde o começo, sabíamos que seria difícil. Montar uma equipe com vinte integrantes, quando nunca havíamos empregado ninguém? Cuidar de duzentos animais silvestres e exóticos? A casa para onde nos mudamos estava em condições tão precárias quanto o zoológico para o qual dava vista. Embora em outros tempos houvesse sido uma magnífica mansão de 12 quartos, agora o encanamento chiava, o papel de parede descascava, as tábuas do piso rangiam — mas era um lar. A maioria das pessoas, sobretudo na idade de mamãe, tenta "enxugar" a vida, mas nós a ampliávamos dramaticamente rumo a um caminho de trabalho completamente desconhecido, e as apostas eram altas. Na realidade, tudo pelo que minha mãe e meu pai trabalharam juntos por mais de cinquenta anos estava em jogo. E ainda precisávamos de mais — mais meio milhão — apenas para arriscar a possibilidade de o zoológico reabrir e de que, quando o fizesse, tudo desse certo. Em geral, esse nível de incerteza quanto a algo tão importante pareceria uma tremenda loucura, mas a objeção legal de última hora proveniente de nosso próprio lado nos forçou a apressar as coisas, o que nos deixou inseguros, sem um tostão e remando como doidos para encontrar algum dinheiro. Ainda assim, no contexto dos últimos seis meses de negociações, aquilo parecia apenas outra ocorrência ruim, mas provavelmente superável.

Confortava-nos também o fato de que, embora nunca houvéssemos feito nada parecido — e não possuíssemos licença para funcionar, nem mesmo um curador especial em mente (Suzy, na Austrália, estava com problemas de saúde, o que a tirava de cena) —, ao menos éramos completamente donos do lugar. Isso com certeza nos deixava em boa posição com os credores. Além do mais, restavam-nos 4 mil libras.

O plano de negócios meticulosamente pesquisado que eu desenvolvera com Jim — ou, mais precisamente, que Jim colocara em planilhas baseado em seu conhecimento de negócios e nos boatos que eu levantara acerca das quase vinte atrações principais em Devon — a essa altura era bastante hipotético. As despesas urgentes que deveriam começar quando chegássemos haviam sido adiadas enquanto procurávamos novos credores, que nos rodeavam outra vez, farejando com renovado interesse, pois, como detentores de um verdadeiro patrimônio, passamos a ter novo status com seus consultores.

Como constatamos depois, os consultores continuavam pouco impressionados. Ouvíamos o rangido coletivo de suas sobrancelhas erguendo-se e de pequenas baforadas de desprezo, mas as calculadoras entravam rapidamente em ação e, ainda que surgissem algumas propostas hesitantes, todas eram velozmente revogadas. Esse problema nos alcançaria rapidamente; portanto, com o telefone colado ao ouvido, nós nos empenhamos em tentar solucionar as crises imediatas no local, sem gastar dinheiro de fato. Naqueles primeiros dias, caminhávamos admirados pelo parque, conhecendo os animais, coletando informação, maravilhando-nos com os ursos, lobos, leões e tigres, conhecendo os tratadores e rindo descontroladamente com nossa nova vida.

Quando conheci Kelly, tive uma surpresa. Assim como Hannah, ela era uma das duas dedicadas tratadoras dos felinos que haviam permanecido, contra todas as probabilidades, para cuidar dos animais, por vezes sem receber pagamento e tendo que pagar por suplementos de vitaminas para os animais (e miudezas básicas — como pilhas para lanternas e papel higiênico) do próprio bolso.

— Você é o novo dono? — perguntou ela, de olhos arregalados e enérgica, ao que respondi que era um deles. — Você pode, por favor, fazer alguma coisa a respeito da situação desses tigres? — Eu não fazia ideia da situação à qual Kelly estava se referindo, mas ela logo me forneceu informações. O principal cercado dos tigres é uma área protegida de 2.100 metros quadrados chamada Rocha do Tigre, devido à imensa construção rochosa semelhante a Stonehenge que constitui seu centro. O local acomodava três tigres: Spar, que aos 19 anos era o velho patriarca do parque; e duas irmãs, Tammy e Tasmin, de 10 e 11 anos. Mas apenas dois tigres por vez ficavam soltos ao mesmo tempo no cercado. Isso porque Spar, ainda que velho, continuava a ser um macho vigoroso e ocasionalmente tentava acasalar com as duas fêmeas, embora suas patas traseiras fossem artríticas e trêmulas e elas fossem suas netas. Cinco anos antes, Tammy e Tasmin haviam recebido injeções de anticoncepcionais para evitar a procriação consanguínea (e porque Ellis não tinha mais permissão para procriar tigres, pois sofrera 32 acusações por reprodução ilegal desses animais). O infeliz resultado dessa mudança hormonal nas duas irmãs foi que elas de repente passaram a se odiar e começaram a brigar, e é muito difícil separar brigas de tigres; isso só podia terminar em morte. Portanto, uma das irmãs sempre ficava 24 horas trancafiada na jaula, enquanto a outra brincava carinhosamente com o avô. Em seguida, a outra tigresa ficava trancada por 24 horas, concedendo à irmã o gosto de um dia de liberdade. À medida que me explicava a situação, Kelly chamou minha atenção para as batidas arrítmicas provenientes da jaula dos tigres, que supus que fosse algum trabalho de manutenção. Na realidade era Tammy, contrariada por seu confinamento em um compartimento de 2x4 metros, batendo na porta de metal para sair. Kelly estava à beira das lágrimas quando me contou que isso vinha acontecendo havia cinco anos, causando enorme sofrimento aos tigres (e tratadores) e tornando muito mais perigoso o trabalho com os animais.

— Isso é inaceitável em um zoológico moderno — concluiu Kelly, um tanto desnecessariamente, pois mesmo um amador como eu era capaz de reconhecer o fato. Prometi de imediato que faria o que fosse necessário para corrigir a situação, o que resultou em descobrir um novo lar para uma das irmãs rivais. Um novo cercado de tigres era caro e impraticável (pois possuíamos dois) e significaria isolamento permanente para uma das fêmeas. Pedi a Kelly que pesquisasse novos lares para o tigre mais adequado a ser passado adiante e saí desse encontro surpreso de que um problema sistêmico de caráter tão permanente não houvesse surgido durante as negociações para a compra do zoológico. Pelo lado positivo, aquela era uma grande melhoria que poderíamos implementar quase sem custos, mas era um fato inesperado e era preocupante que não tivéssemos tomado ciência disso antes de fechar o negócio. Por que Peter Wearden ou Mike Thomas não mencionaram o assunto? O que mais surgiria?

Aquilo foi ainda mais surpreendente, tendo em conta que, antes, Peter e Mike não hesitaram em me lançar no fundo do poço, com decisões difíceis no que dizia respeito ao tratamento dos animais. Telefonei certa vez da França, provavelmente três meses antes da compra do parque, e Peter caiu em cima de mim por ser o último comprador que planejava administrar o local como um zoológico.

— O que você vai fazer a respeito das duas fêmeas de jaguar? — perguntou. Ei, elas são lindas. Qual é o problema? — O lugar não está atendendo aos padrões desse ramo de atividade e existe uma preocupação séria com a possibilidade de uma fuga. — O local não pode ser reconstruído, restaurado? — Ele já foi consertado várias vezes, e reconstruir com os animais no cercado é impraticável. Elas precisam ser transferidas. Se vai ser o novo proprietário, você tem que decidir agora o que vai fazer.

De pés descalços em meu celeiro-escritório francês quente e empoeirado, contemplando os vinhedos ensolarados que vibravam ao som do canto das cigarras a 1.100 quilômetros de distância daquele problema nada familiar, fui pego de surpresa. Tentei encontrar uma solução, sugerindo que as realocássemos no cercado dos pumas e transferíssemos os pumas, menos perigosos, para outro lugar, procurando desesperadamente um jeito de conservar aqueles dois magníficos felinos no local. Criadas à mamadeira desde filhotes, eram particularmente receptivas às pessoas, respondiam ao serem chamadas pelo nome e esfregavam-se contra o aramado como versões épicas dos gatos domésticos. Soberano, que era o jaguar macho alojado separadamente, dava-se apenas com uma das fêmeas, que poderíamos tentar colocar junto com ele, mas as irmãs felinas não se separavam desde o nascimento e ficariam com saudade uma da outra. Como dono de gatos (ainda que domésticos) desde a infância, sabia que isso causaria um verdadeiro sofrimento e evitei instintivamente a opção.

No final percebi que aquilo era um teste, e a resposta correta era ir em frente, por mais desagradável que fosse. Pelo bem dos animais e interessado em demonstrar ao conselho uma ruptura com o passado, perguntei a Peter o que ele recomendava:

— Doar permanentemente as duas para outro zoológico assim que você assumir — respondeu ele. — Mike Thomas vai orquestrar isso para você.

Conversei com Mike e Rob, o tratador-chefe atualmente responsável pelos jaguares, e ambos declararam a mesma coisa: para evitar o risco bastante real de uma fuga, deveríamos doá-las assim que possível. Com um profundo suspiro, por fim concordei.

— Essa é a resposta certa — disse Mike. — Em troca, é provável que você consiga mais adiante umas duas daquelas zebras que mencionou, quando vocês estiverem prontos para receber os animais. E quem sabe, depois, uma fêmea para procriar com Soberano. — Gostei disso, trocar manchas por listras, e saber que eu havia tomado uma decisão difícil que todos aprovavam e que gerava credibilidade, fez com que eu me sentisse um pouco mais próximo do universo do zoológico.

Mas com a saída desses dois felinos importantes, a questão Tammy/Tasmin se agigantava. Nos primeiros dias, ficou constatado que um lobo e três dos sete macacos-vervet também haviam sido excluídos por seu grupo e precisavam ser realocados. Será que teríamos animais sobrando quando reabríssemos? Uma familiar bem-intencionada me telefonou para esclarecer, em tom prestativo, que eu cometera um erro elementar com os jaguares.

— Se você vai administrar um zoológico, ele tem que ter animais — disse ela. A sensação de estar cercado por todos os lados aumentava, mas eu tinha certeza de ter tomado a decisão certa com a informação palpável de que dispunha, e isso só me tornou mais determinado.

Nesses primeiros dias, muito tempo foi gasto na limpeza da casa e do terreno e em queimar o lixo em uma enorme fogueira no quintal. Isso foi catártico para nós e para o parque como um todo, mas deve ter sido difícil para os parentes de Ellis, como seu neto Rob, por exemplo, que teve de ajudar a arrastar para a pira a mobília que estava dilapidada, mas com a qual crescera. Eu já havia concordado que Rob poderia permanecer no chalé deteriorado que havia no terreno e lhe ofereci tudo o que quisesse salvar, mas, de modo geral, ele pareceu aliviado com o processo. Rob era extremamente positivo e prestativo conosco.

Mas então, quatro dias após termos assumido o controle do Dartmoor Wildlife Park, enquanto eu conversava com Rob a respeito do que fazer com o nosso estoque excedente, o impensável aconteceu. Em um erro catastrófico, um tratador auxiliar acidentalmente permitiu que Soberano, um dos animais mais perigosos do parque, escapasse de seu cercado.

Por volta das cinco e meia da tarde, eu estava sentado com Rob na cozinha quando Duncan entrou de supetão, gritando "UM DOS FELINOS FUGIU! ISSO NÃO É TREINAMENTO!" e então saiu correndo. Ora, Duncan não costuma gritar nem ficar agitado, mas lá estava ele, claramente fazendo ambas as coisas. Rob desapareceu como um sopro de fumaça e deduzi que saíra para pegar as armas e organizar as ações do pessoal. Permaneci sentado por um instante cada vez mais surreal, e então concluí que, como diretor do zoológico, provavelmente deveria sair e ver exatamente o que estava acontecendo. Fiz menção de me dirigir à parte do parque onde os felinos eram mantidos. Esse foi um dos momentos mais estranhos de minha vida. Tudo o que sabia era que um felino — um leão, um tigre? — havia escapado em algum lugar e poderia estar preparado para dar o bote, não longe dali, como um Tigrão cheio de energia, mas nem de perto tão divertido. Vi uma pá e a apanhei, mas ela pareceu uma bigorna em minha mão. *Para quê?*, pensei, largando-a, e comecei a caminhar em direção aos gritos. Será que eu estava prestes a ver alguém ser devorado vivo? Vinham-me imagens de uma pessoa ainda viva, porém mortalmente ferida, a caixa torácica dilacerada, sendo devorada diante de uma plateia aterrorizada. Então um carro parou, com Duncan e Rob no interior.

— ENTRE NO CARRO! — ordenaram eles, e obedeci de boa vontade.

Ficou claro que o jaguar, Soberano, estava no cercado principal dos tigres junto com uma tigresa, Tammy. Ambos os animais estavam agitados, e os tratadores gritavam para desencorajar uma briga. Meu primeiro pensamento foi de alívio pelo fato de os animais estarem confinados e por não haver ninguém ferido. Consultei Rob, que a essa altura contava com o apoio de seu irmão, John, armado com um rifle de grande potência, e começamos a construir uma imagem do que havia acontecido. Se os animais começassem a brigar, teria de matar um dos dois, e decidimos que seria a tigresa, por ser a mais perigosa e também por ser o animal menos ameaçado de extinção, mas antes ele dispararia um tiro de advertência, para tentar separá-los. Pedi-lhe que fizesse aquilo apenas como último recurso, pois disparar armas de fogo aumentaria os riscos para os funcionários ali reunidos, que no momento estavam tensos, mas quietos.

De repente, o jaguar se arremessou sobre as ancas da tigresa, que se virou e o golpeou na cabeça, fazendo-o girar como um brinquedo de criança. Com metade do peso dela, Soberano se sentiu instantaneamente intimidado. A partir desse momento, os dois animais se mantiveram afastados, encorajados pelos rogos dos tratadores. Mas a tigresa relutava em entregar seu território. Soberano marchava com determinação ao longo do perímetro à direita, no encalço de um tratador que se deslocava de um lado para o outro da cerca para chamar sua atenção. Tammy tomou posição no alto de uma rocha e, rugindo com raiva, pôs-se a encarar Soberano. Vinte minutos antes eu estava tomando uma gostosa xícara de chá; agora assistia a um intenso impasse que só teria fim por meio do dardo de uma arma. Infelizmente, a que havia em nosso compartimento de armas não funcionava e nunca fora usada, embora constasse do estoque como instrumento de segurança operacional. Estávamos aparelhados apenas para atirar para matar.

Pouco depois, Kelly, a tratadora de felinos, ordenou que todos os homens disponíveis se reunissem ao longo do perímetro inferior e, ao sinal, gritássemos com Tammy o mais alto possível (ela não gosta de homens nem de gritos), enquanto as tratadoras Kelly e Hannah a atraíam para a jaula. Todos os zeladores, tanto os encarregados pela manutenção quanto pelo terreno, e até mesmo Tom, tecnólogo da informação, que visitava o local para fazer um orçamento e estava com Duncan na jaula do leão, viram-se envolvidos na fuga. Tom possuía um ótimo berro, como ficou ilustrado na série de TV que estava sendo filmada nesses primeiros tempos. Uma equipe de filmagem acompanhando cada movimento das pessoas pode ser motivo de preocupação, mas achávamos que nada tínhamos a esconder e, só para aumentar a participação, resolvi com Rob que a equipe poderia deixar a segurança de seu carro e juntar-se a nós no muro. Os homens começaram a berrar e o efeito foi imediato, como se houvéssemos atingido Tammy com um jato de água fria. Sua cauda se agitou, as orelhas se abaixaram e, poucos minutos depois, ela se entregou, saltou da rocha e entrou na jaula. A sensação de alívio foi enorme, mas telefonei para Mike Thomas e lhe contei minhas preocupações. Embora estivesse preso, Soberano não estava 100% seguro, pois estava em um cercado desconhecido e agitado o bastante para tentar alguma coisa desesperada. Mike concordou.

— Vi uma fêmea de macaco saltar 12 metros quando estava estressada — contou Mike. — O que ela não deveria ser capaz de fazer. Por sorte nós a pegamos no banheiro feminino. — Se Soberano tornasse a fugir, era pouco provável que tivéssemos a mesma sorte.

Com os três tigres presos, decidimos que a linha de ação óbvia a seguir era tentar atrair Soberano para o quarto compartimento de tigres, para que ficasse realmente contido. Lamentavelmente, esse compartimento excedente estava em mau estado e não era seguro. Precisava ser revestido com chapas de aço e as lâminas no chão necessitavam de reparos, duas tarefas que poderiam ser realizadas internamente em poucas horas, com materiais e funcionários no local, mas a luz do dia estava desaparecendo rápido. E não havia iluminação no compartimento. Duncan ficou para supervisionar a restauração e saí para tentar comprar uma luz de emergência, com orientações dos tratadores para a loja de luminárias mais próxima, na cidade vizinha, Plympton. Enquanto dirigia ao anoitecer, notei, na estrada de acesso principal, trabalhadores descarregando veículos com ferramentas, mas eles acenaram para que eu passasse e pensei pouco naquilo enquanto me apressava em minha busca por iluminação para que os reparos pudessem continuar.

Após alguns desvios de emergência, encontrei um grande centro comercial de jardinagem e quinquilharias, que vendia um monte de ornamentos baratos, mas possuía departamentos de bricolagem e iluminação. Subi as escadas correndo, agarrei uma vendedora e pedi refletores de halogênio. Houve uma longa pausa. Então, como que em câmera lenta, ela anunciou:

— Bem... acho... que... temos... algumas lâmpadas decorativas... — NÃO, não, não. Refletores. Refletores de halogênio, de 500 watts. Completamente diferente. Onde estariam eles? Enquanto ela se afastava para perguntar a alguém, esquadrinhei novamente a seção de luminárias em velocidade crítica, meus olhos explorando sistematicamente de cima a baixo as fileiras de luzes de cabeceira com babados cor-de-rosa, mulheres de vidro segurando uma única lâmpada e, é claro, luzes decorativas. Tentei ampliar a proposta de minha missão; alguma coisa em meio àquele lixo luminoso funcionaria como solução conciliatória? Visualizei nossa equipe resmungona trabalhando em um corredor abafado, com esmerilhadeiras e tigres no compartimento contíguo, e imaginei suas expressões quando eu apresentasse uma luminária de algum personagem da Disney. Não. Pouco depois encontrei. Em uma caixa sem identificação, na prateleira inferior, havia um único refletor de parede de halogênio para áreas externas, mas sem plugue e sem fio. Agarrei-o com ambas as mãos e disparei para a sessão de bricolagem, passando pela vendedora que voltara e estava dizendo:

— Sinto muito... mas... nós... não temos...

— Tudo bem. Achei um. Obrigado.

Sem ninguém por perto na seção de bricolagem, encontrei plugue e fio e, por fim, descobri um vendedor para medir o fio para mim. Aquilo estava demorando demais, então decidi levar o rolo inteiro.

— Vou... ter... que perguntar... o preço disso... e Reg... está... no intervalo... — Tudo bem, meça e torne a enrolar o fio, rápido, por favor, porque estou com um pouco de pressa. Ele entendeu e logo eu estava na fila do caixa, inquieto, trocando o pé de apoio e estendendo o pescoço em direção às três pessoas a minha frente para ver quanto tempo provavelmente levariam. Bem, minha tolerância para tempo ocioso em filas de caixa é mínima, mesmo quando não estou com pressa. Ao longo dos anos, desenvolvi técnicas de respiração zazen e me adestrei para não voltar a atenção para a inevitável sequência de tolices sem importância que atrasam a fila e poderiam ser evitadas. Mas não estava funcionando. Eu estava em pleno modo de emergência — poucas horas antes, tomara decisões de vida ou morte pela primeira vez na vida, havia um felino instável zanzando no lugar errado pouco adiante, estava escurecendo e eu precisava concluir aquela compra para que pudéssemos continuar a trabalhar para contê-lo. E aquela não era uma operadora competente. Parecia confusa com a gaveta da caixa registradora, e todos à minha volta moviam-se devagar como melaço. Então, quando a primeira operação enfim se aproximava de sua conclusão, o cliente que estava de partida voltou rapidamente à fila e estendeu a mão para pegar um pacote de marshmallows:

— Ah, esqueci isso — anunciou. Quase explodi e entrei no modo de operação manual. Minha mão tremia em direção ao estúpido pacote de confeitos rosa e brancos, e lutei contra o desejo de puxá-lo, atirá-lo ao chão e exigir que fosse atendido em seguida. Mas não o fiz. Respirações profundas. Finalmente aquilo terminou e corri de volta pela escuridão rumo a minha emergência.

Na reta final, um bloqueio assomou diante dos faróis. Inacreditavelmente, os sujeitos com os instrumentos de trânsito pelos quais eu passara antes fecharam a estrada entre a minha saída e a volta ao parque. Havia barreiras de concreto no local, e uma placa informava que a estrada estaria fechada pelos próximos quatro meses para a construção de uma central elétrica. As placas de desvio ainda não haviam sido colocadas e meu mapa mental da área era, no mínimo, deficiente, assim, passei mais meia hora me perdendo em vielas de mão única idênticas antes de acelerar rumo à entrada de veículos do parque e sair correndo para o cercado dos tigres.

Uma lâmpada de 60 watts estava provisoriamente montada, e apressei-me em conectar o refletor usando a multiferramenta que havia em meu cinto. Instalara centenas de refletores iguais àquele na vida, mas dessa vez percebi minhas mãos ligeiramente trêmulas e não estava fazendo um bom serviço. O fato de estar trabalhando a meio metro de Spar, o tigre siberiano idoso, porém imenso e ameaçador, não ajudava. Ostentando um pequeno corte ensanguentado na orelha, proveniente de um encontro prévio com Soberano, Spar encontrava-se naturalmente assustado com os acontecimentos daquela tarde e não gostava de gente desconhecida trabalhando em sua jaula em horas estranhas. Parecia tão incomodado com minha presença quanto eu com a dele e mantinha um rosnado incrivelmente baixo e ameaçador, que por vezes atingia um crescendo com um rugido e uma breve investida contra a malha soldada que nos separava, os grandes olhos alaranjados arregalados e focados em mim o tempo inteiro. Esses ruídos deslocam-se pela pessoa, ressoando em seu esterno e enviando sinais de alarme para o mesencéfalo primitivo, que já se encontra inundado de aflição, tentando dominar a informação inquietante fornecida pelos olhos e alertando da proximidade de um predador de grande porte e da morte iminente. Talvez compreensivelmente, ao desencapar o fio acabei cortando muito o arame, e as conexões terminais ficaram confusas. Mas aquilo resolveria.

Quando a luz finalmente inundou o compartimento, confessei a Rob, nosso agente de Saúde e Segurança interino, que a instalação talvez precisasse ser refeita mais tarde, em condições mais propícias. Seu rosto cansado abriu-se em um sorriso compassivo e ele declarou:

— Por enquanto é o bastante.

John, Paul e Rob trabalhavam rápido para concluir o interior do quarto compartimento, com a eficiência tácita de homens que sabiam o que faziam e que trabalhavam juntos por muito tempo. Duncan andara examinando as condições do lançador de dardos. O zoológico mais próximo, Paignton, não podia emprestar o seu, pois a arma não era licenciada para uso externo. A reputação de nosso parque nos últimos anos e nossa tão proclamada inexperiência não devem ter ajudado na avaliação deles da situação e, àquela altura, a sensação de derrota, a percepção pública do acontecimento e o que este significaria para nossas chances de futuro sucesso tiveram tempo de amadurecer.

Rob por fim conseguiu um lançador de dardos e um operador licenciado — Bob Lawrence, guarda florestal veterano no Midlands Safari Park — que estava preparado para viajar de imediato, mas como Soberano estava contido, ficou resolvido que Bob chegaria pela manhã. O consenso bastante razoável no local era de que o risco era mínimo, pois Soberano estava preso em um compartimento projetado para conter felinos de grande porte. Começamos a tentar atraí-lo para o quarto compartimento, colocando carne pouco depois de sua entrada. Embora a presença da carne surtisse um efeito quase químico naquele predador musculoso, levando-o várias vezes à soleira da porta, seus instintos de autopreservação o refreavam. Ele era muito esperto e estava assustado demais para renunciar a seu novo território em troca de uma refeição grátis em uma caixinha.

Mike recomendou que ficássemos de vigília em um carro próximo ao cercado e, ao primeiro sinal de problema, tal como Soberano tentar escalar a malha de arame, pedíssemos as armas. Rob foi dormir no sofá do chalé do tratador com a arma ao lado; levei o carro de minha mãe para o mais perto possível e instalei-me com uma garrafa térmica de café e uma lanterna. A cada meia hora, dissera Mike, eu deveria acender a lanterna e me certificar de que Soberano estava calmo — e, mais importante, continuava lá.

— Não saia do carro — advertiu Mike. — Se ele *escapar*, você não vai ouvir nada e ele vai estar te esperando no lado de fora da porta.

Infelizmente, à medida que a noite avançava, o inteligente Soberano concluiu que era seguro sentar no compartimento vazio, embora conservasse o olhar atento a qualquer um que se aproximasse da jaula. Isso significava que eu não conseguia enxergá-lo do carro, portanto a cada meia hora tinha de abrir a porta, meio que esperando que 100 quilos de músculos, dentes e garras entrassem como um turbilhão. Em seguida, quando isso não ocorria, eu precisava dar alguns passos na escuridão, passível ou não de conter um jaguar de grande porte irado, e acender a lanterna. Minha confiança crescia a cada vez que eu avistava os dois olhos pensativos me encarando da jaula. Soberano não iria a lugar nenhum, e, às cinco da manhã, Duncan me substituiu no carro. Bob Lawrence chegou por volta das sete e meia com o lançador de dardos. Com objetos pendurados no cinto e um chapéu de Indiana Jones, Bob era uma presença muito reconfortante no local. Se houvesse um rinoceronte à solta (não que os possuíssemos), percebia-se que ele seria capaz de lidar com a situação. O veterinário chegou com os sedativos necessários e, na terceira tentativa, Soberano foi alvejado com sucesso, embora, infelizmente, na ponta da genitália, e pôs-se a saltar em todas as direções, furioso, até começar a se tornar menos ativo, rondando carrancudo, fuzilando-nos com o olhar pelo aramado. Dava a impressão de estar memorizando os rostos de modo que, caso tornasse a escapar, soubesse a quem punir por aquela indignidade.

Havia o risco de que, drogado, Soberano caísse no fosso e se afogasse, assim mandei buscar uma escada, principalmente para retirá-lo, mas decidi em segredo que, se isso parecesse mesmo que remotamente possível, eu estaria preparado para descer a escada e entrar na água a fim de arrastá-lo para fora. Mas não foi necessário. Soberano apagou feito um cordeirinho e entramos correndo no cercado para retirá-lo com uma padiola. De volta à segurança de sua própria jaula — microscopicamente examinada em busca de fendas que houvessem contribuído para o incidente —, Soberano passou por um rápido exame dentário e de saúde geral. Não é sempre que se consegue espreitar o interior da boca desse tipo de animal sem que isso seja o fim; portanto, o veterinário fez bom uso do tempo.

Carregar Soberano na padiola e tocá-lo foi meu primeiro contato direto com um dos animais sob nossos cuidados e uma iniciação incrível. Um dos mais belos e mais perigosos animais do parque, foram necessários quatro homens para erguê-lo. Suas exóticas marcas em padrões de roseta observavam-nos como olhos enquanto dormia, e seu enorme poder jazia latente, firmemente encoberto pela pele de beleza enganadora.

Quando Bob Lawrence e o veterinário carregaram aquele imenso felino pelo cangote como um saco de batatas para longe da porta da tela metálica, saíram e trancaram a porta atrás de si, houve uma enorme sensação coletiva de alívio eufórico.

— Agora o Código Vermelho está oficialmente suspenso — disse Rob, no que aparentemente era seu jeito de exprimir a situação. Mas é claro que havia relatórios a escrever, e a cronometragem exata do incidente seria crítica, examinada por especialistas e, por fim, levada ao domínio público. Rob e Duncan conversaram várias vezes com Richard, o tratador que deixara destrancada a porta corrediça e, no final, nossas declarações e nosso relatório foram elogiados pelo conselho municipal, pois demonstravam que agíramos de forma responsável e profissional. Também recebemos uma espécie de aval de Tom, o vociferante consultor em tecnologia da informação, que declarou, ao partir no dia seguinte:

— Essa foi, sem sombra de dúvida, a visita profissional mais animada que já fiz.

Mas na ocasião fiquei com o horror, o horror da sensação de ter Soberano solto, mesmo que por um segundo, e capaz de qualquer coisa. Ao comprar o zoológico, sempre considerei o conceito de confinamento um fato consumado — já completamente sob controle, tratado por especialistas que empregavam sistemas infalíveis. A ideia de um daqueles animais à solta, perambulando pela área de piquenique ou descendo até a cidade, trouxe ao meu peito um novo nível residual de adrenalina que permanece até hoje. A perspectiva de um Código Vermelho, a sensação de vivenciá-lo e as potenciais consequências caso as coisas deem errado estão presentes quando acordo, quando vou dormir ou quando caminho pelo parque conversando com visitantes. Esse nível de responsabilidade precisa ser levado a sério. É como se estivéssemos cuidando de armas com cérebros, de um arsenal protegido de rifles de assalto, mas cada um deles com um córtex para tomada de decisões e uma série de planos de fuga. Soberano já consumara com êxito um dos seus.

Na verdade, embora tenhamos sido inocentados pelo relatório subsequente do conselho, acho que o fato de termos tomado posse do parque pode muito bem ter tido alguma coisa a ver com esse incidente em particular. Prender o jaguar sempre foi uma operação para duas pessoas. Ficou constatado que Richard, o tratador auxiliar, havia, de acordo com uma declaração sua e em oposição direta a uma ordem para esperar pelo outro tratador, "assumido a tarefa para tentar limpar a jaula do jaguar sozinho". Fizera isso, segundo ele, para impressionar sua superiora hierárquica, Kelly, ideia que podia ou não estar relacionada ao sentimento geral de alívio pela transmissão do parque a novos donos e ao fato de os animais estarem salvos. Como seria de esperar, sua superiora hierárquica não ficou nem um pouco impressionada nem ninguém mais. Aquele foi o último dia de Richard. Ficou evidente que a função de tratador não lhe servia.

Outra manifestação dessa nova atmosfera me surpreendera violentamente no dia anterior enquanto eu conversava com Rob no parque. De repente, sua cabeça girou na direção de um som desconhecido, com a urgência de um homem acostumado a ter de reagir rápido à fuga de um animal (urgência que logo assimilei).

— Que barulho é esse? — perguntou ele, e pusemo-nos a ouvir com atenção. Então percebemos que eram risos, provenientes da sala dos funcionários. Rob relaxou e seu rosto cansado se abriu em um sorriso. — Não ouvimos isso por aqui há muito tempo — explicou.

No dia seguinte à volta de Soberano à jaula, o anestésico tivera tempo de perder completamente o efeito, e a fatídica porta corrediça foi levantada. Soberano, o epítome da dissimulação, deslizou seu peso, poucos gramas a cada vez, pela soleira, deslocando-se para a frente no vão da porta corrediça. Suas grossas patas dianteiras e seus ombros volumosos inchavam progressivamente pelo esforço à medida que avançava devagar rumo ao exterior — e à comida —, sacudindo as orelhas e esquadrinhando os funcionários reunidos, em busca de lançadores de dardos ou outros perigos. A operação-Soberano, ou mesmo a operação-porta-de-jaula, como jamais ficou conhecida (e não deve ser no futuro), havia terminado e seus desdobramentos teriam início.

Nosso sonho poderia ter findado ali, mas a forma como lidamos com o incidente teve o aval do conselho local, que comentou especificamente o profissionalismo dos tratadores. Também fiquei muito impressionado com a tranquilidade deles em uma situação bastante difícil. Nunca estive em uma zona de guerra, mas o incidente definitivamente me pareceu 17 horas na linha de frente e com pessoas nas quais era possível confiar. Como família, porém, nossa falta de entusiasmo se fortaleceu.

Na realidade, um período de profunda ansiedade sobreviria quando as severas condições de vida, o mau tempo e a falta de dinheiro chegassem para ficar. Dartmoor possui um dos maiores índices pluviométricos do país, e embora nos localizemos em um microclima até certo ponto protegido, a chuva de inverno ininterrupta representava um contraste indesejável com o sul da França. Meu irmão e eu retornamos às funções de quando morávamos em casa no final dos anos 1970, cortando lenha para a ampla lareira e, na brincadeira, fazendo o possível para sabotar um ao outro diante de mamãe.

— Colhi aquelas flores de que você gosta, mãe. Duncan não.

— Você só fez isso porque é adotado.

Mas essa se tornou uma época cada vez mais difícil. Substituí meu papel de negociador para o zoológico pela ocupação em tempo integral de nos defender dos credores e tentar arranjar dinheiro. Éramos os donos absolutos do parque, mas necessitávamos com urgência de cerca de 500 mil libras para as melhorias, e ninguém empresta essa quantia de dinheiro a uma mulher de 76 anos de idade como minha mãe. Os banqueiros e os advogados divertiam-se retardando o processo, exigindo inspeções ainda mais caras e prognósticos mais detalhados de nossas despesas.

— Vocês podem nos fornecer uma lista detalhada dos custos rotineiros de manutenção para agosto de 2008? — pediu o Royal Bank of Scotland, ainda que o referido período se achasse mais de 18 meses à frente e dependesse por completo dos acontecimentos nesse intervalo. Asseguramos, em nossa previsão, que disporíamos de 15 mil libras naquele mês, mas queriam saber se estes seriam gastos com tinta, madeira, asfalto ou cortadores de grama. Eu poderia ter inventado alguma coisa, mas disse a verdade: que não tínhamos como conhecer a lista detalhada com tanta antecedência, e que chegamos à quantia de 15 mil libras consultando outros zoológicos e instalações de lazer. Mas, com uma equipe de manutenção interna (e minha experiência em construção civil e como autor de *Which? Guide to Getting the Best from Your Builder* [Qual? Guia para conseguir o melhor de seu consultor]), esse montante iria longe. No entanto, foi a esse ponto que se aferraram, e após seis ou oito semanas de negociações detalhadas e morosas — durante as quais excluíram outros credores com ofertas potenciais com taxas de juros reduzidas —, eles pularam fora. Então voltamos à estaca zero com outras entidades. Mas tudo isso se achava mais adiante. Ainda tínhamos a primeira semana a superar, e a agitação não havia terminado.

Ao conduzir Duncan e seu parceiro de negócios, Cameron, ao parque desde a estação de Plymouth por volta das onze e meia da noite de nosso sétimo dia, reduzi a velocidade bem em frente ao vilarejo, onde a estrada se estreita e é ladeada por muros de pedra de 1,50m a 1,80m de altura, com um bosque ao fundo. O problema parecia ser um cervo diante dos faróis, debruçado sobre o muro a cerca de 6 metros, dando a impressão de estar prestes a saltar. Cervos são tolos o bastante para saltar diante de um carro em movimento, portanto parei para ver o que faria. Foi quando nós três percebemos, ao mesmo tempo, que não era um cervo. Era um puma. O aparelho visual humano opera inicialmente por um sistema padrão, concebendo um esboço pseudo-3D baseado nas evidências disponíveis, em seguida encontra um modelo adequado, proveniente de um imenso depósito no cérebro, com base nas experiências prévias do indivíduo e a probabilidade de compatibilidade dentro do contexto, razão pela qual pensei que o animal marrom a minha frente fosse um cervo. É assim que funcionam muitos "truques" e ilusões de ótica, trazendo à tona o modelo errado, até que uma segunda tomada mais detalhada classifique o que está ocorrendo. Nesse caso, a segunda tomada levou menos que poucos segundos, durante os quais o cervo inofensivo transformou-se em um puma musculoso, de cabeça arredondada e orelhas de gato, incluindo o inconfundível sombreado cinza na pelagem avermelhada, que os cervos não possuem.

— É a droga de um puma — dissemos mais ou menos juntos, e então ele desapareceu na floresta. Saltamos às pressas do carro e corremos para o local onde ele se debruçara no muro, a tempo de ouvi-lo se afastar (sem fazer ploc-ploc como os cervos) em meio aos arbustos. Prontamente descartamos a ideia de persegui-lo no escuro, sem lanternas, em terreno desconhecido e voltamos correndo para conferir nossos pumas. Logo após a fuga do jaguar, estávamos convencidos da muito debatida possibilidade de que sabotadores ligados ao movimento de direitos dos animais houvessem cortado o aramado, como haviam feito no cercado inferior dos cervos seis meses antes.

Entrando direto em Código Vermelho, disparamos de volta ao parque pouco mais de 800 metros à frente e corremos para o cercado dos pumas, equipados com nossa maior lanterna. E ambos estavam lá. Mas eram definitivamente o que acabávamos de ver. Há muitas aparições de felinos de grande porte no campo, algumas são excentricidades ou enganos — provavelmente problemas nos esboços pseudo-3D das testemunhas —, mas algumas, agora estou convencido, são reais. Talvez nos encontrássemos em posição excepcional para confirmar o que havíamos visto, pois tínhamos acesso a nossos próprios pumas, dois exemplares do mesmo animal.

No dia seguinte, contei o incidente a Rob e a Robin, que também atua como voluntário na Big Cat Sightings Society [Sociedade de Avistamentos de Grandes Felinos], esperando que ambos rissem da minha cara e me rotulassem de louco.

— Ah, existem pumas por aqui — declarou Robin. — Você tem sorte de ter visto um tão rápido. Estou aqui há 17 anos e só vi pegadas.

Rob possuía uma confirmação mais direta:

— Quando eu morava aqui no terreno há 16 anos, abri a porta do meu trailer por volta das seis da manhã e dei de cara com um puma sentado, me observando. Fechei a porta e tornei a abrir depois de um momento, e ele tinha ido embora, mas, meu Deus, ele com certeza estava lá.

Em cativeiro, os pumas podem viver até 16 anos, mas, na natureza, sua expectativa de vida é bem menor. A julgar pelo tamanho e as condições do que vimos, comparado a nossas fêmeas mais idosas, aquele era um macho jovem. O que significa que eles estavam procriando. Um capataz confiável a alguns quilômetros de distância alega ter visto uma mãe e dois filhotes há alguns anos, e todas as aparições de felinos de grande porte em Dartmoor são de pumas — não de linces, panteras ou servais, mas pumas —, fato que não tínhamos como saber antes que a comprovação houvesse se metamorfoseado diante de nossos olhos. Aparentemente, os machos vêm das charnecas para visitar nossas fêmeas quando estão no cio (o último avistamento no parque foi em 2003), oferecendo-nos a oportunidade única de colher informações sobre esses animais esquivos. O lince europeu, um felino do mesmo porte, já foi nativo da área, alimentando-se de coelhos, ratos, aves e carneiros enfraquecidos. Jamais precisam ter contato com os seres humanos, a não ser que decidam procurá-los. Isso dava uma perspectiva completamente nova às caminhadas noturnas pelo parque. Aquela sensação de Código Vermelho não nos abandonaria. O tédio decididamente não fazia parte do universo do zoológico.

# 4

# Os meses magros

Depois daquela primeira semana agitada, tivemos um pouco de tempo para refletir. Eu passava os dias ao telefone, de pé diante da casa — cena que imaginara sem cessar da França —, com uma área cercada acessível inclinando-se a minha frente até o lago dos flamingos (hoje habitado apenas por dois velhos flamingos e uns poucos pelicanos raquíticos), e o limite da vegetação mesclando-se à paisagem rural inglesa perfeita, com colinas ondulantes que se estendiam como um edredom orgânico por 8 quilômetros em todas as direções. Como prometera a mim mesmo, o fator bem-estar era imenso. Mas não o bastante para compensar o conteúdo daquela interminável sucessão de telefonemas. Funcionários do conselho, consultores, mais advogados, mais bancos e corretores, porém agora, sobretudo credores, despejavam em meus ouvidos notícias cada vez piores. Com os pés bem plantados em meu local favorito, o revigorante e estranho zoológico às minhas costas, minha mente disparava rumo ao futuro, explorando as possibilidades e opções cada vez menores a minha frente.

Se meus amigos mostraram-se descrentes quando dei a notícia — reconhecidamente surreal — de que minha família e eu em breve estaríamos morando em um zoológico decadente e tentando revitalizá-lo, sua perplexidade não foi nada comparada à nossa nas primeiras semanas em que nos apresentamos a nossos novos vizinhos. Quando eu ainda estava na França, as crianças não acreditavam quando eu contava o que estava tentando fazer. Durante seis meses, com o telefone grudado ao ouvido, constantemente pedia silêncio, com o mesmo refrão:

— Fiquem quietos. Papai está tentando comprar um zoológico.

Eu percebia que eles achavam que eu estava enganado; nosso pai idiota nos faz viver em um celeiro em um país estrangeiro e agora acha que está comprando um zoológico. O problema era que a visão ingênua dos dois evocava reações em muitas outras pessoas — basicamente em todos que eu conhecia —, salvo meus familiares diretos, ou seja, meus irmãos, minha irmã e mamãe.

— Estou com um mau pressentimento sobre essa ideia do zoológico — confidenciou-me ao telefone um amigo próximo.

— Você ainda continua falando nisso? — perguntou outro.

"*Les tigres? Sacré bleu, c'est pas possible!*", riam todos no vilarejo, a cujos olhos minha excentricidade atingira novas alturas. Tendo enfim chegado, o problema foi que, em lugar de vivenciar uma transição suave, gastando nosso empréstimo preestabelecido em objetivos claramente definidos, pusemo-nos a administrar crises com poucos recursos.

Quando as crianças chegaram, porém, após passar alguns dias andando na ponta dos pés, de olhos arregalados para lá e para cá, adaptaram-se muito mais rápida e plenamente do que eu à nova vida. Katherine as trouxe da França poucas semanas depois, permaneceu durante dois dias de considerável choque cultural (eu já me sentia relativamente veterano a essa altura), em seguida teve de partir para a Itália por duas semanas para cuidar da irmã, Alice, que estava tendo o primeiro bebê. A princípio as crianças pareceram hesitantes e, honestamente, um pouco amedrontadas. Lembro-me de deixá-las no escritório divertindo-se com alguns brinquedos que haviam ficado para trás enquanto eu retirava o lixo, e quando olhei pela janela, estavam ambas de boca escancarada, gritando de medo por terem ficado sozinhas. O lugar era bastante assustador a princípio, particularmente para as crianças. Mas logo se adaptaram. Quando decidi contar a Milo, com a maior das delicadezas, que um dia o parque reabriria e que teríamos de partilhar tudo aquilo com centenas de visitantes, ele respondeu:

— Tudo bem; mas pai, eles vão *pagar* para vir visitar. — Por fim, aquela percepção ingênua estava trabalhando *a meu favor*.

Os dois gatos domésticos de minha mãe, Pandit e Jow-jow, grandes gatos de Bengala pretos importados de Surrey, porém, custaram muito mais a perceber a maravilha de nossa nova vida. Seriam os uivos dos lobos o que os atormentava? Os urros de Salomão, nosso imenso leão africano, cujo rugido sabidamente amedrontava os golfistas que completavam alegremente seu percurso a mais de 3 quilômetros de distância? Ou talvez tenha sido a vez em que saltaram para o alto de um muro e descobriram três grandes ursos marrons com o focinho coberto de baba os encarando. Transformando-se em paródias bufantes de gatos assustados, dispararam de volta para casa a toda velocidade.

Duncan, que transportou os gatos em seu carro, disse que a primeira vez que eles viram um avestruz foi uma oportunidade singular para observar um processo em primeira mão: seus cérebros pequenos e complacentes explodiram com a sobrecarga de novos estímulos enquanto tentavam desesperadamente ajustar-se ao novo conceito de uma ave maior do que um homem.

— Nunca vi o pescoço dos dois esticar tanto, e eles lançavam a cabeça de um lado para o outro, colhendo o máximo possível de informações de dentro do carro — disse Duncan. — Fiquei sentado com eles por algum tempo para que se acostumassem, mas vinte minutos depois, quando os levei para dentro de casa, continuavam agitados. — Os vinte e tantos pavões que perambulavam pelos jardins representavam outro problema psicológico para os gatos, que rapidamente desenvolveram a tática de completa negação da existência de todos aqueles inquietantes e confiantes exemplares de grande porte de espécies que eles conheciam apenas como presas.

Dentre todos os animais, os que inicialmente se tornaram meus favoritos foram os três tigres siberianos criados em cativeiro, Mancha, Listrada e o grande Vlad, o macho que, com mais de 300 quilos, era um dos maiores felinos no país. Quando contornei pela primeira vez os fundos da jaula em seu cercado, os três se aproximaram para pedir carinho pela cerca. Sem chance! Tigres não rosnam nem rugem, eles *bufam*, que é um ruído que se parece um pouco com colocar a língua para fora e soprar, usando apenas o lábio superior. Mas, se você bufar para eles, eles bufam em resposta, e ter um felino de 300 quilos a poucos centímetros de distância tentando ser amistoso é uma experiência única e estimulante.

No caso de Milo e Ella, foram as lontras que captaram sua imaginação. Os dois rapidamente se deixaram cativar pelas criaturas, que produzem os ruídos mais ridículos e estridentes sempre que as pessoas passam por elas. Isso, como seria de esperar, provocava gritos de prazer igualmente agudos nas crianças, que pulavam para cima e para baixo de alegria até que as lontras percebessem que elas não tinham comida e fugissem. Às vezes as crianças ajudam a alimentá-las, mas é difícil se encaixar nas rotinas, que são variadas para evitar que os animais se acostumem. Os furões, Fidget e Wiggle, porém, adaptaram-se às crianças. Katy, nossa primeira agente educacional, estava fazendo com que se acostumassem a serem tocados; então, várias vezes por semana, ela os equipava com coletinhos peitorais engraçadinhos para furões e os levava para passear pelo parque com Milo e Ella.

Mas foi de pé em meu local favorito, contemplando o vale nos primeiros dias, que comecei a prestar atenção ao cheiro. Um fedor terrível pairava sobre o parque, o cheiro de carcaças podres, que eu reconhecia por ocasionalmente ajudar a arrastá-las para fora dos cercados. Fazia tempo que o zoológico funcionava com uma equipe reduzida, e o acúmulo de ossos velhos junto aos carnívoros do parque era de tal ordem que todos os cercados estavam repletos de caixas torácicas, cascos e pedaços variados de pele e pelo, que pareciam ser a raiz do problema. Matéria vegetal em decomposição e fezes contaminadas de herbívoros sem dúvida não ajudavam, mas a fonte, na verdade, era mais sistêmica. Eram os recipientes de vísceras.

Para alimentar os carnívoros, o parque recorre a gado morto — bezerros abatidos por fazendeiros locais, carneiros natimortos, cavalos atropelados —, que nos é entregue e em geral preparado pelo comerciante de carcaças local, Andy Goatman, em nossa "carniçaria". Esta é basicamente um compartimento de carga de concreto com uma pia, cuja parte posterior consiste em uma funda câmara de congelamento. As carcaças são habilmente fatiadas por Andy, muitas vezes auxiliado pelas delicadas e respeitáveis tratadoras de felinos, Hannah e Kelly. Ver aquelas duas moças educadas e apaixonadas por animais sentadas com carcaças gigantescas entre as pernas, as botas mergulhadas em tripas, brandindo facões ensanguentados e conversando alegremente enquanto ajeitavam uma cabeça de cavalo em um recipiente no freezer, era compreender plenamente que tínhamos ingressado em um mundo distinto.

As partes que não podem ser oferecidas aos animais — intestinos, espinha dorsal e entranhas em geral — são classificadas como Matéria Tipo 1 e armazenadas nos latões de vísceras, três grandes funis de aço inoxidável, semanalmente recolhidos e incinerados por uma firma local licenciada. Infelizmente, fazia tempo que não recebiam, e nem sequer atenderiam nossos telefonemas sem pagamento adiantado em dinheiro. Os recipientes foram esvaziados pela última vez seis semanas antes de nossa chegada, e o mau cheiro que deles emanava impregnava tudo. Para Hannah e Kelly e para todos que tinham de trabalhar no pátio, o pior eram os vermes. As larvas brancas contorciam-se para fora em um arco que se autodissolvia em torno dos latões, rastejando em direção à matéria em decomposição no escoadouro. Abrir a tampa desses recipientes, o que eu fazia algumas vezes ao ajudar a enchê-los, facilitava a distribuição dessas larvas e revelava um mundo que Dante teria se orgulhado de invocar. Crânios vazios boiavam em um mingau cinza-azulado fétido que enxameava de larvas, ao passo que o fedor penetrava em nossos ossos. O trabalho dos tratadores nessas circunstâncias era verdadeiramente heroico, embora, tendo se acostumado pouco a pouco ao longo dos anos, carregassem seu fardo alegremente.

— Isso não é nada. É muito pior no verão — disse John, na tentativa de me consolar. Por sorte, nossa frágil lavadora de alta pressão doméstica estava de prontidão, mas uma versão industrial foi acrescentada a nossa lista de maquinário essencial, porém fora das possibilidades.

A umidade não ajudava, chegando ao piso da casa por um poço antigo — cuja velha bomba manual estava lamentavelmente quebrada — para formar minilagos na superfície gasta do chão de pedra. Muitos pés, durante vários séculos, corroeram as pedras ao longo dos caminhos muito concorridos e desgastaram as camadas mais frágeis para criar vales e depressões, que agora se transformavam em afluentes e lagos em nossa área habitável. A água e seus efeitos encontravam-se por toda parte. Calhas quebradas transbordantes, preenchidas com anos de matéria vegetal proveniente das árvores que se projetavam sobre elas, propagavam a umidade para o interior das paredes. Mofo e algas recobriam tudo no exterior da casa com uma crosta úmida de sujeira verde, simbolizando, e na realidade também indicando, profunda decadência.

E havia os ratos. Uma "infestação" de ratos não seria exagero. Para onde quer que olhássemos, mesmo durante o dia, ratos cinza grandes e gordos escapuliam de nosso campo visual, e às vezes, arrogantemente, nem mesmo se davam a esse trabalho. Bem diante de nossos olhos, disparavam para dentro de um cercado e roubavam a comida deixada para os macacos. Para nossa satisfação, esses invasores sofriam a terrível vingança praticada por um ou dois dos animais enclausurados, sobretudo Basil, o quati (um tipo afável de animal trepador sul-americano, aparentado ao guaxinim), cujas poderosas mandíbulas onívoras especializaram-se em rachar os crânios dos ratos azarados o bastante para serem capturados por elas. Mas essa era uma solução imperfeita para a infestação. Ratos transmitem doenças e podem estar envenenados, quando não por nós, pela fazenda vizinha. Alguns anos antes, uma lontra morrera por comer um rato envenenado, portanto tínhamos de tratar o problema com cuidado. Recebemos orçamentos de três firmas distintas especializadas em controle de pragas, que ofereciam três métodos diferentes de envenenamento, mas a escala de nosso problema — no mínimo quarenta ninhos bem estabelecidos em 12 hectares, com um suprimento constante de alimento — era proibitivamente cara de tratar. Nove mil libras era a base para a maior parte dos métodos mais eficientes e apropriados a animais exóticos, e esse era um dinheiro que simplesmente não tínhamos.

Peter Wearden e outros me lembravam regularmente que erradicar os ratos era uma necessidade urgente para conseguir nossa licença para funcionar como zoológico. Mas eles não precisavam fazer isso. Gosto de todos os animais, inclusive dos ratos, sobretudo os dos *pet shops* ou aqueles com os quais trabalhava na universidade, investigando a aprendizagem social em troca de recompensas que consistiam em chocolate. Os ratos de laboratório — ao menos os que não são expostos aos vivisseccionistas — em geral vivem uma vida feliz e satisfatória solucionando problemas em troca de recompensas e morrem com um córtex consideravelmente mais espesso do que seus irmãos que moram no esgoto. Mas ratazanas me provocam arrepios. Na primeira vez em que deparei com uma, no apartamento em Peckham, me enchi de horror ao descobrir um roedor grande, marrom e pestilento no armário da cozinha. E aqui estão novamente: na cozinha, correndo sobre a mão de minha mãe na escada certa noite e até mesmo saltando sobre a cama dela uma vez. Por sorte, os gatos de mamãe, Pandit e Jow-jow, também estavam na cama no momento, e o tumulto resultante acordou a família inteira.

Mas duvido que eles o tenham apanhado. Aqueles dois gatos idiotas estavam se esfregando em minha perna certa noite quando ouvi um farfalhar proveniente de um armário baixo na cozinha. Com dois felinos predadores aos meus pés, tive certeza de que, se desentocasse um rato, eles o pegariam. Controle de pragas característico da espécie. Mas não funcionou assim. Deslizei furtivamente de meias sobre o chão duro de azulejo, posicionei-me com cuidado ao lado da porta, tentei chamar a atenção dos gatos, que se retorciam e ronronavam, sem alertar o rato, então abri a porta de repente. O rato disparou para fora e roçou minha perna justo quando os gatos ronronantes, retardados e completamente desatentos rodeavam mais uma vez minhas canelas de olhos fechados. O roedor escondeu-se embaixo da lava-louças (que não funcionava devido à falta de pressão da água), revelando ao menos um de seus pontos de entrada, um buraco circular na parede de granito de 76 centímetros de espessura para adaptar um tubo de chaminé. John obstruiu o buraco com um emaranhado de arame, mas os ratos ainda entravam em casa de vez em quando e o efeito era deprimente. Com problemas sistêmicos de encanamento, eletricidade esporádica, a desaprovação de parentes e amigos, credores, falta de dinheiro, a responsabilidade por animais em risco de extinção e pelo emprego dos tratadores, sujeira, putrefação e o cheiro de morte pairando sob efeito do mau tempo, a infestação de ratos provavelmente completava o cerco psicológico.

É justo dizer que aquelas primeiras semanas passaram como um sonho. Um sonho muito estranho, repleto de macacos brigando, cabeças decepadas e carcaças de animais trazidas das fazendas locais — mas, ainda assim, um sonho.

No entanto, nem tudo eram más notícias. Para começar, éramos os donos do parque. Finalmente superamos todos os obstáculos, previstos e imprevistos, que estavam entre nós e (em retrospecto) aquele objetivo um tanto bizarro. E para variar, Donald Rumsfeld, ao mencionar no noticiário a Guerra do Iraque na ocasião, fez sentido para mim: “Como sabemos”, disse ele em seu genial comentário, “existem coisas conhecidas que conhecemos, coisas que sabemos que sabemos. Também sabemos que há coisas conhecidas desconhecidas, coisas que sabemos que não sabemos. Mas também existem coisas desconhecidas que desconhecemos, coisas que não sabemos que não sabemos". Entendi perfeitamente o que ele quis dizer e, até então, tínhamos navegado com sucesso por nossas coisas desconhecidas conhecidas e desconhecidas. Eu só esperava que nossa estratégia de dar uma ligeira força a uma área operacional difícil resultasse em algo melhor que isso.

Além do mais, compramos o parque apesar de todas as adversidades acumuladas contra nós, em oposição ao bom-senso e às expectativas de quase todos os envolvidos. Mas esse sentimento não era nada comparado à emoção revigorante de passear pelo parque em si. As imensas árvores revestiam-se de um musgo exuberante e liquens antigos, que só cresciam em ambientes com ar de boa qualidade (e alto índice pluviométrico), e o ar puro e limpo preenchia nossas narinas e nossos pulmões (quando o vento soprava o cheiro de morte para o outro lado), como um antídoto que se perdera havia muito contra o urbanismo e o estresse.

Sentia-me realmente cheio de vida enquanto percorria aquele ambiente — sim — característico da espécie *Homo sapiens*. Apenas mostrar a foto de uma árvore a um contador em um prédio de escritórios produz um efeito pequeno, porém mensurável, no sentido de reduzir sua pressão sanguínea. Passear de fato em meio às árvores nos tranquiliza de forma muito mais profunda. Howard Frumkin é professor de Saúde Ambiental e Ocupacional na Rollins School of Public Health [Escola de Saúde Pública Rollins], em Atlanta, e no intervalo do aconselhamento aos governos locais no que diz respeito à utilização dos espaços públicos, Frumkin pesquisa o efeito que o ambiente natural exerce sobre nós. E na metanálise de incontáveis estudos, Frumkin descobriu que a natureza exerce um efeito benéfico mensurável na saúde física e mental humana. Presos em celas voltadas para o pátio da prisão, por exemplo, apresentam 24% mais consultas médicas do que aqueles cuja cela se encontra voltada para terras cultiváveis. Pacientes em pós-operatório que dispõem de paisagens arborizadas necessitam de menos analgésicos e recebem alta um dia antes dos pacientes que estão voltados para paredes de tijolos.

Tudo isso se originou com o cientista vencedor do prêmio Pulitzer, professor E. O. Wilson, fundador da sociobiologia e deus universal do pensamento evolutivo. A "Hipótese da Biofilia" sugere que, como espécie, nós nos sentimos seguros em ambientes que o animal dentro de nós reconhece. "Não deveria ser nenhuma grande surpresa descobrir que o *Homo sapiens* continua a sentir no mínimo uma preferência inata pelo ambiente natural que nos deu origem", diz Wilson. Ao longo dos últimos 100 mil anos, esse ambiente consiste, sobretudo, em áreas de florestas dispersas, que dão suporte aos cerrados, o que provavelmente nos programou com uma preferência por esse tipo particular de ambiente, aquele no qual nos "desenvolvemos". "Os seres humanos primitivos descobriram que locais com vistas panorâmicas ofereciam melhores oportunidades para encontrar alimento e evitar predadores", declara Frumkin. "Mas necessitavam de água para sobreviver e atrair suas presas, e de grupos de árvores para proteção. Pesquisas demonstraram que os seres humanos hoje, dada a oportunidade, preferem paisagens que lembram esse cenário."

Agora, era esse nosso cenário. Espaços abertos, grupos de árvores, poços abastecidos com animais exóticos. Por alguma incrível coincidência, verifica-se que quase todos os parques urbanos contêm exatamente a mesma proporção de árvores, arbustos e gramíneas que as savanas africanas de nossos ancestrais. Grandes árvores nas proximidades, arbustos dispersos e pastagens abertas ao longe, entremeadas por lagos ocasionais, para que nada falte. Com uma pequena parte de nosso cérebro, procuramos cervos no horizonte, ou tigres-dentes-de-sabre em meio às árvores — não é de admirar que nossa agilidade mental aumente.

O mais incrível em nosso novo ambiente composto de árvores, espaços abertos e lagos é que de fato possuíamos tigres, leões e lobos nos espreitando pela folhagem, o que nos dava a combinação exata na qual nossos ancestrais se desenvolveram. Ser responsável por esse ambiente único, intelectual, física e até mesmo espiritualmente estimulante, com a missão de inaugurá-lo e partilhá-lo com o público para fins educacionais e de preservação (e ganhar um almoço grátis em nosso próprio restaurante quando este inaugurasse, como parte do negócio), parecia um objetivo utópico.

E assim começamos a conhecer nossos animais. Ronnie, a anta brasileira, parecia um bom ponto para começar. Ela se assemelha a um porco grande, com o focinho trêmulo já mencionado, e embora tecnicamente considerado um animal perigoso Classe 1 — a mesma categoria do leão

—, é um grande bobo. Os tratadores me mostraram fotografias de outros tratadores pelo mundo, mortos por essas criaturas aparentemente amistosas. *Tapir*, que é sinônimo de anta, significa "forte" em indonésio, e ainda que em geral pareçam calmas, as antas têm reputação de serem capazes de atravessar cercas de arame como se estas não existissem. Tal capacidade deriva de sua estratégia de defesa contra seu maior predador, o jaguar, que as persegue saltando de árvores e pendurando-se na parte posterior de seu pescoço. A evolução forneceu à anta um dorso repleto de cartilagem para absorver a mordida, assim como com a propensão a investir para diante, atravessando qualquer coisa em seu caminho, a fim de alcançar a água e sacudir-se, livrando-se do jaguar. Bem, o jaguar também sabe nadar, então não faço ideia do desfecho dessa tática, mas imagino que tentar se defender do jaguar em terra firme seja pior. Caso Soberano algum dia torne a escapar e decida persegui-lo, talvez Ronnie planeje despedaçar sua cerca para ir até o lago das emas e usar sua minitromba como snorkel.

Meu primeiro encontro prolongado com Ronnie foi para ajudar a verificar se ele estava sofrendo de conjuntivite, o que era definitivamente verdade. Empregar medicação cara do veterinário — a quem já devíamos milhares de libras — era uma possibilidade, assim como banhar seus olhos em uma solução de água levemente salgada, o que eu havia feito inúmeras vezes ao longo de vários anos com gatos, cães e crianças, com resultados igualmente eficazes. A diferença era que nenhuma daquelas criaturas podia decidir, sem mais nem menos, me matar se não gostasse do procedimento. Mas Ronnie era um gatinho. Depois que lhe passávamos algumas bananas e arrulhávamos de um jeito que parecia estimulá-lo, Ronnie cooperava resignadamente com o tratamento, embora não gostasse, piscando e mantendo a cabeça erguida até que eu houvesse limpado a substância viscosa em seus olhos e eliminado os resíduos ao seu redor. Descobri que o macete era coçar a lateral de seu pescoço até que ele virasse a cabeça para o lado ou — e isso é segredo — coçar seu traseiro até que ele sentasse.

De perto, Ronnie me fazia lembrar Jasper, um Staffordshire *bull terrier* que tive durante 15 anos: forte e sólido, mas irremediavelmente sentimental. Jasper era irrefutável e indiscutivelmente gay. No início de sua vida adulta, deu um passa-fora em uma cadela no cio que estava prestes a cruzar com um de seus filhotes machos de uma ninhada anterior, e dali em diante demonstrou a inclinação específica para "amigo de Dorothy". Ronnie tinha muitas características semelhantes, sendo grande, forte, pateticamente sedutor e um pouco covarde. Passeava com afetação por seu cercado, que na época consistia de uma estreita faixa de lama quase inteiramente remexida, com acesso periódico ao cercado inferior, que compreendia um lago onde ele gostava de defecar e de se misturar às emas. Como ungulado — pertencente a uma das classes que apresentam cascos fendidos —, detestava pisar na lama, que grudava entre os dedos (Jasper se comportava da mesma forma com a neve, e vinha mancando até mim, com as patas cobertas de gelo, que, uma vez limpas, tornavam a despachá-lo às pressas). Ronnie não tinha essa opção, e a estreita faixa que constituía seu cercado tornava seu caminhar desconfortável, exceto pela terra batida que contornava sua jaula deplorável. Até mesmo o passeio ao lago das emas, que lhe era permitido de tempos em tempos por meio de um portão ao fundo de seu cercado, via-se prejudicado pela lama no caminho de ida e volta. Decidi de imediato que Ronnie teria acesso permanente ao lago, embora isso exigisse autorização, assim como uma cerca e algumas traves novas relativamente caras, e representasse uma solução em longo prazo. Nesse meio-tempo, contudo, uma solução simples seria derrubar a cerca que dava para o terreno adjacente, que continha seis cervos muntjac miniatura e possuía aproximadamente duas vezes o tamanho do de Ronnie. Esses pequenos cervos eram comunicativos e amistosos e poderiam perambular pela área acessível ao público (que incluía o lago dos flamingos e dos pelicanos), habitada, na ocasião, por um grande bando de gansos selvagens, pomposos galos Bantam e galinhas d'angola, transitando ruidosamente e aferrando-se mais ou menos a seus grupos étnicos dentro da numerosa população geral.

Perguntei a Rob e a John o que achavam da ideia e disseram que fazia anos que esperavam por isso, e também para retirar a cerca do épico carvalho da Turquia adjacente, ampliando na mesma medida a extensão da área que dava acesso ao parque. Isso se tornou um tópico comum: pensar em uma inovação e descobrir que esta já se achava na lista de desejos, mas ninguém a sugerira. Em essência, isso ocorria porque nenhum dos sete funcionários que herdamos estava acostumado a ser consultado — na realidade, muito pelo contrário: pareciam treinados para manter a boca fechada. Não me cansava de repetir que éramos todos ouvidos, mas esse tipo de mudança cultural evidentemente leva tempo para amadurecer.

Quando Ronnie foi instalado em seu novo cercado, com o triplo do tamanho do anterior, pôs-se a perambular na ponta dos pés, hesitante, explorando tudo com seu focinho extremamente móvel. Parecia encantado, quase intimidado, e foi uma sensação maravilhosa ser capaz de implementar uma inovação tão simples, mas tão benéfica. Além disso, com menos cercas, toda a parte inferior do parque ficou com aspecto muito melhor.

O único contratempo de Ronnie foi urinar em um fio recém-instalado da cerca eletrificada, recebendo cerca de 7 mil volts (uma corrente muito baixa) jato de urina acima e, provavelmente, na bexiga, pelo órgão mais sensível. A pobre criatura pulou e deu coices no cercado durante metade da manhã, mas aprendeu com o erro, pois nunca mais voltou a fazer xixi de forma descuidada perto da cerca. Com o tempo, derrubaríamos a cerca inferior e lhe daríamos acesso permanente ao lago dos flamingos, o que geraria um cercado muitas vezes maior do que o padrão do setor estabelecido para antas pela Associação Britânica e Irlandesa de Zoológicos e Aquários, a antiga Federação de Zoológicos. Depois poderíamos começar a pensar em obter-lhe uma fêmea para reprodução — ou, se meu *gaydar* animal fosse confiável, um namorado.

O tópico dos animais gays foi um dos que levantei com hesitação desde o início, mesmo com Nick Lindsay, em nosso primeiro passeio pelo parque, e com Peter Wearden e Mike Thomas enquanto discutíamos nossos planos para o zoológico nos primeiros dias. Eu lera a respeito de um zoológico na Holanda que exibia exclusivamente animais gays, e uma exposição recente em um museu em Oslo alega ter identificado 1.500 espécies em que a homossexualidade é claramente visível — em alguns casos, oportunista, como o notoriamente libidinoso (e extremamente inteligente) chimpanzé bonobo e o golfinho, enquanto muitas outras espécies acasalam-se por toda a vida. A teoria da evolução darwiniana tem tido dificuldade com o tema da homossexualidade, e, da perspectiva sociobiológica, parece difícil de explicar. Esta aparente lacuna tem permitido que homofóbicos de extrema direita e inúmeros religiosos extremistas acusem a homossexualidade de "crime contra a natureza e contra Deus". Na verdade, teóricos desenvolveram o convincente argumento de que uma proporção de adultos gays em uma população — aproximadamente um para cada sete seres humanos e um para cada dez pinguins, por exemplo — de fato contribui para a segurança do grupo e a criação dos filhos, pois os adultos não reprodutores fortalecem os esforços de procriação do grupo como um todo. Dois flamingos machos gays, por exemplo, provaram ser capazes de proteger um território maior e criar filhotes mais bem-sucedidos (ainda que provenientes de ovos roubados) do que um par heterossexual. Isso levanta a delicada possibilidade de seleção grupal em lugar do "gene egoísta", mas o que não se pode negar é que a homossexualidade existe quase universalmente no reino animal. Tendo vivido com um cão gay por 15 anos, ao longo dos quais conheci muitos outros donos de cães gays (cerca de 5 a 10% da população canina dos parques londrinos aleatoriamente selecionados), estou absolutamente convencido de que a homossexualidade possui, no mínimo, um forte componente genético, é perfeitamente natural e não constitui motivo para alvoroço. A não ser que você seja gay, é claro — ou homofóbico.

Senti-me estimulado pelo fato de minhas propostas para exposições de animais gays para fins educacionais serem ouvidas com cortesia por todos os profissionais de zoológico com quem conversei, inclusive nossos próprios tratadores, e não prontamente descartadas, embora não raro um sorriso perplexo as acolhesse. Ninguém declarou, porém, que aquilo não podia ou não devia ser feito, e várias pessoas incentivaram ativamente a ideia. Suponho que achassem que, se alguém fora louco o bastante para querer comprar um zoológico, teria ideias estranhas. Mas, desde que o resultado fosse educar o público a respeito do mundo natural, estava tudo bem.

Coco foi outro personagem que me pegou de surpresa. Ela é um carcará, uma grande ave de rapina com a coloração de uma águia dourada. Mantém-se de pé com ar majestoso, quase arrogante, e seu pio é uma versão em *stacatto* acelerado da risada do martim-pescador australiano, mas produzida com um extraordinário movimento de cabeça, no qual seu crânio lança-se de repente 180 graus para trás, até que sua garganta se volte para o céu e seus olhos fiquem momentaneamente de ponta-cabeça, voltados para trás. As origens evolutivas desse pio são difíceis de discernir, exceto pelo fato de que a ave lança o som em um arco acima dela, alcançando talvez um público maior. Tudo o que eu sabia era que meu pescoço doía ao vê-la fazer aquilo.

Segundo um falcoeiro visitante, porém, Coco talvez fosse a ave mais inteligente do parque; em outros tempos, era usada em exibições de falcoaria, mas rapidamente aprendeu que, se ignorasse a isca e voasse até o restaurante, acabaria por se sustentar melhor, filando batatas fritas e salsichas. É óbvio que isso levou sua carreira a um fim prematuro, mas ela continua a ser uma presença sociável e encantadora.

O falcoeiro me mostrou que, se a chamássemos, ela se aproximava da tela de arame e inclinava a cabeça para ser acariciada na parte posterior do crânio. Não me surpreendia o fato de seu pescoço necessitar de alívio, com seu pio disfuncional no que dizia respeito à espinha dorsal, mas fiquei surpreso ao constatar o quanto era amistosa e atraente. As aves ocupavam uma posição bem baixa em minha perspectiva arrogante de inteligência animal, embora os corvos e algumas outras aves tenham demonstrado aptidões para a solução de problemas e a utilização de ferramentas que rivalizam com os primatas superiores. Isso aparentemente se deve ao fato de poderem mobilizar o cérebro inteiro para solucionar um único problema, mas antes a taxonomia das aves — que se encontram entre os poucos descendentes modernos dos dinossauros e inspiraram a expressão “cérebro de passarinho” — me despertava pouco interesse. As galinhas e outras aves herbívoras parecem ter sido amaldiçoadas (ou abençoadas) com uma percepção muito limitada do mundo. Mas Coco tem personalidade e, como declarou Samuel L. Jackson em *Pulp Fiction*, “a personalidade conta muito”.

De forma paradoxal, a herança de dinossauro de Coco veio para ficar, porque, apesar de voar sem esforço, o carcará tende a perseguir a presa no chão, como um míni Tiranossauro Rex, razão pela qual suas garras não são tão pronunciadas quanto as da coruja ou da águia, que caçam agarrando a presa do alto. Coco passa muito tempo caminhando em seu aviário, com pés delicados e não abertamente predatórios. Mas seu bico é formidável, curvo como uma adaga árabe, desenvolvido para penetrar nas partes vitais de outros animais. É uma pura e simples ave de rapina, e se, por acaso, você for um animal à procura de alimento no solo, ela o pegará caso você lhe atravesse o caminho. Certa vez, encontrei-a com um pintarroxo decepado no bico, tagarelando animadamente a respeito e parecendo bastante selvagem, mas ainda assim se aproximou para receber um afago. Foi inquietante arriscar um dedo pela tela de arame para acariciar uma ave com uma prova sangrenta pendurada no bico; se ela tirasse conclusões erradas, podia me deixar com apenas nove.

— Coco é outra com quem você não precisa se preocupar se algum rato entrar no aviário — disse Kelly com certo orgulho. — Ele não vai tornar a sair.

Coco também acompanha as crianças pequenas que correm para um lado e outro diante dela, inclusive minha filha Ella, de 4 anos. No início, pensei que aquilo fosse uma demonstração de afinidade; ao me informar mais sobre Coco, porém, é possível que Ella desperte um interesse menos benigno.

Kevin também me impressionou com uma autêntica personalidade, onde eu não esperava nenhuma. Ele é uma jiboia de 1,5m com cauda vermelha, que transferimos do ofidiário sem aquecimento para o interior da loja, que é aquecida e localiza-se entre os escritórios e o restaurante. Ao passar por ele todos os dias, percebi que parecia deprimido, se isso não for muito antropomórfico. Estava claramente sem brilho e passava o tempo inteiro enroscado em sua vasilha de água. Certa vez, enquanto esperava ao telefone para ser atendido por alguma instituição infernal, perguntei a Robin — o designer gráfico de rabo de cavalo grisalho, um dos sete funcionários que herdamos junto com o parque — se poderia retirá-lo de lá. Ele me ajudou de boa vontade e ministrou um ligeiro curso sobre como manuseá-lo.

— Segure-o com delicadeza, mas com firmeza, seja assertivo e não faça movimentos bruscos. As jiboias não costumam morder, mas, quando mordem, primeiro dão muitos sinais de advertência, movendo a cabeça de um lado para o outro. Se ele começar a fazer isso, fique quieto, então torne a colocá-lo no viveiro. — Quando Robin pendurou Kevin em meu ombro e em meu braço livre e certificou-se de que eu não entraria em pânico (era a primeira vez que eu tocava uma cobra), a mesa telefônica no outro lado da linha transferiu a chamada. — E tente não deixar ele se enroscar no seu pescoço — advertiu Robin por sobre o ombro enquanto voltava ao trabalho. Então, comecei uma conversa ligeiramente surreal com alguém que sem dúvida estava de terno e gravata sentado atrás de uma mesa, enquanto eu perambulava envolto em uma cobra cujos anéis musculares instantaneamente recobraram a vida. A cabeça de Kevin buscou com naturalidade as dobras escuras e quentes de meu casaco, mas ele também reagiu bem — surpreendentemente bem, pensei, para um réptil — ao ter o queixo afagado.

A chamada se encerrou e continuei a brincar com Kevin, aquecendo-o sob o casaco e admirando a perfeição simétrica de sua cabeça e sua pura força à medida que apertava meu braço. Kevin é forte o bastante para impedir a circulação de sua mão, tornando-a roxa, e se suas mãos estiverem amarradas, não há dúvidas de que pode sufocá-lo até a morte. Mas não é isso o que ele quer. Talvez pensasse que eu era uma árvore, seu hábitat natural na Amazônia, onde se pendura pela cauda vermelha e despenca sobre a presa (pensando bem, com jaguares e jiboias caindo de árvores, parece que o melhor lugar para se olhar na Amazônia é para o alto). A receptividade de Kevin ao toque e às carícias sugeria que ele, no mínimo, me considerava uma árvore muito amistosa. E, após nosso contato de vinte minutos, surpreendeu-me o fato de me sentir exultante pelo resto do dia.

Isso talvez se devesse apenas à novidade da experiência ou talvez fosse um eco da biofilia do professor E. O. Wilson, nossa resposta fisiológica positiva à natureza. Preferia pensar que se tratava da última hipótese. A análise do DNA sugere que os cães se separaram dos lobos há 130 mil anos, o que significa que se adaptaram à sociedade humana muito antes que nos estabelecêssemos e começássemos a praticar a agricultura. Durante esse tempo, os cães aperfeiçoaram aquele olhar fatal nos olhos grandes, que os ajuda a escapar impunes quando mascam nossos chinelos e a nos manipular para receber carinhos e guloseimas. Isso é algo que os traços bloqueados de Kevin não podem fazer, mas certamente passamos uma parte formativa de nossa evolução cercados por animais sensíveis e não tão sensíveis, e fiquei contente, pois algum dia compartilharíamos com o público aquele sentimento caloroso que Kevin me oferecera. Ele fazia parte do programa de "Encontros com Animais", me informou Robin, e precisava socializar o máximo possível para se acostumar a ser manuseado por crianças e adultos que, no melhor dos casos, estariam amontoados ao seu redor na Páscoa, quando deveríamos inaugurar. Fiquei muito feliz em colaborar e levava

Kevin para casa com regularidade para aquecê-lo diante fogo — no único cômodo quente da casa — e o apresentava aos amigos e parentes que vinham de visita. Eu gostava desse trabalho.

Nossas duas maiores cobras, ambas pítons com mais de 3 metros de comprimento, necessitavam de pelo menos duas pessoas para manuseá-las, pois podiam definitivamente devorar alguém. Fiz várias tentativas de organizar uma sessão com essas cobras, mas, nas tensas e agitadas primeiras semanas, interromper demais a rotina dos tratadores parecia fútil. Por fim, ambas foram doadas ao Paignton Zoo, a cerca de 50 quilômetros de distância, e um pilar na comunidade zoológica. Tendo acabado de construir um novo mostruário de répteis, nada tinham para preenchê-lo e ficaram gratos por nossa doação, que demonstrava nossa boa vontade e talvez facilitasse a reciprocidade futura. Estou discretamente de olho em alguns dos caros flamingos deles (gays ou héteros). Escamas por penas.

As grandes pítons tiveram de partir, pois decidimos transformar o ofidiário, frio e espaçado, em uma oficina, e as cobras, junto com duas iguanas de 1,20m, ali viviam em quatro amplos viveiros embutidos que não podiam ser deslocados. O chão de concreto e as grandes portas duplas do local tornavam-no ideal para o trabalho pesado em larga escala que seria necessário para restabelecer o zoológico, e outro celeiro, isolado e com chão de terra perfeito para instalar aquecimento subterrâneo, estava destinado a ser o futuro ofidiário. Quando tivéssemos dinheiro.

A oficina existente era simplesmente impraticável. Um barracão de alvenaria com telhado gotejante de chapa corrugada estava atravancado de entulho variado, que ia de ferramentas antigas quebradas a rolos de arame enferrujado e muitos, muitos outros objetos impossíveis de serem identificados sob o que pareciam séculos de imundície, o tipo de sujeira farta, marrom, à base de óleo, que se acumula junto aos trilhos de trem. E estava infestado de ratos. Uma espiada lá dentro geralmente revelava um ou dois roedores arrogantes, seguros por saberem que, antes que se conseguisse escalar os detritos para pegá-los, eles dariam o fora, mergulhando nos túneis e esconderijos improvisados entre os escombros, que jaziam ali havia tempo suficiente para abrigar gerações de forrageiros, proporcionando uma importante base de operações para incursões ao recinto de preparação de alimento dos animais nas proximidades. A única ferramenta que de fato funcionava em toda a oficina era um velho, porém resistente, esmeril, acoplado a uma bancada, embora a ausência de fontes de energia elétrica e a posição do esmeril, no extremo do aposento, atrás de metros de entulho enferrujado e coberto de sujeira, o inutilizassem por completo.

Com prazer, demos instruções para que o compartimento fosse limpo e a oficina, transferida para o ofidiário, enquanto deslocávamos os poucos répteis para o calor da loja.

— Que ideia ótima — disse John, que a essa altura era o oitavo membro da equipe. — Sempre achei que aquele barracão daria uma boa oficina.

Neto de Ellis Daw, John nos fora apresentado por Rob para consertar o piso da cozinha que ficava na frente da casa. Esse era o cômodo no qual Ellis armazenara, por várias décadas, os baldes de cavalas e pintinhos para as garças e gralhas que alimentava pela manhã, cujo escoamento impregnara as tábuas desde a entrada até os fundos do aposento. Por isso o lugar fedia tanto, mas o assoalho também estava perigoso, portanto Duncan incumbiu John de imediato de arrancar as tábuas, incinerá-las e substituí-las por madeira nova, fresca e cheirosa — o que ele fez em uma semana. John era um sujeito alto, musculoso e sorridente de 30 anos, a quem faltavam os quatro dentes dianteiros superiores, que haviam sido substituídos por dentes postiços muito mais curtos que os originais, e cujos caninos eram singularmente longos e pontiagudos. Isso lhe conferia uma impressionante aparência de vampiro, auxiliada por sua postura excepcionalmente ereta. Ao deparar com John pela primeira vez em meio à cerração úmida, com os lobos uivando ao fundo, perguntei-me com seriedade para que tipo de ambiente trouxera meus filhos.

Mas John revelou-se um dos empregados mais habilidosos, leais e sensatos que poderíamos ter pedido naqueles primeiros dias, capaz de cuidar do encanamento, soldar, trabalhar em árvores e fazer serviço de carpintaria, além de ter porte de armas de fogo, um trunfo inestimável no parque, do qual faríamos uso diversas vezes nos meses seguintes. Quando o apresentou, Rob declarou de olhos baixos:

— Vou contar logo porque você vai acabar descobrindo; John é meu meio-irmão. — Para mim isso não constituía um problema, mas tudo se somava à atmosfera de segredo, com boatos na cidade a respeito de "coisas que haviam acontecido" no parque no passado, e à sensação geral de que nos mudáramos para o quintal de um personagem sinistro.

John, Rob e Paul, genro de Ellis, puseram-se a esvaziar o antigo ofidiário e convertê-lo em uma oficina. Mais uma vez, uma grande mudança prática, com a vantagem adicional de ser barata. Como a maioria dos espaços no parque, o sótão acima estava repleto de entulho (e ratos), mas parte dos itens era aproveitável. Velhas ferramentas agrícolas foram postas de lado, e duas bancadas descomunais seriam desprendidas e transferidas para baixo quando abríssemos caminho para elas. Perguntei a John como planejava baixar aqueles enormes objetos até o chão, e ele ergueu uma imensa roldana com uma das mãos.

— Vou montar isso nas traves do telhado, e então convocar a força bruta — anunciou. Dono de razoável preparo físico, esperei pelo chamado, mas este não veio. Quando enfiei novamente a cabeça porta adentro, as bancadas haviam sido baixadas e já se achavam recobertas com metal laminado, prontas para funcionar. Ficou evidente que eu não contava como força bruta, o que, sendo eu o tipo de pessoa que mete as mãos na massa, me deixou um pouco abalado. Agora eu era diretor, e levei algum tempo para me acostumar a isso. Uma pequena favela de currais e gaiolas contendo coelhos e dois furões também foi esvaziada, e os animais reacomodados pelo parque. E, de repente, possuíamos uma oficina e um pátio de acesso desimpedidos. Tudo o que precisávamos agora era de algumas ferramentas.

Duncan comandou a conversão da antiga oficina em um depósito de produtos agrícolas. Todos os dias, Paul ia de van até o Tesco e o Sainsbury's para recolher frutas e verduras com validade vencida em quantidade suficiente para alimentar com segurança todos os herbívoros do zoológico. Antes, os hortifrútis eram armazenados ao lado da área destinada ao preparo das carnes, onde bezerros, cavalos e eventuais carneiros mortos eram desmembrados por Andy Goatman, o vendedor de carcaças, e por Hannah e Kelly, as tratadoras de felinos. O problema é que isso é ilegal segundo as normas da Secretaria de Estado para os zoológicos modernos. A total separação entre carnes e vegetais é essencial para minimizar o risco de contaminação cruzada, e uma visita do agente de saúde ambiental, ou pior, de um inspetor do Departamento de Meio Ambiente, Alimentação e Assuntos

Rurais poderia fechar nossas portas antes mesmo que inaugurássemos. Duncan analisou detalhadamente a legislação, orientado por Andy, cujo conhecimento enciclopédico das leis que regulamentavam sua profissão provou-se muitas vezes inestimável. Um empreiteiro local consertou o teto com forro de PVC a preço de custo e, quando o compartimento foi finalmente esvaziado, lavado, teve a instalação elétrica refeita e foi iluminado, pareceu enorme. Constatamos que a parede dos fundos era feita de pedra local. Rob ficou impressionado:

— Não vejo essa parede desde que eu era criança — comentou. O processo de acumulação de lixo e o subsequente declínio geral do parque foram longos e graduais. Mas agora estávamos revertendo a maré. Era fantástico fazer parte desse processo.

As crianças foram acolhidas quase de imediato pela escola local, que tinha 27 alunos e o vizinho que nos recebeu para uns drinques como um dos diretores. Eles se afeiçoaram instantaneamente à escola, que possuía apenas metade do tamanho do colégio que frequentavam na França. Mas a melhor notícia desse período foi a chegada de Katherine, que concluíra nossos negócios na França e fora visitar a irmã na Itália. Eu deixara a França cerca de dois meses e meio antes com roupas suficientes para duas semanas, a fim de ajudar minha mãe a vender a casa, e não vira Katherine durante todo esse tempo, à exceção de sua curta visita para deixar as crianças no parque. Agora ela chegara para ficar, e foi como uma força benigna que sua presença se fez sentir por todo o parque. Sua curva de aprendizado foi intensa, em parte por ter falado apenas francês por tanto tempo, mas também por ter mergulhado em um ambiente empresarial caótico e frenético, sobre o qual nada sabia, e onde todos a sua volta já estavam correndo, se não com confiança absoluta, ao menos já a meio caminho de descobrir o que precisava ser feito. Mas Katherine foi favorável desde o início à ideia do zoológico do ponto de vista empresarial. Por volta da primeira semana de abril, quando comecei a me lançar sem reservas às negociações, ela teve suas dúvidas. Esse era apenas outro de meus sonhos idiotas, que representavam uma distração da necessidade diária de ganhar a vida e escrever meu livro. Era esse seu papel em nosso relacionamento — eu era o sonhador, ela, o freio da realidade —, embora eu muitas vezes argumentasse que nos preparar apenas para o pior poderia se converter em profecia autorrealizadora. Mas Katherine em geral estava certa, eu, errado, e ficava satisfeito por contar com sua sabedoria para me refrear.

Comprar o zoológico foi apenas a segunda vez, em nossos 13 anos juntos, em que simplesmente a ignorei — a primeira foi a compra dos celeiros franceses, que implicou vender nosso estimado apartamento em Londres. Em ambos os casos, eu tinha certeza absoluta do sucesso do empreendimento e apressava-me a preterir os pessimistas, por mais bem-intencionados que fossem. Katherine confessou a amigos nossos que, em poucas semanas, me viu adquirir novas habilidades para lidar com problemas administrativos, setor que eu antes desprezava, e percebeu que eu falava a sério. Gostou desse meu novo eu — acho que considerava a vida que eu planejara para mim mesmo, escrevendo ao sol com poucos prazos, acomodada demais, sobretudo para alguém com minha personalidade (basicamente preguiçosa). E, como sempre, provavelmente estava certa.

É fácil idolatrar alguém que se ama, mas, embora fosse um babão impenitente, eu não era o único a achar Katherine especial. Ela formara-se na área de design gráfico, o que, como em muitas profissões, implica um período de estabelecer-se criativamente antes de ascender na hierarquia rumo à administração. No mundo das revistas de alta qualidade, isso significava tornar-se diretor de arte. Embora houvesse passado por várias outras publicações, tendo acabado na *Eve*, a revista feminina, na *Men's Health*, a revista em que nos conhecemos, Katherine era responsável por vários funcionários e frilas, bem como por um orçamento, em meados da década de 1990, de cerca de 130 mil libras ao ano. Aquilo era mais dinheiro do que eu jamais conseguira manejar, mas ela o fazia bem e de forma diligente.

— A questão no caso de Katherine — confidenciou-me certa vez um fotógrafo em uma das raras sessões fotográficas em que eu estava trabalhando com ela — é que ela é boa com o dinheiro dos outros. — Muitos diretores de arte sucumbem ao glamour superficial desse ramo de atividade e gastam demais em almoços dispendiosos e incontáveis rolos de filme para locações e fotógrafos caros. Katherine era diferente e encomendava sanduíches, em parte para baixar os custos, mas também para conservar as pessoas no estúdio, que cobrava por hora, a fim de não ter de reuni-las mais tarde. E promovia novos talentos. Com um olho infalível, descobria pessoas que estavam apenas começando e que passariam a coisas maiores, contratava-as a bom preço, então inspirava sua lealdade, fazendo com que muitas vezes trabalhassem para ela no futuro a preços reduzidos.

Seu estilo de administração resumia-se simplesmente a dar um exemplo impecável, que os demais se sentiam obrigados a seguir. Ela trabalhava mais do que todo mundo, muitas vezes cumprindo jornadas de 12 ou 14 horas, o que no início de nosso relacionamento fora uma fonte de conflito. Eu, o *freelancer* indolente, embora trabalhasse bastante, em muitos casos o fazia de meu "escritório" em um laptop nas ladeiras de Primrose Hill com Jasper, meu ofegante assistente. Ao final do dia, parava e preparava nosso jantar, ao qual Katherine invariavelmente chegava atrasada. Nunca deixei nenhum bilhete dizendo "O cachorro comeu seu jantar", mas várias vezes levei-lhe refeições às nove ou dez da noite, e a encontrava fazendo coisas como organizar planilhas para outros departamentos a fim de que cumprissem as novas exigências da contabilidade interna. "ESSE NÃO É O SEU TRABALHO", eu gritava, mas era uma característica vital dela preencher as lacunas onde outras pessoas estavam dispostas a deixar as coisas correrem.

A presença de Katherine no parque foi revigorante — não apenas para mim. Ela abriu espaço no escritório (podem acreditar, entulhado), ligou seu PowerBook, na época o computador mais potente do parque, e meteu as mãos na massa. Decidimos que exerceria as funções de administradora financeira (fazer com que uma compra supérflua passasse por Katherine, como eu bem sabia após muitos anos de tentativas, era fisicamente impossível) e designer. Embora contássemos com um designer e ilustrador capaz na pessoa de Robin, este possuía outras habilidades e predileções, que estávamos começando a descobrir, e eu sabia que o olho certeiro de Katherine para a simplicidade e a uniformidade seria fundamental para estabelecer a identidade do zoológico como entidade separada da confusão de atrações turísticas e animais locais. Uma imagem visual bem projetada, discreta, porém eficiente e homogênea, em todos os panfletos, uniformes de funcionários, material de propaganda e até mesmo na sinalização dos animais, associada ao meu entusiasmo e ao das pessoas que estavam conosco, converteria o local em uma empresa líder do século XXI. Inesperadamente, tudo isso parecia mais do que possível, e as metas que eu estabelecera para o futuro do parque assomavam em primeiro plano como parte de nosso negócio e de nossos planos de desenvolvimento.

À medida que o sucesso aumentasse, a coleção poderia ser conduzida de seus atuais 5% de animais em risco de extinção rumo à derradeira aspiração de enfocar a reprodução em cativeiro das espécies ameaçadas para uma possível reintrodução na natureza, como o que ocorre no zoológico de Jersey, de Gerald Durrell, criando em condições naturais micos-leões, lêmures raros, zebras de grévy, girafas e meu santo graal particular, os grandes primatas. Os chimpanzés bonobos são os menores e mais inteligentes dos grandes primatas, e também estão ameaçados, bem como os gorilas, que são inteligentes e correm risco de extinção, e estão disponíveis para os zoológicos com o histórico certo e as instalações adequadas. Com seu hábitat ameaçado e exemplares ainda sendo mortos por causa de sua carne, ou mesmo, ao que tudo indica, às vezes por pura maldade por psicopatas em Ruanda e no Congo, esses rapagões gentis precisam urgentemente de refúgios seguros. E se fizéssemos tudo certo, um dia (em cerca de dez anos) poderíamos obter um. Como ávido estudioso do trabalho da dra. Sue Savage-Rumbaugh com Kanzi, o chimpanzé, e da pesquisa da dra. Penny Patterson com Koko, o gorila, sei que esses grandes animais são capazes de autorreconhecimento, empatia e, comprovadamente, humor e autoconsciência. É justamente isso o que mais me interessa, o verdadeiro "cenário dos meus sonhos", como minha irmã Melissa descrevera o zoológico logo no início — investigar a linguagem e o humor em grandes símios em nosso próprio quintal e chamar a pesquisa de trabalho.

Tal cenário ainda se encontrava a grande distância, mas sentia-me incrivelmente favorecido por estar ao menos no caminho. Com Katherine a bordo, tinha a sensação de que poderíamos percorrer essa estrada. Eu sempre a chamei secretamente de "espírito livre", em homenagem a Virginia McKenna em *Uma Leoa Chamada Elsa*, para mim um filme importante a respeito de como Joy e George Adamson criaram e reintroduziram Elsa, uma leoa abandonada, nas selvas da África. Aquele me parecia um emprego ótimo. Os dois viviam em barracas e cabanas de madeira sob o sol tropical, realizavam um trabalho fascinante e valioso e possuíam um Land Rover. Com um leão no topo. Quando menino, sempre tive a esperança de fazer algo igualmente emocionante e importante com animais em locais exóticos.

Sabia que era uma possibilidade muito remota, mas também que precisaria de uma pessoa especial comigo e, quando conheci Katherine, percebi que havia encontrado alguém que estava à altura do desafio. Se pudesse criar as condições adequadas, sabia que me acompanharia e seria perfeita, ainda que, a rigor, aquele não fosse seu plano de vida inicial. Depois que fomos morar juntos, eu a preveni várias vezes de que, um dia, iria arrastá-la para algum lugar exótico para fazer coisas interessantes com animais. A França fora uma escala. Agora tínhamos chegado a, hummm, Devon. Mas o projeto era perfeito, cativante e aproveitava seus talentos, assim como os meus.

Ter Katherine de volta foi a melhor coisa. Nossa pequena unidade familiar estava funcionando de novo, e aqui estávamos, trabalhando juntos, em um ambiente que me empolgava e em um empreendimento no qual Katherine estava louca para se engajar. Na ausência de dinheiro para administrar, Katherine dedicou-se a organizar o escritório, agarrando-se a ninharias do passado para compor e desenhar nosso logotipo. O grande problema, porém, era ainda não termos um nome.

Mike Thomas, a reconfortante voz da sabedoria ao telefone, por fim se materializou no parque e acabou ajudando consideravelmente nessa questão. Foi ótimo conhecer Mike em carne e osso, apertar-lhe a mão e agradecer por toda a ajuda na compra do parque, sem a qual simplesmente não teria sido possível. Mike e sua encantadora esposa, Jen, exibiam a atitude estimulante de gente que sabia do que estava falando. Com sua barba branca, o sorriso pronto e a camisa jeans desbotada, Mike parecia a mistura de dois apresentadores de TV, Bill Oddie e Rolf Harris. Na realidade, como viríamos a descobrir, a experiência de Mike com animais era muito mais impressionante do que o desses dois amadores entusiasmados.

Jen parecia um verdadeiro "espírito livre", alguém capaz de dar mamadeira a um filhote de chimpanzé enquanto dava prosseguimento a sua tranquila rotina diária. Mike e Jen passaram por uma experiência semelhante à nossa havia mais de uma década no zoológico de Newquay. Agora que tínhamos tempo para conversar, perguntei a Mike como conseguira assumir o comando de Newquay sem nenhuma experiência em administrar um zoológico, pois sua formação era nas áreas de design e educação.

— Ah, eu liguei para Gerry e ele foi muito útil.

— Gerry?

— Gerald Durrell, do zoológico de Jersey. Espero que você já tenha ouvido falar nele. — Ouvido falar em Gerry Durrell? Ele era um de meus heróis, além de ser um escritor fantasticamente persuasivo. Só o livro *My Family and Other Animals* [Minha família e outros animais] talvez tenha engajado tanta gente para o mundo natural quanto David Attenborough. Durrell foi o mais importante conservacionista de sua geração, ou talvez de todas. Encontrando o zoológico de Jersey nas mãos da oposição proveniente da classe zoológica, Durrell usou-o para alterar o centro de gravidade da classe rumo à preservação ativa, em lugar de apenas exibir animais. Surpreendentemente, os programas de reprodução em cativeiro de espécies ameaçadas para reintrodução na natureza e para o estudo de seus hábitos reprodutores a fim de documentar a preservação e o controle desses animais na natureza, na realidade, foram por vezes considerados má ideia tanto recentemente como nas décadas de 1960 e 1970.

Segundo lorde Zuckerman, presidente da Sociedade Zoológica de Londres, em palestra na Conferência Mundial sobre a Reprodução em Cativeiro de Espécies Ameaçadas de Extinção, realizada no zoológico de Londres em 1976, não devemos interferir, mas meramente documentar o processo de extinção para benefício da ciência zoológica, pois este faz parte da seleção natural. "As espécies sempre desapareceram", declarou ele. "Sempre haverá espécies raras." Lembro-me do fantástico e úmido verão daquele ano de *glam rock*, pranchas de skate e sol da Califórnia, que faziam tudo parecer perfeito, como um menino de 11 anos na escola primária, alegremente ignorante da perspectiva quase niilista do presidente do zoológico de Londres sobre os animais. Mas, mesmo criança, eu sabia que ele estava errado. Eu provavelmente estava sentado suando e me remexendo, enquanto Zuckerman dirigia-se à comunidade zoológica. Gerald Durrell estava sentado na plateia, contorcendo-se de forma apoplética. Já era homem e possuía um zoológico, e um homem com uma missão, e suponho que ao ouvir tais palavras, provenientes daquela fonte, naquele lugar, Gerald Durrell tenha simplesmente renovado pela milésima vez as promessas que fizera a si mesmo. Quando outras pessoas desistiam, ele apenas cavava mais fundo. Foi até o fim, contra toda uma vida de gente lhe dizendo que era impossível. Ele era um gigante da preservação, um inconformado e um escritor em grande escala. E agora eu descobria que Mike Thomas, um dos principais orientadores em nossa abordagem final para a compra do zoológico, era um receptáculo das doutrinas de Gerald Durrell. Uau. Não sou uma pessoa religiosa, mas parecia que as nuvens se abriram um pouco e nossos débeis esforços estavam sendo favorecidos do alto.

Mike e Jen nos ajudaram muito naquelas poucas semanas cruciais, como fizeram enquanto nos orientavam durante as negociações. Dessa vez sua participação foi mais ativa, e não raro dirigiam da Cornualha para dar conselhos e esvaziar uma quantidade interminável de caixas com mamãe. Certa noite, ao redor da mesa montada sobre cavaletes na cozinha de pedra, com o dilapidado fogão enferrujado ao fundo, precisávamos providenciar um documento legal que tornava absolutamente necessário termos um nome para o parque. Minha mente bloqueara a maioria das sugestões mais deprimentes, muitas das quais, porém, haviam sido geradas pela necessidade de encontrar algo que reproduzisse os quarenta anos de história em grande parte positiva e o reconhecimento da marca Dartmoor Wildlife Park, ao passo que nos distanciasse da má publicidade do passado mais recente.

Manter Dartmoor Wildlife Park não era uma boa ideia devido aos processos anteriores e, digamos assim, ao sentimento que o nome despertava na classe zoológica mais ampla e nos fornecedores locais. Precisávamos de um novo lançamento, e rápido. Dartmoor Zoo foi rejeitado, pois todos os nossos vizinhos haviam monopolizado esse formato, que alguns chamariam de previsível. Exmoor, Paignton, Newquay e Bristol já haviam testado bastante o conceito de localidade mais *Zoo* no título — o que funciona para eles. Mas queríamos explorar novas possibilidades. South West Wildlife Park, Dartmoor Wildlife Conservation Park e todos os tipos de horrores imprestáveis surgiram e circularam antes de serem finalmente rejeitados por Mike, sentado à mesa da cozinha, quase seguramente com uma taça de vinho na mão.

— Por que vocês não chamam o lugar de Dartmoor Zoological Park? — sugeriu ele. O nome proporcionava uma continuidade com o passado, mas era também uma clara referência a uma atividade científica séria no futuro. Gostei; todos gostamos e foi essa a marca comercial que registramos no Companies House, o órgão responsável pelo registro de empresas no Reino Unido. Fiquei particularmente satisfeito porque, além de estabelecer uma nova identidade e um novo espírito que apontavam em direção ao mundo da ciência, o nome rendia-nos um Z no centro do logotipo.

Katherine pareceu menos impressionada com esse desenvolvimento tipográfico e ignorou educadamente minhas sugestões de empregar o *Z* no triplo do tamanho do *D* e do *P*, para criar um traço semelhante ao do Zorro. Pôs-se a trabalhar com a enérgica segurança do perito qualificado em terreno conhecido. Escolhera as cores e colecionara exemplos de logotipos de zoológicos bem-sucedidos, discutimos as linhas gerais do conceito e a vi ingressar em sua rotina familiar de colar amostras de cores e fontes, estreitando os olhos em direção aos esboços a meia distância e trabalhando com prazos apertados de impressão.

Tínhamos um financiador "definido" em vista e, por meio de Mike, até mesmo a bênção indireta de Gerald Durrell. DZP, como agora alegremente nos chamávamos, iria funcionar.

Mas, naquelas semanas antes da chegada do dinheiro, as coisas continuaram realmente tensas. O clima frio e úmido do inverno exacerbava os sentimentos de desespero e de decadência irreversível, que deveríamos estar solucionando. Muito pouco progresso real podia ser feito, pois mesmo a menor das tarefas exigia algum capital. Tudo o que possuíamos ou pudemos emprestar dos cartões de crédito foi usado para pagar os salários dos funcionários. Meus parcos rendimentos provenientes da coluna do *Guardian* e de outra na revista *Grand Designs* eram a única renda efetiva do parque, e não chegavam nem perto de pagar os salários de nosso pequeno grupo não muito satisfeito.

O moral do pessoal piorou e, a essa altura, a incerteza que se infiltrava era uma presença em tempo integral. Eu falava com a NFU Mutual, a empresa financeira de crédito, todos os dias e seus representantes me garantiam que o processo estava em andamento, mas os advogados precisavam de tempo para redigir os documentos. O problema era que, se levassem muito mais tempo, já não existiria negócio para receber o empréstimo e teríamos de devolvê-lo ao mercado. A sensação de que os advogados nos bastidores na realidade estavam pouco se importando caso isso ocorresse era bastante tangível. Eles não se apressariam, e se nesse meio-tempo a transação se deslocasse da pilha ativa para a das concordatas, significava apenas mais trabalho remunerado para eles e os de sua classe.

Três dias antes de o dinheiro finalmente chegar, uma nova funcionária da secretaria, em período de experiência de um mês, abriu um extrato bancário do Lloyds, que por três vezes nos prometera um empréstimo apenas para retirar a oferta no último minuto. No desenrolar dessa farsa, o Lloyds abrira contas em nome da Mee Conservation Ltd. (o nome de nossa empresa recém-constituída), emitira talões de cheque e começara a nos enviar extratos bancários mensais. O problema era que os extratos exibiam 0,00, nulo etc., em fileira após fileira de colunas austeras, o que, aos olhos pouco treinados de alguém preocupado com a estabilidade de seu emprego, não pareceu nada bom. Essa aspirante a secretária pôs-se a gritar pelo escritório "Eles não têm dinheiro nenhum. Olhem! Olhem!" etc., abanando o papel incriminador para que todos vissem. O resultado não foi nem um pouco tranquilizador e, por volta das onze da manhã, com ar bastante tenso, Steve, nosso novo curador de animais, foi conversar comigo na cozinha de casa, onde eu acabara de tirar a mesa do café da manhã.

— Sinto muito pelo incômodo — desculpou-se Steve, que parecia realmente lamentar, mas também muito preocupado. — Acho que é melhor você ir até o restaurante. Está todo mundo lá. — Olhei com desejo para meu café intocado e o segui.

Todos estavam de fato no restaurante, desde Paul, o motorista da van, até o bondoso Robin, o desenhista, todos os tratadores e a nova secretária em período de experiência, Sarah. Sentavam-se em círculo, os braços cruzados, e deixaram uma cadeira vazia para mim. Foi um momento estranho, com aquelas pessoas normalmente educadas e dóceis tornando-se inquisidoras, e a singularidade enfatizava a gravidade da situação. Não fiquei nervoso, mas sabia que tinha de me projetar ou seria esmagado pelo peso da incerteza no aposento. Informei-os, o mais aberta e honestamente possível, a respeito do dinheiro prometido pela NFU Mutual, de que estava aguardando a confirmação final a qualquer momento, de que havíamos assinado o último dos últimos documentos e agora estávamos apenas esperando que os advogados parassem de tremer. Minha frustração com a situação era tão profunda quanto a deles, ainda mais até, pois eu estava ciente da complexidade dos mecanismos de adiamento. Contei-lhes que a financeira regularmente nos prometia o dinheiro para uma determinada data, mas que tais acordos eram sempre rompidos. A segunda-feira anterior, por exemplo, fora alvo de uma promessa inabalável, porém passara sem um comunicado sequer por parte do banco. Eu não acreditara na promessa, portanto não a mencionara aos funcionários, pois a situação já era bastante frustrante para mim sem ter de me desculpar com todos em nome do banco sempre que este me deixava na mão.

— Não mencionei o prazo final porque não acreditei que fosse ser cumprido — expliquei. — Só vou acreditar quando vir o dinheiro na conta; e realmente acredito que ele vai chegar, mas quando, não sei. Vou avisar a todos quando ele estiver lá. Meu pressentimento é o de que isso vai acontecer na semana que vem. É o melhor que posso dizer a vocês.

Corri os olhos pela sala. Todos me observavam atentamente, tomando decisões econômicas. Quem era aquele jovem piadista, que comprara o parque sem dinheiro suficiente para fazê-lo funcionar? Seria confiável? Quais eram as alternativas? A assistente de secretaria tinha uma pergunta sobre seu próprio salário, que sugeri que se tornasse uma questão separada, tema para uma reunião particular. Sua avaliação final do mês de experiência estava se aproximando e não seria boa. Olhei um por um nos olhos e quis saber se tinham mais perguntas. Ao final, acho que foi John que se levantou e disse alguma coisa como "Isso parece bastante justo". Outras cadeiras foram arrastadas à medida que as pessoas se levantavam.

O feitiço se quebrara. A inquisição terminara. Eu escapara por um triz. Agora precisava apenas convencer a mim mesmo. Eu me convencera antes da reunião e também no decorrer dela, enquanto convencia os outros a aguentar firme. Mais tarde, porém, o fato de ter sido colocado pelo banco em uma posição em que o negócio estava à beira do colapso total fez com que eu me perguntasse se eles de fato cumpririam o prometido. Eu confiei no Barclays, confiei no Lloyds três vezes. Confiei no Arbuthnots, no Royal Bank of Scotland e em uma profusão de outros que, em última análise, haviam nos deixado na mão sem o menor escrúpulo. Pensei na NFU. Seu contato, Andrew Ruth, era um sujeito agradável, honesto e consciencioso, mas não controlava o pessoal nos bastidores, que nesse caso não era a equipe de avaliação de risco, mas os advogados.

Quando as instituições se comportam mal, pessoas simples como nós são facilmente capturadas pela engrenagem, que não desacelera à medida que as esmaga, embarga-lhes a casa e envia oficiais de justiça para despejar seus filhos. Eles são de arrepiar. Só sorrisos quando estão se preparando para emprestar o dinheiro, desde que nossas planilhas estejam em ordem e deixemos todos os nossos bens como garantia. E a expressão em seu rosto mal se altera quando enxergam a possibilidade de acabarmos enredados nas letras miúdas e de que tudo vá por água abaixo.

Um dos problemas que enfrentamos foi o fato de o empréstimo não ser suficiente. A quantia, 550 mil libras, me parecia alta, mas pelo visto fazia de nós oficialmente café-pequeno.

— Qualquer coisa abaixo de um milhão leva tempo — fomos informados por um dos bancos. — É o setor de maior risco que existe. — Brinquei frenética, porém brevemente, com a ideia de pedir três milhões, mas até mesmo meu cérebro economicamente ingênuo se deu conta rapidamente de que depararíamos com dificuldades nas planilhas se seguíssemos por tal caminho.

Ter por fim encontrado credores compreensivos no National Farmers' Union [União Nacional dos Agricultores] (NFU) foi reconfortante, mas a terrível incerteza de ter o dinheiro prometido, porém indisponível na prática, durou três angustiantes meses e teve imenso impacto em nosso plano comercial, nos funcionários e no projeto de abrir para a Páscoa, em abril. Quando a NFU finalmente liberou o dinheiro, no dia 8 de fevereiro de 2007, nossa euforia viu-se afetada pela compreensão do prejuízo desnecessário causado pelo atraso, pelas ações de nosso próprio irmão e pela natureza das instituições financeiras, que haviam tornado praticamente irrealizável nossa meta de abrir para o importantíssimo feriado nacional da Páscoa.

Mas muito, muito pior do que isso para mim era saber que a boa notícia da chegada do dinheiro fora completamente ofuscada pela pior de todas as notícias.

A nova casa toma forma.

Katherine traduzindo para Karsan e para o eletricista francês.

Ella faz carinho em Dançarino, que está sentado em cima de Leon.

Um canteiro de obras em um canteiro de obras.

Linguiça no espeto para o jantar.

Katherine e as crianças tomam banho de piscina na frente do "Lindo Celeiro".

O animal mais ameaçado do zoológico Dartmoor, a nova cutia.

Juliette, a aborrecida águia.

Ossos preguiçosos: Salomão, nosso leão africano.

Jilly, o gracioso serval de idade avançada.

Zak, o patriarca (ou lobo alfa).

A sra. Capivara, o maior roedor do mundo, passa muito tempo no lago.

Dilys, uma das novas alpacas, tem o cérebro de um cavalinho de pau.

Floco de Neve, a lontra asiática.

Soberano planejando sua próxima fuga.

Três é demais, mas os novos pássaros do amor estão procriando.

Listrada sorri para a câmera.

Soberano espreitando.

# 5

# Katherine

Morar juntos como uma família extensa — mamãe, Duncan, Katherine, Milo, Ella e eu — exigiria certa adaptação. Para as crianças talvez parecesse uma grande aventura. Seria uma aventura para todos nós, e esperávamos que fosse amplamente positiva. Mas a doença de Katherine mudou tudo. Poucos dias antes de nosso primeiro Natal no zoológico, minha mulher e eu recebemos a pior notícia possível: seu tumor cerebral havia voltado.

Em abril de 2004, nós nos casamos após nove anos juntos. Em junho, ela foi diagnosticada com um agressivo glioblastoma cerebral e recebeu o prognóstico de cerca de um ano de vida. O excelente sistema de saúde francês extraiu o tumor e em seguida ela se submeteu a 18 meses de quimioterapia e radioterapia. Quando seu corpo já não suportava mais, o tratamento foi suspenso e ela passou a ser monitorada todos os meses com uma ressonância magnética para ver se o tumor retornara. Katherine comemorou o final do tratamento da maneira habitual, com uma fase de trabalho intenso. Limpando, organizando, cuidando do jardim em ritmo frenético. Eu lhe disse que os médicos haviam recomendado repouso, mas ela declarou que se sentia ótima e, às vezes, é melhor as pessoas se sentirem bem com o que estão fazendo do que ficarem deitadas. Um dia, fui fazer compras e, quando voltei, Milo me recebeu no portão.

— A mamãe caiu, mas agora já está bem — contou ele, obviamente agitado, mas sob controle. Interroguei Katherine a respeito da queda. Ela parecia atordoada, mas negou completamente o incidente. Pouco a pouco, reconstituímos o que havia acontecido. Enquanto preparava um chá, ela caíra de repente e seu corpo inteiro começara a tremer. As duas crianças fizeram imitações eloquentes e apontaram para o local exato da queda. Ella começara a chorar, pois pensou que a mãe houvesse morrido, mas Milo observou que Katherine não podia ter morrido porque seus olhos estavam abertos.

— Então tentei dar a ela um pedaço de pão para ela ficar forte — disse ele.

Telefonamos para o médico e fomos fazer outra ressonância, na qual se confirmou que aquele fora seu o primeiro ataque epilético, razão pela qual ela não tinha lembrança do que ocorrera. A epilepsia é muito comum em pessoas submetidas a cirurgia cerebral, porque o cérebro é um sistema fechado e não gosta de ser perturbado. A medicação antiepilética foi aumentada e ajustada ao longo dos meses seguintes, pois a combinação das drogas causava efeitos colaterais bastante sérios, inclusive depressão incapacitante.

Por fim tudo se estabilizou e aprendemos a prestar atenção aos sintomas, que poderiam ser causados sobretudo pelo cansaço. Instruí as crianças sobre o que fazer caso aquilo tornasse a ocorrer. O pão fora uma boa ideia, mas, na realidade, não é aconselhável se aproximar da boca de alguém que está tendo uma convulsão; com todos os neurônios do cérebro disparando de uma só vez, o doente pode inadvertidamente arrancar o dedo da pessoa com uma mordida. Pedimos às crianças que não a tocassem se acontecesse novamente; ela não se machucaria porque era pouco provável que se debatesse, e a melhor coisa a fazer era simplesmente esperar que o ataque terminasse. Após os longos meses de terapia contra o câncer, Katherine tinha de suportar talvez o mais frustrante tratamento de todos para ela: ir devagar. Fazia isso a sua própria maneira, tirando longos cochilos à tarde, e então trabalhando duro com a enxada na horta à medida que o dia refrescava. Aos poucos os cochilos foram ficando mais curtos e seu tônus muscular começou a melhorar. Temíamos as ressonâncias magnéticas mensais, mas, a cada resultado negativo, nossa confiança crescia. O episódio epilético foi um tiro de advertência, mas também nos forneceu uma interpretação menos assustadora de seus sintomas ocasionais de vertigem ou formigamento na mão.

Passei o verão de 2006 ao telefone negociando a compra do zoológico; em outubro, finalmente conseguimos e me mudei com Duncan e mamãe. Katherine chegou cerca de um mês mais tarde, depois de encerrar nossos negócios na França, e para mim foi como se a última peça do quebra-cabeça estivesse no lugar. Com Katherine a bordo, não fracassaríamos. Ela nunca fracassava. Tampouco permitiria que os que estavam a sua volta fracassassem. Examinando o orçamento com olhar atento, sabia que ela também não toleraria gastos excessivos.

Pouco antes do Natal de 2006, logo após mudar-se para o zoológico, Katherine desenvolveu um formigamento na lateral da mão direita que não desaparecia com o medicamento para epilepsia. Telefonei para o clínico geral para solicitar uma ressonância magnética e fiquei aturdido, pois o exame foi marcado para dali a três semanas. Na França, teriam enviado um carro para levá-la ao hospital no dia seguinte. Telefonei para o hospital a fim de antecipar o exame e descobri que o pedido via fax do clínico geral fora parar na mesa do especialista errado que, de qualquer forma, estava de férias. Tornei a ligar para o clínico geral e expliquei-lhe o que era um glioblastoma, o que ele podia causar, quão rápido crescia e forneci-lhe o número do fax do especialista certo. E dessa vez — bom sujeito — o médico solicitou uma ressonância de emergência e fomos para o hospital dois dias depois. Esperamos pelo resultado por uma semana, que passamos agarrando-nos à esperança de que fosse epilepsia, pois, quanto mais Katherine descansava, mais o formigamento parecia diminuir.

Mas não era epilepsia. A ressonância magnética revelou uma reincidência do tumor. Ela rapidamente desenvolveu um déficit de fala que a tornava incapaz de ir além de certos vocábulos, fazendo-a repetir muitas vezes a mesma palavra, o que era extremamente frustrante para ela e bastante assustador. Ela logo perdeu o movimento da mão direita e de repente seu braço direito tornou-se um estorvo. Ao nosso redor, o zoológico arrastava-se, e vimo-nos apanhados entre dois mundos.

A velocidade dos sintomas era alarmante, mas eles eram levemente mitigados pelos esteroides receitados em doses cada vez maiores, que aliviavam o inchaço intracraniano. Eu continuava otimista, pois vários tratamentos novos e menos invasivos haviam sido desenvolvidos desde seu primeiro diagnóstico, e se a primeira linha de tratamento convencional deixasse de funcionar, eu sabia que havia uma série de estudos já bem avançados, com os quais me mantinha em contato. Antes que ela se submetesse a outra craniotomia, eu estava ansioso para explorar alguns desses métodos mais novos e menos invasivos.

A dificuldade em se tratar problemas no interior do cérebro com drogas é a barreira hematoencefálica (BHE), que faz parte das próprias defesas do corpo. Trata-se de uma membrana física que restringe o acesso do sangue ao cérebro, protegendo-o de infecções transmitidas por via sanguínea. Pouquíssimas coisas conseguem passar por ela, mas vírus conseguem, e um vírus do herpes modificado foi desenvolvido já em 1995 para cruzar a BHE e transportar um agente cujo objetivo é matar as células cancerígenas. O vírus do sarampo e o veneno de escorpião também foram empregados dessa forma em estudos experimentais em laboratório, embora não houvessem sido testados em seres humanos na última vez em que os contatei. O mais promissor me parecia um sistema alemão de liberação de partículas de óxido de ferro diretamente no local do tumor através de uma injeção, em seguida essas partículas eram agitadas com o aparelho de ressonância magnética, que nada mais é, no final das contas, que um grande ímã. Isso literalmente esmagava o tumor a partir de dentro, o que me agradava. O melhor de tudo é que fora usado em 14 pacientes humanos com glioblastoma no ano anterior, e todos passavam bem. Entrei em contato com os alemães para ver se Katherine seria elegível para o próximo experimento.

Nosso primeiro encontro com o neurocirurgião em Devon, porém, não foi nada promissor. Obviamente ansiosos, fomos conduzidos pelo departamento de neurologia até uma pequena sala para conhecer o homem que supervisionaria o tratamento de Katherine. Seus conhecimentos de computação eram reconfortantes, o que em geral ocorria com todos os neurocirurgiões. Ele explicou que o exame revelara uma recorrência de "anomalias" e pôs-se a percorrer um gráfico 3-D computadorizado do cérebro de Katherine, que exibia seis ou sete pequenos pontos pretos em ambos os hemisférios, inclusive no interior do corpo caloso, que é o feixe de nervos que conecta as duas metades do cérebro. Ao redor de cada ponto havia uma pequena mancha branca, como uma marca-d'água, que ele explicou que se devia ao inchaço, o que intensificaria os sintomas associados a cada local do tumor. Essa era a parcela que ele conseguiria aliviar com esteroides, mas os tumores por certo haviam se difundido demais para uma cirurgia nesse estágio.

Perguntei-lhe se poderia enviar a ressonância a nossa médica na França, para termos a opinião dela.

— Não — respondeu ele em tom enfático, sem erguer os olhos. — Isso não vai ser necessário. — Será que ele poderia, por favor, enviar o exame, pois ela tratara de Katherine durante dois anos e meio, e estávamos muito interessados no que tinha a dizer? — Não, o centro de tratamento de vocês agora é este. — Poucas vezes tive tanta vontade de esmurrar a cara de alguém tão pouco tempo depois de tê-lo conhecido. Momentos antes, eu estava respeitosamente ouvindo a importante opinião de um hábil especialista. Agora, lutava contra o desejo de arrancar seus dedos grossos um a um antes que a segurança do hospital me afastasse dali. No entanto, tive o palpite de que aquilo seria um mau começo para o que provavelmente se tornaria uma relação permanente. Aquele conservadorismo obstinado e territorial em alguém que tinha a vida de Katherine nas mãos era de fato preocupante.

Em seguida, perguntei-lhe a respeito de possíveis opções futuras, tais como o vírus modificado do herpes, o vírus do sarampo, o veneno de escorpião e o tratamento alemão com óxido de ferro, todos que apresentaram resultados iniciais promissores, alguns em pacientes com glioblastoma. Ele fechou os olhos, balançou a cabeça e disse que não ouvira falar em nada daquilo, mas que existiam muitos estudos não comprovados que pareciam promissores, mas nunca davam em nada. Então me olhou e declarou:

— Receio que esse seja um tumor muito desanimador de tratar. — Pobre coitado.

Ele prescreveu uma série de quimioterapia com PCV, uma abordagem tripla, eficaz na redução de glioblastomas em cerca de 20% dos casos. Para pacientes com glioblastoma, esse é um bom percentual. Telefonei para nossa neurologista francesa e lhe pedi que solicitasse os resultados da ressonância a seu colega inglês, o que ela fez e ele felizmente lhe forneceu, para que eu pudesse comparar as opções de tratamento com as de alguém por quem nutrisse certa confiança. Ela concordou com o tratamento inicial com PCV, então tudo o que pudemos fazer foi esperar até que o Serviço

Nacional de Saúde estivesse pronto para dar início ao tratamento de Katherine no dia 7 de janeiro.

Eu esperava apenas que eles soubessem o que estavam fazendo, pois esses tumores são classificados pela taxa de crescimento, e um glioblastoma grau IV pode dobrar de tamanho em uma semana. As festas de final de ano foram silenciosas e tensas. Ao que tudo indicava, ninguém estava se movendo na mesma velocidade que o tumor.

## Janeiro

O estado de Katherine piorou no período que antecedeu à quimioterapia, de modo que ficamos satisfeitos quando o tratamento começou. Tratava-se de uma breve infusão e alguns comprimidos a serem tomados na semana seguinte. Quando a quimioterapia teve início, Katherine já estava debilitada. Seu braço direito estava completamente paralisado, a mão se dobrava com a tensão dos tendões e a perna direita estava começando a se arrastar. Mas ela ainda caminhava sozinha com a ajuda de uma muleta. Na químio, os efeitos geralmente levam alguns dias para entrar em ação, mas Katherine estava fraca e ainda se recuperava dos efeitos do longo tratamento na França. Assim, nas três semanas seguintes, ela passou muito tempo dormindo.

Enquanto isso, eu continuava a trabalhar no zoológico, entre as fugidas até a casa para velar por Katherine. As mensagens de texto em meu telefone nessa época revelavam as preocupações de praxe com salários etc. Mas a boa notícia foi que entrevistamos um excelente candidato ao cargo de curador de animais. Preencher essa vaga era um dos requisitos mais importantes para a obtenção de nossa licença. Precisávamos ter alguém que soubesse exatamente o que estava fazendo em todos os aspectos da gestão animal — afinal de contas, nós não sabíamos. E Steve chegou altamente recomendado pelo respeitado zoológico de Newquay, o local preferido de Mike Thomas, e antes disso havia trabalhado com orangotangos em Jersey por vários anos. Os orangotangos estão entre meus animais preferidos (embora seja um tanto absurdo imaginá-los por aqui nos próximos dez anos), e Jersey é um dos melhores zoológicos do mundo. A entrevista de Steve correu bem. Mike Thomas veio para passar o dia —

porque não estávamos sequer qualificados para entrevistar um curador, uma vez que não sabíamos o que procurar. Mike conduziu a entrevista, e Steve deu todas as respostas certas, até que abordamos a questão de Spar, o tigre velho e artrítico que ficava no cercado superior, e se ele deveria ou não ser sacrificado. Essa é uma questão controversa, que divide as opiniões no campo zoológico. Eu soube pelo veterinário que, embora Spar estivesse trêmulo, era quase certo que não sentisse dor. Aos 19 anos, havia ultrapassado em muito sua expectativa de vida na natureza, e sua óbvia fragilidade ocasionalmente perturbara os visitantes do zoológico nos últimos anos. Mas o veterinário me informou que acompanhara Spar por longo tempo e que não havia motivos para que ele não seguisse vivendo até que houvesse uma justificativa médica real para intervir. Mike por acaso discordava e formulou a pergunta de maneira a tornar óbvio o que pensava. Mike pode parecer um tio carinhoso, mas é também intimidador, sobretudo no caso de um candidato mais jovem sendo entrevistado para um cargo elevado como aquele. A coisa mais fácil a fazer teria sido concordar com Mike, mas Steve não o fez.

— Bem, ele não está na natureza. Está em um zoológico — respondeu Steve. — Não importa a aparência, se não estiver sentindo dor, não vejo por que não possa continuar vivo até que o veterinário diga o contrário. — Mike não gostou da resposta, mas eu sim. Além do mais, aquilo demonstrava um rigor do qual ele necessitaria se assumisse o cargo.

Steve era casado com Anna, outra profissional experiente no ramo, que na ocasião estava lecionando em um curso de mestrado em ciência veterinária em zoológicos. Dali a dois meses, quando seu contrato terminasse, ela seria um excelente acréscimo à equipe. Ambos estavam muito entusiasmados com o potencial do parque e transbordantes de ideias, respaldados pelo conhecimento para introduzi-las. Ao que parecia, de repente possuíamos uma excelente dupla de alta gestão, pronta para assumir os imensos desafios que se aproximavam.

Mas entre nossa oferta de emprego a Steve e sua chegada, o estado de Katherine piorou consideravelmente. Quando ele chegou, em meados de janeiro, tive de dar-lhe a notícia e disse-lhe que, embora fôssemos estar em contato diário e eu lhe fosse dar apoio integral nas mudanças que considerasse necessárias, minha verdadeira atenção encontrava-se em outro lugar.

A situação no zoológico de fato exigia a atenção completa de todos, mas com a chegada de Steve, já preparado para enfrentar uma tarefa descomunal, precisei despejar muito da responsabilidade em cima dele. Ao entregar as rédeas ao pobre rapaz, podia vê-lo aceitando a pressão, mas via também que ele não se deixaria dobrar sob ela. Eu o considerava capaz e havia muito a ser feito.

No mesmo dia em que Katherine começou a quimioterapia, foi publicado um artigo na revista médica *Cancer Cell*, que não fazia parte de minha lista habitual de leitura. Duncan ficou sabendo dele por meio de uma resenha na *Scientific American*, que um amigo lhe mostrara — amigo esse que ficou aparentemente surpreso quando Duncan agarrou a revista nova em folha e insistiu em levá-la com ele. Duncan me mostrou o artigo e o explicava à medida que eu lia. O ácido dicloroacético (DCA) havia sido empregado para tratar crianças com um distúrbio metabólico por trinta anos, com poucos efeitos colaterais. O que uma equipe no Canadá havia acabado de descobrir, porém, é que ele também dissolvia células de glioblastoma no contato em laboratório. Intrigados, os pesquisadores infectaram ratos com esses tumores, então lhes deram livre acesso ao DCA, dissolvido na água de beber. Por ser uma molécula muito simples e conseguir cruzar a barreira hematoencefálica, o DCA encontra as células cancerígenas, penetra nelas e as destrói ao redespertar a mitocôndria. Eu sempre gostei das mitocôndrias. São a estação de força da célula, fornecendo energia, embora não sejam estritamente humanas. Descendem das bactérias e têm DNA próprio, razão pela qual os exercícios a grandes altitudes exterminam suas populações e produzem novas, que conseguem metabolizar o oxigênio de forma mais eficiente do que durante um curto período de atividade intensa ao nível do mar. O que eu não sabia é que as mitocôndrias também são responsáveis pela apoptose celular, isto é, o suicídio da célula, caso esta seja infectada. Como seria de esperar, quando o câncer se apodera da célula, uma das primeiras coisas que faz é desativar a mitocôndria. Mas o DCA torna a ativá-la. Todos os integrantes do grupo experimental de ratos no laboratório tiveram seus tumores substancialmente reduzidos, e o grupo de controle, sem o DCA, apresentou imensos tumores letais. Portanto, o DCA consegue atravessar a BHE, tendo sido testado em seres humanos por trinta anos, e destrói os glioblastomas.

Ainda assim, não havia testes humanos específicos para glioblastoma. O artigo acabara de ser publicado e, na época, eu estava cercado de sugestões de cura por todos os lados. Meu irmão Vincent simpatizava com a pesquisa com veneno de escorpião, os pais de Katherine defendiam a ingestão de sementes de damasco e minha preferência em particular era pelo método alemão, que a irmã de Katherine, Alice, havia descoberto e pesquisado. Se o tratamento convencional falhasse, uma das condições para participar do experimento era o paciente não estar se submetendo a nenhum outro tratamento na ocasião. A ressonância magnética de Katherine já estava a caminho da Alemanha e eu não queria fazer nada que comprometesse sua elegibilidade.

— Se fosse eu, estaria bebendo litros de DCA — declarou Duncan. Mas até segunda ordem, eu ia me segurar.

Katherine saiu da quimioterapia devagar e tivemos de esperar cerca de uma semana antes que pudesse ser avaliada para o próximo ciclo. Quando voltou a circular, voltou pior. O tratamento a enfraquecera, como de fato ocorre, mas de forma considerável. Esperava apenas que tivesse um efeito semelhante sobre o tumor, mas não havia nenhuma garantia disso. Seu andar estava pior e ela precisava ser apoiada no lado esquerdo, o lado bom, com a perna direita sendo girada até a posição para cada passo com uma rotação do quadril que deslocava todo o corpo para o lado. Uma vez que o pé direito estivesse na posição, o joelho raras vezes cedia se mantivéssemos o ângulo correto. Com o tempo, esse passo desajeitado e difícil tornou-se mais complicado, pois o pé direito recusava-se a avançar e precisava ser empurrado no calcanhar por meu próprio pé direito. Isso significava ficar de pé sobre uma só perna em uma etapa crucial do passo, com Katherine equilibrada sobre a perna esquerda enfraquecida, então, decidimos que era mais prático conseguir uma cadeira de rodas, sobretudo para os passeios, que desejávamos manter enquanto fosse possível. Infelizmente, nenhum dos diferentes departamentos do Sistema Nacional de Saúde com os quais a essa altura estávamos em contato podia fornecer uma cadeira de rodas. O processo de solicitação era longo demais e o modelo que queríamos, com rodas traseiras grandes, era proibido para triplégicos, para evitar que a mão ruim escorregasse e prendesse na roda. Mas essas eram sem dúvida as cadeiras mais estáveis, capazes de percorrer as passagens mais íngremes e sem acabamento do parque muito melhor do que o modelo com rodas pequenas, que os irmãos de Katherine por fim conseguiram alugar na Cruz Vermelha. No entanto, isso tornou as coisas bem mais fáceis e eu a levava ao parque sempre que podia, para respirar ar fresco e lembrá-la das maravilhas que nos cercavam.

Katherine nunca vira os tigres de perto, então um dia a levei para trás da jaula, onde os três tigres criados em cativeiro, Vlad, Mancha e Listrada, se aproximariam da cerca e produziriam seus ruídos claramente amistosos, querendo ser acariciados. Perguntei a Katherine se gostaria de fazer aquilo, e por ser uma área de difícil acesso para cadeiras de rodas, não destinada ao público, ela balançou a mão e deu de ombros, demonstrando indiferença. Mas era uma experiência profundamente forte estar tão próximo daqueles imensos predadores e vê-los se comportar como grandes gatos domésticos, desejando o contato humano. Katherine não foi imune à experiência e encheu-se de visível admiração ante o espetáculo, que achei fascinante poder partilhar com ela.

Mamãe e Duncan nos deram um enorme apoio durante esse período, cuidando das crianças, ajudando Katherine como podiam, e teria sido impraticável sem eles. Mas como a pessoa mais próxima a ela no cotidiano, posição que hoje sei que se chama formalmente de cuidador, aprendi com mais detalhes alguns dos pequenos rituais que ela própria conduzia com eficiência tão graciosa. Como dobrar as roupas. Antes eu tinha uma vaga noção de que isso ocorria durante os anos que passamos juntos, observando-a da cama e me perguntando como era possível que alguém levasse tanto tempo para se preparar para dormir (22 minutos, ao longo dos anos que observei, era sua média desde a entrada no quarto até o ingresso na cama). Agora eu entendia o processo do ponto de vista de um iniciado. Se você possui roupas bonitas e se importa com a aparência, o segredo, ao que tudo indica, é tratá-las com cuidado e guardá-las depois de usar, em lugar de deixá-las no chão (minhas roupas em geral ficam jogadas no chão, prontas, muitas vezes, para serem usadas novamente no dia seguinte).

Embora fosse um sinal visível e chocante de sua incapacidade crescente, com implicações potencialmente sinistras, cuidar de Katherine tornou-se, em certos sentidos, a melhor parte do dia. Proporcionava-nos uma oportunidade de estar juntos de uma forma que não conseguíamos no tempo em que ela era um dínamo humano no escritório e em casa, girando mais pratos do que eu sequer sabia que existiam. Aquelas horas íntimas durante o dia e à noite enquanto eu a ajudava a ir ao banheiro, a tomar banho, a se alimentar e a se vestir eram passadas em meio a risadas e tornaram-se uma trégua bem-vinda de meus encargos mais públicos como diretor novato de um zoológico.

À medida que a impotência de Katherine aumentava, eu passava mais tempo com ela. No princípio, conseguia acordá-la, lavá-la, vesti-la e deixá-la de café tomado por volta das dez da manhã, então a colocava sentada ou reclinada em algum lugar com uma pilha de material impresso e controles remotos. Mas aquilo dava a sensação de abandono, pois, para uma pessoa tão naturalmente ocupada e envolvida com o mundo exterior, aquele ócio forçado era uma tortura. Eu dava uma escapulida e voltava sempre que podia, inevitavelmente atrasado pela grande quantidade de solicitações e problemas que assediavam o proprietário novato de um zoológico dilapidado. Fomos informados de que se, de alguma forma, os tumores fossem removidos com êxito daquela vez, os movimentos e a fala talvez retornassem, mas talvez não.

Nesse meio-tempo, comecei a aprender a meticulosa arte de fazer sobrancelhas. Se você precisa de uma lente de aumento para detectar o pelo de uma sobrancelha, sugeri, então provavelmente não precisa arrancá-lo. Alguém no outro lado do aposento, ou mesmo a alguns centímetros de distância, não conseguirá enxergá-lo. Mas isso não colou com Katherine. Após cuidadoso posicionamento dos espelhos, pinças e equipamento óptico que permitia a detecção dos pelos presentes, veio a técnica. Aquilo nada tinha a ver com arrancar e desprender com violência, era um método muito mais deliberado e torturante. Pegar de modo firme com a pinça o pelo milimétrico transgressor e desprendê-lo devagar no que para a maioria dos homens seria uma agonia lacrimejante. Mas a aparência feminina se mantém rígida, e a metade boa do rosto de Katherine não tremeu em momento algum enquanto eu praticava, com relutância, aquela tortura.

Devidamente arrumada e depilada, chegamos ao hospital para nossa consulta seguinte — e tive a conversa mais assustadora de minha vida. Nossa consulta com a oncologista para discutir o progresso de Katherine, e portanto seu prognóstico, foi de uma casualidade surreal, rápida demais, enquanto a vida daquela pessoa linda era debatida e aparentemente descartada em uma salinha de merda, pintada com o azul do Sistema Nacional de Saúde, vizinha aos banheiros, na área de espera da oncologia. A oncologista corpulenta, com olhos de corça, começou discutindo planos para a próxima rodada de PCV, mas eu estava preocupado, pois o tratamento cobrara tanto de Katherine que precisávamos ter certeza de que estava funcionando antes de continuar, caso contrário ela sofreria desnecessariamente; além disso, ficaria semicomatosa e incapaz de relatar os sintomas em um momento bastante crítico, em que talvez precisássemos mudar o tratamento. Foi bom ter perguntado.

— Bem, na verdade tenho que dizer que não acho que o tratamento esteja resolvendo — disse a médica. — Ele reduz o tumor em aproximadamente 20% dos casos, mas em geral a essa altura esperaríamos ver alguma melhora leve. Como vocês podem ver... — disse, gesticulando em direção a Katherine — as coisas pioraram.

Katherine estava sentada em sua cadeira de rodas da Cruz Vermelha, sorrindo seu meio sorriso, compreendendo ou não, encolhendo ligeiramente os ombros, incapaz de comunicar os milhões de coisas que devia estar sentindo. Em seguida, a oncologista virou-se para ela.

— Você com certeza não quer passar as próximas semanas se sentindo mal, quer?

Katherine, desfuncionalizada, incapaz de falar, provavelmente incapaz de captar a absoluta enormidade do que acabara de acontecer, sorriu, piscou e deu de ombros. Também levei um tempo para entender. Corri os olhos pela sala. A estudante de medicina havia sido claramente instruída de que aquela seria uma conversa de morte. Não conseguia fazer contato visual. O enfermeiro do Centro Macmillan de Apoio ao Câncer, de olhos arregalados, nada disse, mas acentuava os hábeis apartes da oncologista. Perguntei se havia lido o artigo que eu enviara a respeito do DCA. Ela girou os olhos com um sorriso que queria dizer "que ignorante", e declarou:

— Ah, não tive tempo.

Insinuei que a *Cancer Cell* era uma revista bastante séria e que seria de esperar que tivesse algum apelo para os oncologistas.

— Humm. É a rota da apoptose mitocondrial — disse ela à parte, dirigindo-se ao enfermeiro do Macmillan, que a essa altura parecia estar presente mais como segurança do que para beneficiar Katherine. Os dois riram brevemente. Que inocência a nossa por nutrir esperanças nesse sentido.

Então, qual era o plano?, perguntei. Outro dar de ombros, outro sorriso para lá de inconsequente. Não havia nenhum. Que tal X, Y e Z, e alguma outra combinação de drogas sugerida pelos americanos? Não, não estavam disponíveis. Eu estava abalado e queria chorar, mas tinha de continuar firme para Katherine. Além disso, no fundo da mente, ainda nutria esperanças no tratamento alemão à base de óxido de ferro, ou no DCA de Duncan, que eu acreditava sinceramente que poderia render frutos, e uma vez que seu sucesso ficasse demonstrado, os médicos nos dariam respaldo. Mas quando o vasto, imperfeito, porém reconfortante braço de apoio do Sistema Nacional de Saúde é retirado, dá realmente um calafrio.

Demorou alguns dias para que nos ajustássemos à ideia de termos sido desligados do tratamento de verdade, e nesse meio-tempo os atarefados órgãos de assistência ao câncer deram a impressão de que as coisas estavam acontecendo. Houve encontros com a enfermeira regional, com o pessoal do Marie Curie, com a equipe do Macmillan, com a terapeuta ocupacional e com algumas pessoas que integravam a chamada equipe de recapacitação. Pouco depois, ocorreu-me que havia muita gente chegando, condoendo-se, fazendo perguntas, mas nada estava realmente ocorrendo. Até então ninguém nos conseguira uma cadeira de rodas, por exemplo, porque a burocracia do Sistema Nacional de Saúde estrangulava todas as iniciativas. Ninguém me ajudava a levantar Katherine, pois agora levantá-la ia contra os regulamentos do Sistema Nacional de Saúde, mas todos aprovaram minha técnica. Um dos departamentos nos forneceu um pacote contendo umas coisas azuis de náilon, que aparentemente serviam para carregar Katherine, mas todas pareciam sofisticações médicas bastante intrusivas do que poderia ser um processo simples e amistoso. Alguém estava investigando seriamente a ideia de instalar uma cadeira elevatória. Mas eu não estava ansioso.

Mesmo que a maior parte das deficiências físicas se tornasse permanente, acho que Katherine conseguiria aprender a conviver com elas. Mas eu não suportava vê-la confusa. Oferecendo a perna para enfiar em uma manga de camisa ou em uma alça de sutiã com ar impassível, estendendo a mão para pegar um sabonete em lugar da escova a fim de escovar os dentes, parecendo surpresa pelo fato de a luz ser controlada pelo interruptor. Mas seu humor continuava presente. Sua risada encontrava-se prontamente disponível, o que me assegurava que ainda era ela. E sua fria reprovação se eu não estivesse fazendo alguma coisa da forma correta. Apenas uma das sobrancelhas erguida (ela conseguia erguer apenas uma, o que tornava o gesto ainda mais eficaz) denunciava que eu continuava a ser criticamente avaliado.

## Fevereiro

Katherine ficava confusa com a ideia de cuspir dentro de um copo durante o processo de escovar os dentes no quarto. Quando lhe ofereciam o copo para lavar a boca e cuspir, ela bebia, então parecia desorientada quanto ao que fazer com o líquido na boca. Muitas vezes tentava começar a escovar rápido com a boca cheia de água, o que inevitavelmente terminava em sujeira. Mas entendia mais depressa a noção de escovar e cuspir no banheiro, por ser um ambiente familiar para a escovação de dentes, embora fosse muito frio e logisticamente difícil chegar até lá. Apesar disso, ela num instante se divertia se alguém chamasse sua atenção para o processo imitando-a de boca cheia, os olhos arregalados de perplexidade. Sua linguagem parecia melhorar por um curto intervalo na hora de dormir, ocasião em que voltava a ser brilhantemente áspera e mordaz. Tendo-a escorado na cama com vários travesseiros, o que ela sinalizava estar funcionando à perfeição, eu vasculhava avidamente a casa em busca de outro. Quando o ajeitava atrás dela, perguntava se ficara melhor.

— Um tantinho pior — dizia ela, de forma perfeita, depois de um dia sem conseguir discriminar entre produzir um sim ou um não.

A situação chegou ao estágio em que, por passar tanto tempo com ela e conhecê-la tão bem, precisavam me chamar como tradutor para muitas interações simples com outras pessoas. O truque era não oferecer muitas opções e perceber que, quando ela dizia sim, podia facilmente estar querendo dizer não e vice-versa. Uma vez que uma palavra ou um gesto houvesse escapado, tendia a ser repetido. Ver alguém pouco familiarizado com o estado de Katherine tentar entendê-la tornava patente o quanto ela decaíra. Em geral, eu tinha de intervir, mas uma ou duas vezes deixava-a à mercê de algum amigo ou parente bem-intencionado enquanto roubava alguns minutos para colocar em dia as coisas que precisava fazer. Como quando a simpática irmã de Katherine, Alice, estava tentando febrilmente entender o que ela estava dizendo e ofereceu-lhe uma enorme quantidade de possibilidades. Katherine apelou para mim com o olhar, no outro lado da sala, e percebi exatamente o que queria. Mas, durante cinco minutos, apenas sorri e balancei a cabeça, colocando alegremente meus e-mails em dia. "Você está por conta própria."

Antes de haver perdido a fala quase por completo, Katherine sentara--se à mesa com toda a família e lutava para dizer alguma coisa a minha mãe.

— Posso... posso... posso... — Pegar o sal? A manteiga? Os legumes?, as pessoas sugeriam, tentando ajudar. Um inusitado olhar de frustração cruzou seu rosto, antes que conseguisse por fim pronunciar: — Posso te passar alguma coisa, Amelia? — Com uma única mão em boas condições e sete tumores multiplicando-se exponencialmente em seu cérebro, ela continuava a ser mais solícita com as outras pessoas do que qualquer um à mesa.

## 15 de Fevereiro: Uma Grande Fuga

Durante esse período, em meados de fevereiro, eu ainda podia deixar Katherine em casa por uma ou duas horas de cada vez, escorada diante da lareira com algumas revistas, alguns petiscos e o controle remoto da TV (ao qual parecia nunca recorrer, embora eu o fizesse). Eu não gostava de deixá-la por muito tempo, mas precisava comparecer a uma reunião urgente de design com uma empresa local para discutir se eles seriam capazes de dar seguimento ao projeto de Katherine, que ela até então, infelizmente, apenas esboçara. Mas a reunião foi interrompida quando recebi a notícia de que um lobo havia escapado. (Vocês não detestam quando essas coisas acontecem?)

A princípio, tentei continuar como se nada tivesse acontecido — tinha plena confiança de que os tratadores e o curador seriam capazes de enfrentar a situação. Infelizmente, o lobo passou por eles, atravessou a cerca do perímetro e ganhou o mundo exterior. Foi quando a brincadeira de fato começou. De repente, em vez de receber o chamado ocasional no rádio interno para me manter em contato com a situação, estava saindo da reunião para dar uma rápida entrevista na *Rádio Devon* e depois outra na *Rádio Five Live*. Os designers foram bastante compreensivos e viram o lado cômico da situação, mas, lamentavelmente, não foi o que ocorreu com nenhum dos jornalistas com quem conversei. Estava óbvio que a situação era séria, e integrantes do público também fizeram questão de salientar no ar que ver um grande lobo negro descer a rua correndo não propiciava uma tarde relaxante. Tentar explicar a jornalistas hostis (vocês simplesmente não detestam jornalistas hostis?) que Parker, o lobo macho número dois, não representava perigo para ninguém a menos que fosse encurralado não pareceu funcionar. Persistia a verdade de que um animal perigoso Classe 1 sob nossos cuidados agora estava à solta e que não é assim que as coisas devem ser. Amigos que ouviram meu tormento me lançaram ironicamente frases que empreguei nas entrevistas de rádio como "Ele é só um catador de lixo inofensivo" e "Ele é basicamente um molengão". Profissionais do ramo zoológico me telefonaram para demonstrar simpatia, dizendo que as fugas eram relativamente comuns, mas que, pelo amor de Deus, eu não mencionasse que haviam dito isso. A reunião por fim se dissolveu enquanto eu estabelecia contato com a polícia armada, agora a cerca de 3 quilômetros de distância, com Parker à vista, querendo saber exatamente quão perigoso era de fato aquele molengão. Então, tivemos sorte. Em vez de dirigir-se à floresta, ou atravessar o jardim das pessoas, o lobo negro virou à esquerda, penetrando em uma pedreira de argila branca, que consistia em um vale de cerca de 500 hectares e, mais importante, em terreno completamente branco. Além disso, na pedreira da WBB China Clay Works havia vários mineiros temíveis equipados com conhecimento do local, quatro Land Rovers e seus próprios rádios. Enquanto trabalhavam em conjunto com nossos tratadores em quadriciclos (veículos para todos os terrenos) e a polícia, a sorte mudou, favorecendo as forças de contenção. Mas Parker, que ainda não havia terminado, extenuou os homens altamente equipados por cerca de uma hora, antes de finalmente sucumbir ao dardo de um tratador. Acenei em despedida para os designers por sobre a cabeça dos tratadores e policiais sujos de lama e acomodei-me para uma noite de histórias de batalha.

Parecia emocionante, e parte de mim desejava ter estado lá. Por acaso, um amigo e ex-colega de Duncan estava nos fazendo uma visita na ocasião e fora a pessoa perfeita para se juntar à caçada. Kevin Walsh é um londrino alto e magro, com 1,95m, que trabalhou vários anos com Duncan como detetive particular. A natureza do trabalho dos dois obrigava-os a serem adaptáveis, imperturbáveis e afeitos às perseguições. Duncan e Kevin dispararam pela estrada atrás de Parker, mantendo contato por rádio e por telefone com a polícia e com os tratadores.

— Nós simplesmente entramos direto no nosso "modo de operação" — riu Kevin, tendo claramente apreciado o dia e desempenhado um importante papel na recaptura. Em diversos estágios, apesar do potencial humano na área, apenas uma pessoa conservava Parker em seu campo de visão e era capaz de passar essa informação vital ao restante da equipe. Kevin, Duncan, John e um policial haviam permanecido nessa imprescindível posição, no que por pouco poderia ter se tornado uma fuga. Se Parker houvesse penetrado nos pântanos ou em quintais murados, provavelmente continuaria lá fora.

— A certa altura nós nos separamos — contou Duncan. — Mas depois vi Kevin de carona, segurando uma espingarda, na traseira de uma caminhonete, no meio da confusão. — A veterinária que havia sido acionada para fornecer o anestésico para a pistola de dardos era, aparentemente, uma mulher frágil, que também tinha de carregar uma espingarda, caso as coisas não saíssem conforme o planejado. Com o resto da parafernália, a arma representava um estorvo e ela a entregou a Kevin, com seu ar competente.

— Aquela espingarda foi o meu ingresso dourado para o centro dos acontecimentos — disse Kevin. — Para onde quer que a veterinária fosse eu tinha que ir, em carros da polícia, Land Rovers e caminhonetes. — No final, o disparo certeiro de Rob com a pistola de dardos deixou a espingarda sem uso. Mais uma vez escapamos por um triz. E tínhamos outro visitante satisfeito no parque.

Aquilo era profundamente sério. Era absurdo. Não era a primeira vez que o lobo tentava a liberdade. Parker escapara uma vez, antes de nossa época, e fora literalmente capturado diante do pub local. Parecia ter saído à procura de Rob, que o arrastara pelo cangote e o prendera na traseira da van.

Quando enveredei pelo caminho de administrar um zoológico, era o bem-estar psicológico dos animais o que mais me interessava. Presumia que o aspecto da contenção física era um fato consumado. Agora vejo que, muitas vezes, as duas coisas estão intimamente relacionadas. Animais infelizes podem tomar medidas desesperadas, o que os torna imprevisíveis. Parker, como vice-líder, estava estressado pelo declínio de Zak, o velho macho alfa, de quem logo teria de tomar o controle da alcateia. Em vez de enfrentar seu medo, decidiu tentar a sorte em outro lugar e, contra todas as probabilidades, armou sua tentativa quando a cerca elétrica estava momentaneamente desligada.

Um Parker adormecido foi recolocado na jaula dos lobos sobre uma cama de palha com algumas garrafas de água quente recolhidas em nossa casa (mamãe, Katherine e as crianças teriam de passar sem elas naquela noite, pois o sistema de regulação da temperatura de Parker estava comprometido pelo anestésico). Dei um pulo em casa para cuidar de Katherine, que precisava de alguma ajuda, enquanto os tratadores tomavam banho. Em seguida, tornei a sair sob a chuva torrencial para definir com Rob como exatamente Parker tinha escapado. Havia algumas teorias sendo ventiladas e, àquela altura, estavam todos completamente exaustos — inclusive eu, devido ao meu dia difícil de interrogatório hostil não planejado por parte da mídia nacional. Os telefonemas continuavam a chegar, nossa reputação foi seriamente prejudicada, e eu tinha a impressão de que mais um incidente como aquele acabaria conosco. Era vital que estabelecêssemos com exatidão o que havia acontecido e tivéssemos a certeza absoluta de que não tornaria a ocorrer, naquela noite ou em qualquer ocasião no futuro. Uma possibilidade que eu precisava eliminar era erro dos tratadores, que fora levantada por um profissional externo que conhecia o desenho do cercado e sabia que os tratadores estavam bastante acostumados a trabalhar com os lobos, que debandavam como, bem, um bando de frouxos, sempre que alguém entrava no cercado. Isso talvez houvesse induzido os tratadores à complacência e era concebível que Parker houvesse passado por trás deles e escapado antes que reagissem. A totalidade do conceito de entrar no cercado com os lobos tinha de ser discutida antes de nossa inspeção para a reestruturação do local, mas, naquele momento, minha paranoia generalizada ao fim de outro dia de Código Vermelho levou-me a questionar Rob sobre essa possibilidade. Era compreensível, eu disse. Não haveria recriminações. Só precisávamos saber de forma definitiva. Com razão, ele não ficou muito satisfeito, mas eu tampouco estava. Queria desesperadamente voltar para casa e para Katherine, portanto lhe pedi que me mostrasse algum sinal que indicasse que Parker fugira por cima da cerca e não pelo portão.

No bosque atrás dos lobos, que agora uivavam e ganiam agitados na parte fechada do cercado — nós dois encharcados pela chuva implacável —, percorremos com nossas lanternas a cerca do perímetro, até alcançar a seção onde as duas metades do cercado são divididas por outra cerca, a fim de que os lobos possam ser isolados uns dos outros se necessário. Inexplicavelmente, nesse canto, em vez de unir-se à cerca do perímetro em ângulo reto, a cerca divisória inclinava-se, criando um nicho triangular e juntando-se à cerca externa em um ângulo agudo de aproximadamente trinta graus. Ainda que protegido por alguns fios eletrificados, esse estreito triângulo poderia fornecer um ponto de apoio para que algum animal subisse, caso a cerca estivesse desligada (não havia sistema de cobertura nessa época) e o lobo, suficientemente desesperado. Ao que se constatou mais tarde, a cerca estava desligada e Parker, desesperado.

— Ele percebeu de imediato que a cerca estava desligada — explicou Rob, a chuva escorrendo por seu rosto à luz de nossas lanternas. Ao que tudo indicava, muitos dos animais do parque testavam cuidadosamente as cercas, não recebendo um choque, mas chegando extremamente perto e de alguma forma detectando o campo elétrico. Aquilo me preocupou, pois o velho sistema de cerca eletrificada era uma das proteções primárias contra a fuga de muitos dos animais mais perigosos, inclusive os medrosos, porém controversos, lobos. Rob ergueu a lanterna no topo da cerca e lá, sem sombra de dúvida, havia alguns tufos de pelo escuro que não deveriam estar presentes. Provinham do peito de Parker. A eletricidade havia voltado, mas, se tornasse a faltar, estaríamos em apuros. A alcateia ficaria confinada na metade segura do cercado, até que a outra metade fosse protegida. Aliviado, voltei para casa e para Katherine.

O conselho ordenou o abate de três lobos, alegando que a superlotação estava causando ansiedade, porém mais uma vez eu relutava em levar adiante essa eutanásia sem muita pesquisa adicional. O último abate, que ocorrera vários anos antes, aparentemente matara os três lobos errados, de suma importância na hierarquia, o que resultou nas presentes instabilidades da alcateia. Contratamos Sean Ellis, um encantador de lobos autônomo, figura controversa e anti-institucional, para nos assessorar. Ao que parece, ele realizou uma pequena dança que fez com que todos os lobos se sentassem a seus pés, então recomendou que os alimentássemos com uma carcaça inteira, e não com pedaços de carne, pois na natureza a hierarquia é estabelecida por quem come o quê. Os líderes consolidam-se no festim, e sua urina exala um cheiro diferente, que corresponde às partes que comeram. Simples e 100% eficaz. A alcateia sossegou, e depois que o especialista em cercas elétricas Roger Best encerrou seu trabalho no cercado, as causas, os meios e as oportunidades para fugas reduziram-se a zero. Mais uma vez, a ortodoxia revelara-se incorreta e alguns animais foram salvos.

Eu gostaria de ter conhecido Sean e visto sua avaliação, mas a essa altura permanecia com Katherine mais ou menos em tempo integral, muitas vezes diante da casa se o clima estivesse ameno. Katherine mantinha-se coberta e aquecida e eu passava esses momentos ao telefone, discutindo opções de tratamento e, enquanto esperava pelas ligações, reformando um velho tampo de mesa que encontrara em um depósito de lixo, unindo-o a pernas de aço que descobrira em um dos celeiros no parque. O tampo da mesa encontrava-se recoberto por muitas camadas de tinta, que precisavam ser arrancadas, e as pernas estavam enferrujadas, mas aqueles afazeres tranquilos de bricolagem nos devolviam à normalidade. Durante os 13 anos que passamos juntos, eu passei um tempo excessivo fazendo bricolagem. Em parte para arrumar nosso apartamento e depois os celeiros na França, em parte porque uma parcela significativa de minha renda provinha de escrever sobre bricolagem como colunista do *Guardian* e outras revistas, mas, para ser honesto, também por ser um preguiçoso inveterado. Nós nos acomodamos a um ritmo quase familiar.

Infelizmente, nessa época, os telefonemas não estavam correndo bem. Os experimentos com veneno de escorpião e os grupos do vírus do sarampo e do herpes haviam rejeitado Katherine, algumas vezes por não estarem preparados, outras por ela ter muitos tumores — seis ou sete — e o que eles necessitavam era de um bom tumor primário. Então, finalmente chegou uma carta da Alemanha que dizia a mesma coisa. Devido à técnica de injeção intracraniana, os múltiplos tumores significavam que Katherine não era a candidata adequada.

## Março

De repente, as opções haviam sido drasticamente reduzidas. Talvez fosse possível localizar um tratamento experimental diferente em outro país, mas Katherine não estava nada bem a essa altura — talvez estivesse bem o bastante para viajar, mas a mudança radical de ter de se adaptar nesse estágio a um país estranho, possivelmente a uma nova língua, com a probabilidade remota de obter algum resultado não era nem um pouco atraente. A ideia de Duncan de fazer uso do DCA agora parecia a melhor aposta de Katherine, sobretudo quando uma boa amiga minha da época de faculdade, Jennifer, que se especializara em pesquisa química, também fez contato com o grupo e disse que achava uma boa opção.

— A internet ficou completamente congestionada por causa disso — contou Jen. — Nunca vi nada parecido. Os pesquisadores fecharam o site e não estão recebendo e-mails, o que é inacreditável. Todo mundo quer o DCA. — Aquilo não necessariamente o tornava uma boa coisa, mas eu já estava suficientemente convencido, e, quando Jen anunciou que talvez conseguisse alguns contatos por meio do laboratório, pedi-lhe que fizesse o favor de tentar.

Nesse meio-tempo, fiz contato com o maior número possível de médicos, na tentativa de obter uma receita particular para o que era, afinal de contas, um medicamento barato e amplamente disponível, que estivera em uso nos últimos trinta anos. O problema era que não fora usado para essa doença e, portanto, não era autorizado. Isso significava que o médico que o prescrevesse teria, tecnicamente, a vida de Katherine — e sua carreira, caso algo desse errado — nas mãos. E seria pessoalmente responsável, caso eu decidisse processá-lo se as coisas acabassem mal. Conheço vários médicos da época em que fazia jornalismo médico e contatei todos eles e meu clínico geral. Com razão e pesarosos, todos se recusaram; entendi que aquele era um pedido muito difícil de fazer a alguém e acho que eles entenderam o quanto eu devia estar desesperado para pedir. A única pessoa que não compreendi foi a oncologista local, responsável pelo tratamento de Katherine. Suas ideias, que de qualquer jeito eram oficialmente paliativas (isto é, destinadas a aliviar o sofrimento e os sintomas sem eliminar a causa), não haviam funcionado. Ela nem sequer tentara eliminar a causa e lá estava a possibilidade de um tratamento não invasivo, bem-sucedido em laboratório, cujos efeitos colaterais eram sabidamente insignificantes e que, na realidade, encontrava-se na farmácia do prédio em que ela trabalhava. À semelhança de todos os outros médicos que abordei, enviei-lhe as páginas relevantes do laudo toxicológico da Agência de Proteção Ambiental Americana, publicado em agosto de 2003, para que ela avaliasse o uso do DCA ao longo dos últimos trinta anos. Este concluía claramente que os efeitos colaterais, mesmo com o uso em longo prazo, por mais de cinco anos, eram mínimos: traços de dano neurológico periférico e efeitos tóxicos secundários no fígado. Se Katherine vivesse o bastante para experimentar tais sintomas, ficaríamos contentíssimos. Além do mais, ela já apresentava muito mais do que dano neurológico periférico; estava paralisada de um dos lados e estava perdendo o controle do outro dia a dia. Como o parente mais próximo, eu poderia assinar quaisquer documentos de isenção de responsabilidade necessários. Valia a pena tentar.

— Não — disse ela. E continuo sem entender por quê.

Duncan também conhecia alguns médicos, e um em particular que talvez estivesse preparado para sair de sua zona de conforto. Eu o considerava afastado demais de Katherine para arriscar-se tanto por ela, mas estava enganado. O cirurgião olhou Duncan de cima a baixo, acreditou na palavra dele, arriscou sua carreira e assinou uma receita. Desejava manter-se em estreito contato conosco a respeito da dosagem, que calculamos juntos da melhor forma possível, com base na literatura existente, e ele nos forneceu suprimento para um mês. Ou melhor, prescreveu. Na prática, conseguir uma droga não autorizada que se encontra no centro de uma controvérsia internacional, mesmo com receita médica particular, não é fácil. Levamos mais uma semana para superar obstáculos burocráticos e logísticos bastante substanciais, mas dar rédeas a Duncan em um projeto é o mesmo que liberar o Exterminador do Futuro. Embora sua missão fosse benigna, ele só voltaria quando a houvesse concluído. Era reconfortante saber que ele estava lá fora, tentando sem descanso localizar o medicamento, que definitivamente parecia ser nossa última chance de salvar Katherine. Mesmo que o medicamento apenas retardasse o declínio, os médicos poderiam ter mais interesse e facilitar sua obtenção ou, no melhor dos casos, assumir o tratamento.

Por fim, no meu aniversário (que todos esquecemos até que comecei a abrir cartões à noite), Duncan se sentou na sala de um hospital em Londres com o chefe de farmácia ainda desconfiado, examinando a papelada a sua frente. Os elementos-chave foram a receita em si, suas conversas com o médico que a prescrevera e o diagnóstico de tratamento paliativo apenas para Katherine. O farmacêutico saiu da sala e voltou com uma sacola cheia de frascos de DCA, mas tornou a questionar Duncan sobre aquele procedimento pouco comum.

— Assim que vi a sacola — disse Duncan —, eu sabia que ia sair do prédio com ela, mesmo que tivesse de arrancá-la dele e fugir pela janela. — Felizmente, essa atitude drástica não foi necessária, pois Duncan respondeu às perguntas do farmacêutico de modo satisfatório e ele lhe entregou pacificamente o DCA. Duncan saltou para dentro de um trem até Plymouth, estendeu-me a sacola e ministramos a Katherine sua primeira dose. Foi, sem sombra de dúvida, o melhor presente de aniversário que já ganhei. Ele nos deu esperança.

Elaborei um gráfico para poder monitorar os progressos de Katherine e acrescentei quatro doses de DCA aos cerca de dez comprimidos diferentes, como esteroides e anticonvulsivantes, que ela ainda tomava todos os dias. Com o DCA, o importante é saturar o organismo, para que não haja picos nem reduções nas concentrações; assim, as doses eram administradas a cada seis horas, dia e noite. O sono de Katherine já estava alterado, e o medicamento era fácil de administrar por via oral na forma de um líquido quase sem sabor. Se fosse eficaz, era o menos invasivo de todos os seus tratamentos e eu analisava as anotações que fazia todos os dias, à procura de sinais de melhora ou padrões de declínio.

Apesar de tudo, o tempo passado de forma tão íntima com Katherine era muito gratificante. Tínhamos nossos segredos. Ela ficava muito constipada devido aos esteroides, o que significava longas e muitas vezes infrutíferas idas ao banheiro, que culminavam em um lançamento bem-sucedido aproximadamente a cada quatro dias. Esse tormento crescente, pontuado por sucessos esporádicos, porém periódicos e perfumados, eram momentos especiais. Achávamos graça e ríamos daquelas irregularidades corporais, com suas contorções involuntárias e nossas intervenções originais — como a vareta de cocô. Quando o cocô de fato saía de Katherine, estava tão compacto e inchado que não descia com a descarga do vaso sanitário. Anteriormente, apenas eu tinha conseguido algumas vezes essa façanha em nossos 13 anos juntos. Agora, Katherine estava largando toletes que sobreviviam absolutamente impassíveis a várias descargas. Então, tínhamos a vareta de cocô, especialmente criada e moldada para dividir o cocô em porções capazes de serem levadas pela descarga do vaso sanitário. Ríamos como conspiradores durante esse tipo de coisa enquanto escondíamos a vareta de cocô (completamente limpa, é claro) para uso futuro onde ninguém a encontraria ou, se encontrasse, nunca suspeitaria de sua serventia.

As crianças também adquiriram um interesse efetivo por questões sanitárias, talvez por seu aprendizado relativamente recente nessa área. O melhor equipamento proveniente do Sistema Nacional de Saúde foi um toalete móvel, uma cadeira com assento desmontável nova e resplandecente (com rodas pequenas), muito útil à noite, mas também nos momentos em que as instalações sanitárias convencionais se encontravam muito longe. Várias vezes, em excursões com Katherine, as crianças nos viram sendo pegos de surpresa. Geralmente, eu ia até a loja mais próxima e insistia, com graus variados de intensidade, para usar o banheiro dos funcionários. No final, eles sempre acabavam concordando e nunca tivemos um acidente. Mas as duas crianças declararam a respeito do toalete móvel: "Agora a mamãe pode ser empurrada e fazer xixi ao mesmo tempo." Katherine sorriu e tive de explicar a elas que não funcionava bem assim.

Com o DCA agora como nossa última esperança, que eu ainda acreditava fervorosamente que fosse uma saída genuína daquele pesadelo, não havia nada a fazer, salvo monitorar o progresso de Katherine em meu gráfico feito à mão. Alguns dias, sua fala parecia melhorar. No registro do dia 14 de março, está escrito: "Fala e movimentos ligeiramente melhores." No dia 15, ao final da consulta com o clínico geral, ela conseguiu dizer "Eu entendo tudo". Mas a tendência geral era no sentido de menos movimento, menos fala e mais sono. Por outro lado, no dia 27, Katherine recuperou extraordinariamente o apetite. Consumiu uma refeição inteira de sushi cortado em cubos, comeu uma cesta inteira de framboesas, seguida de meia barra de chocolate, que engoliu com uma taça grande de vinho branco gelado.

— Maravilhoso, maravilhoso — disse ela, fornecendo um gigantesco motivo para que esperássemos por uma melhora. Mas essas foram praticamente suas últimas palavras.

No final de março, nossos bons amigos Phil e Karen vieram nos fazer uma visita, como faziam de tempos em tempos, e levamos Katherine até o centro de jardinagem em sua cadeira de rodas da Cruz Vermelha. Estávamos procurando cadeiras reclináveis com regulagem, um jeito confortável de passar o dia quando se é triplégico. Katherine sem dúvida gostou do passeio e pôs-se a contemplar a paisagem, desfrutando nossa companhia. Quando lhe perguntamos de que cadeira gostara, ela deu de ombros, sorriu e balançou a mão para indicar que pouco importava. Decidimo-nos por um modelo cinza-prateado com braços de madeira legítima, o objeto mais bonito, dados os limites do gênero e do mercado disponível. Quando voltamos para casa, manobramos para ajeitá-la sobre a cadeira; ela estava usando o lindo casaco de pele sintética com que Phil e Karen a presentearam em uma visita anterior e que ela pedira todos os dias desde então. Katherine pareceu surpresa, mas ficou obviamente satisfeita e pôs-se a esfregar o braço da cadeira para cima e para baixo com entusiasmo, sorrindo para demonstrar seu reconhecimento por termos comprado a melhor cadeira que podíamos. Uma semana depois, ela morreu na cadeira.

A respiração de Katherine parou às três e meia da manhã do dia 31 de março enquanto eu trabalhava no computador a poucos metros de distância. Nos últimos dias, sua deglutição tornara-se mais difícil. Eu esperava que ela vivesse ao menos mais uma semana, pois meu pai sobreviveu cerca de duas semanas à base de líquidos administrados por meio de pirulitos de esponja mergulhados em água. Ela não chegou ao estágio dos pirulitos esponjosos e o pacote permaneceu fechado. Mas não fiquei completamente surpreso. Na morte, mais uma vez, Katherine estava absolutamente linda. O inchaço dos esteroides em seu rosto, que a envelhecera tão dramaticamente, se fora e a Katherine que eu conhecia voltara. Exceto pelo fato de estar morta. Acordei minha irmã Melissa, que estava passando uns dias conosco, e em seguida os dois irmãos de Katherine, Dominic e Guy, e permanecemos acordados, sem saber bem o que fazer enquanto o choque começava a se manifestar.

Ao longo do tratamento com o DCA, agarrei-me genuinamente à crença de que o medicamento reverteria ou ao menos controlaria os sintomas se acertássemos a dose. E então os médicos talvez se interessassem e assumissem o tratamento. Mesmo que ela ficasse completamente dependente, continuaria a ser Katherine, minha amiga, e capaz de transmitir isso em meio à confusão. Mas, pouco depois da última refeição decente três dias antes, ela parou de engolir e não conseguia nem mesmo tomar seus comprimidos ou o pequeno esguicho de DCA, e percebi que era o fim. Repentinamente sem esperança, fiquei aturdido. Melissa me informou que a literatura recomenda que, se houver oportunidade, as crianças devem ser avisadas antes de uma morte importante, para que se preparem para ela. Aquilo parecia fazer sentido, então as levei para a área de piquenique do parque e nos sentamos a uma mesa para que eu lhes transmitisse a mais triste das notícias, uma notícia que esperava que nunca fossem ouvir. A mamãe, que eles sabiam que estava muito doente fazia tempo, ia morrer. Assim que captou a enormidade da ideia, Ella desatou a chorar e subiu na mesa para ficar perto de mim.

— Eu não quero que a mamãe morra — disse ela.

Milo, porém, permaneceu onde estava. Eu lhe disse que não tinha problema chorar, mas ele apenas ficou muito quieto à medida que assimilava a notícia, e então disse:

— Eu não quero chorar. Quero ser forte para você, papai. — Cada um tem seu próprio estilo, e ele apenas ficou vendo Ella e eu chorarmos.

No funeral em Jersey, onde Katherine cresceu, foi estranho ser o foco do que parecia ser uma perda tão comunitária. Todos que conheciam Katherine rapidamente reconheciam a pessoa especial que ela era e sentiam a pavorosa injustiça de, dentre todas as pessoas, ter sido ela a ser levada. Rostos que eu via sempre vincados por sorrisos e pela alegria agora se mostravam contraídos e cansados, atormentados para além do suportável, com lágrimas nos olhos. A tensão, o horror, a descrença, a pura agonia que ninguém esperava enfrentar, contrapondo-se à perda inexplicável, injustificável, imperdoável de uma pessoa tão querida. Ela era a única a respeito de quem nenhum dos presentes jamais tivera uma palavra ruim ou lembrança negativa. As mulheres me olhavam com uma compaixão extrema e aflitiva, mas de certa forma foram os homens que mais me comoveram: o corpulento Neill, incapaz de falar, com lágrimas brotando-lhe dos olhos e escorrendo por sua cara de urso; Tim, o rosto atormentado, carregado de medo e dor; Seamus, amigo de Katherine dos tempos de colégio e agora político local, tão capaz e composto em qualquer outra situação, tenso para além de qualquer planejamento cuidadoso ou simpatia estudada. E enquanto ela estava viva, Jim e Mike, ambos grandes e fortes, eram muito delicados com ela em suas visitas.

Após o funeral, o completo terror dos três meses anteriores começou a amadurecer. Com a retrospectiva assassinando a esperança, o declínio de Katherine pareceu diferente. Em poucos dias, fui capaz de reconhecer que embora para nós fosse uma tragédia, aquilo não era assim tão incomum. Muita gente suporta coisas bem piores. Não estávamos em Darfur, em Srebrenica nem no Congo, onde pessoas haviam sido recentemente devoradas diante dos filhos por rebeldes. Katherine tivera uma boa vida em um país próspero, morrera em paz, quase sem dor, bem-cuidada e da forma mais tranquila possível. Fomos programados para aceitar esse tipo de perda — sobretudo as crianças que tiveram de se desenvolver em grupos onde a mortalidade dos pais era alta. Papai talvez não volte da caçada. Mamãe talvez morra dando à luz. Distintos tutores as recolhiam e elas se adaptavam, ou não se desenvolviam tão bem. Descendemos principalmente das que se adaptaram. Isso quase faz com que a evolução pareça uma religião, mas tais argumentos me confortavam. E, mesmo dentre as pessoas mais afortunadas no mundo hoje, éramos excepcionalmente afortunados. Além de estarmos na Inglaterra, com assistência médica, leis e privilégios, de estarmos rodeados por amigos e familiares afetuosos, possuíamos um zoológico. E em breve eu voltaria para ele.

Nesse meio-tempo, senti que precisava de um sedativo leve, de preferência algo orgânico, produzido com ingredientes naturais, como água, cevada, lúpulo e talvez cerca de 5% de álcool por garrafa. Por sorte, tal sedativo é amplamente disponível: Stella Artois. Justamente o que o médico não havia receitado, mas que no passado funcionava à perfeição.

# 6

# A nova equipe

Após a morte de Katherine, tive a sensação de que talvez não desse a mínima para o zoológico. Mas, na verdade, não foi o que ocorreu. Tecnicamente, via que o zoológico continuava a ser possível — inevitável, na realidade, ou estaríamos falidos e os animais seriam distribuídos ou mortos —, e esse fato encontrava-se encravado em minha mente. E no que dependesse de mim, quem não conseguisse enxergar isso podia simplesmente cair fora.

Aparentemente, o luto, segundo o modelo Kübler-Ross, amplamente aceito, em geral possui cinco estágios: Negação, Raiva, Barganha (quando tentamos fazer um acordo com Deus ou com o destino ou, em circunstâncias inferiores, com a pessoa que nos abandonou), Depressão e Aceitação. Tenho a impressão de ter saltado os três primeiros e ido ao mesmo tempo para a depressão e a aceitação. Mas a ideia da raiva me intrigava. Eu não sentia propriamente raiva — não havia nada nem ninguém de quem sentir raiva por aquela ocorrência biológica aleatória, salvo por deslizes tacanhos por parte de alguns integrantes do sistema de saúde, que eram apenas engrenagens institucionalizadas de uma máquina defeituosa. Além disso, eu não dispunha de energia para a raiva. Mas sentia uma profunda sensação de incredulidade ante o fato de as pessoas serem tão mesquinhas. Pouco me importava ver gente discutindo na rua, ou não se dando valor, ou desperdiçando seu precioso tempo de alguma outra forma. Podia entender que se deixavam arrastar para essa perspectiva, o que era bastante normal.

O que de fato me incomodava, no entanto, era a mesquinhez de várias pessoas no parque, sobretudo com um objetivo comum tão claro e óbvio a alcançar. Eu participava de reuniões e escutava brigas bobas intermináveis e disputas de poder: "Não consigo trabalhar com fulano"; "Ele disse isso, então eu disse..." Eu saía para o parque debaixo de chuva e permanecia ali, apático, inundado de reclamações dos tratadores sobre coisas como carrinhos de mão vazando quando eles sabiam que peças de reposição já haviam sido encomendadas e me perguntava como era possível concluir alguma coisa neste mundo. Mas me dei conta de que aquelas preocupações mínimas, aparentemente irrelevantes, eram a essência da vida. As experiências cotidianas, as coisas com que as pessoas tinham de lidar na prática eram o que importava — e era nisso que eu precisava voltar a me concentrar.

Ser parte do zoológico com certeza ajudou, mesmo nos momentos mais extremos. Olhar pela janela e ver jovens tratadores rindo enquanto trabalhavam, cientes de que havia alguém doente na casa e obviamente solidários, mas ainda assim sabedores de que tinham um trabalho a fazer, ao cuidar dos animais e dar prosseguimento a ele. Manter o parque em andamento era participar do ciclo da vida. Criaturas nasciam, como porquinhos ou um cervo, e criaturas morriam, como Spar, o tigre, e uma das corujas. E Katherine. Não importa o quão devastador fosse para mim, para as crianças, para Duncan e mamãe, a vida continuava. Era como estar em uma fazenda, que não pode simplesmente parar porque uma pessoa já não está presente.

Havia trabalho a ser feito: novos reparos, novos funcionários a contratar e, mais importante, obter nossa licença para funcionar como zoológico. Esse é um procedimento complicado, segundo o qual é necessário notificar a intenção de inscrição dois meses antes de fazê-la, para permitir que objeções sejam levantadas, ventiladas e avaliadas. Em nosso caso, sabíamos que contaríamos com fortes objeções por parte de ativistas dos direitos dos animais, que haviam criticado o mau desempenho do parque no passado, mas a comunidade local parecia solidária e o conselho não dava sinais de querer interferir. Seria agendada uma data de inspeção, depois da qual o veredito talvez levasse mais seis semanas para ser emitido. Ao que sabíamos; simples assim. Mas o problema era que, se não passássemos na inspeção, não poderíamos simplesmente agendar outra para dali a uma semana; teríamos de refazer todo o procedimento, o que incluía o prazo inicial de dois meses e a possível espera de seis semanas pelo resultado. Se fôssemos reprovados na inspeção seria catastrófico para nossa estratégia comercial, que se fiava plenamente em incrementar os rendimentos por meio da temporada de verão.

No início de abril, já havíamos perdido a Páscoa, o primeiro e algumas vezes mais rentável fim de semana no calendário da indústria de lazer, e pilar importante de nossa estratégia comercial. À medida que o inverno avançava, sugerimos provisoriamente o começo de junho como data de inauguração, calculando a data de inspeção a partir daí. Mas, tendo em vista a quantidade de trabalho a ser feito, acabamos nos decidindo por julho. O que nos facultou a data de 4 de junho para a inspeção. Havia um prazo claro a ser cumprido, certo número de tarefas a serem executadas antes disso e, desde que estas fossem realizadas de forma apropriada, era negócio fechado. Provavelmente.

Minha participação era claramente necessária, mas levei um tempo para me readaptar àquele ambiente desconhecido. Naquela época, precisava ficar sozinho para chorar de poucas em poucas horas. Eu tinha sorte, pois a natureza de meu trabalho, como solucionador de problemas itinerante e diretor, me permitia ser capaz disso. Podia conduzir uma reunião ou supervisionar a instalação da estaca de uma cerca, então dar uma desculpa e sair, aparentemente para resolver algum assunto urgente relativo ao parque. Na maioria das vezes, porém, escondia-me em um de meus refúgios — o sótão, o alto da torre de observação, o jardim das samambaias — e deixava as lágrimas correrem. Aquilo parecia um manancial inesgotável, rompendo barragens, precisando secar antes que algum progresso fosse feito.

Enquanto eu observava de casa ou do gramado diante dela, Steve estava recrutando dois novos tratadores seniores. Normalmente, seria impensável não estar diretamente envolvido na entrevista e no processo de seleção, pois tenho um profundo interesse pessoal em quem é empregado no parque. Quero entender a filosofia de gestão animal da pessoa, sua aptidão interpessoal e ver como reage à entrevista em si. Percebi que, com os poucos funcionários que entrevistei e depois contratei, a entrevista surge na conversa de tempos em tempos como parte importante da interação entre nós. Posso lembrá-los de alguma coisa que concordaram em fazer, ou eles me lembram de um compromisso que assumi, ou rimos devido a algum momento constrangedor. Mas a entrevista é muito importante para mim, a fim de determinar exatamente em quem vamos depositar nossa confiança, e vários candidatos passaram muito longe do alvo. Mas naquelas circunstâncias, encontrava-me vagamente ciente de que o processo de seleção estava em andamento e confiava plenamente no discernimento de Steve.

E acertei ao fazê-lo. Os dois tratadores que ele recrutou na ocasião, Owen e Sarah, participaram de programas de reprodução de animais raros internacionalmente reconhecidos. E ambos trouxeram listas de contatos úteis para intercâmbio com outros zoológicos e sua credibilidade pessoal para apoiá-los. Em outras palavras, cada tratador traz consigo uma experiência direta com a reprodução de animais raros que os segue por toda parte. Sarah, por exemplo, tem uma experiência única e direta com gatos-pescadores do Port Lympne Wild Animal Park; os diretores ficaram tão impressionados com ela que lhe disseram que poderia trazer um par reprodutor para o DZP assim que construíssemos um cercado apropriado. Owen, um jovem escocês de fala macia, mas assertivo, que foi criado em um sítio, também possui um portfólio de animais raros — no seu caso, aves — que o segue por toda parte, e sua melhor ideia era transformar o lago dos flamingos em um grande aviário fechado e instalar ali um manguezal para abrigar algumas de suas futuras aquisições mais exóticas. Concordei de imediato e depois perguntei como instalaríamos um manguezal.

— Ainda não sei — respondeu Owen. — Mas vou descobrir e te aviso. — Portanto, caberia a mim resolver se poderíamos implementar a ideia. São esses os desafios que enfrenta um diretor de zoológico, eu estava descobrindo. Mas são desafios divertidos, e autorizar a instalação de um manguezal é uma posição na qual nunca imaginei que me veria.

Integrantes da classe zoológica, como Nick Lindsay e Mike Thomas, muitas vezes referiam-se a Owen e Sarah, que eram agora os dois tratadores seniores, como "estrelas". Owen e Sarah eram pessoas sobre as quais haviam lido na literatura e cuja reputação os precedia. Até mesmo Peter Wearden, nosso agente de saúde ambiental local, parecia ter ouvido falar neles, ou ao menos reconhecia a importância de sermos capazes de atraí-los para trabalhar conosco. Fui informado de que Owen recusara um emprego no zoológico de San Diego para trabalhar no DZP. San Diego é líder mundial em diversas áreas, inclusive a dele, um local que poderia lhe oferecer recursos quase inimagináveis para dedicar-se a seus interesses. Certo dia, perguntei-lhe por que havia escolhido nosso parque em estado precário, em uma região com um dos mais altos índices pluviométricos da Grã-Bretanha, e não os climas ricos em recursos e mais ensolarados do sul da Califórnia.

— Quando dei uma volta pelo parque, é claro que vi o incrível potencial do lugar — disse ele. — Mas também percebi que existia uma tristeza imensa aqui, e essa tristeza era uma coisa que eu queria reverter. — Ele não estava se referindo a Katherine, mas aos efeitos do longo e lento declínio de vinte anos sofrido pelo parque sobre as pessoas, os animais e a infraestrutura: pilhas de entulho por toda parte, amontoadas na esperança de que desaparecessem de forma gradual, deixando atrás de si um resquício de fatalismo e algas.

Owen e Sarah podiam ser estrelas, mas não eram prima-donas. Eram fisicamente resistentes e trabalhadores. Tendo ambos se mudado de zoológicos distantes no Reino Unido, a princípio não tinham moradia, portanto acamparam no parque sob a chuva interminável, e lavavam roupa e faziam sua higiene pessoal nos banheiros do restaurante. Propus-lhes que usassem o chuveiro de casa, quando este funcionasse, mas sentiam-se mais felizes com sua vida de subsistência — e, além disso, a água quente era mais confiável no restaurante. No parque ao ar livre, sujeitos a todos os tipos de climas, lideravam do "fronte" e passavam muitas horas extras, até escurecer, consertando cercados, construindo novos e dando prosseguimento ao projeto permanente do parque, sem necessidade de orientação constante. E cumpriam a exigência do licenciamento de treinamento da equipe existente nas práticas zoológicas modernas.

Fomos informados de que precisaríamos realizar esse treinamento *trickle-down*, caso contrário teríamos de fechar. Ou melhor, não inauguraríamos em hipótese alguma. As pessoas que empregávamos para cuidar dos animais — Rob, Kelly, Hannah, Paul, John e até mesmo Robin às vezes — eram preparadas e experientes, mas não qualificadas. Para todo o conhecimento prático e os anos passados nas trincheiras, mal contavam com um diploma. E nos dias atuais de *expertise* zoológica, as certificações são fundamentais. Alegrava-me muitíssimo que tais processos *trickle-down* estivessem ocorrendo, pois era parte vital de nosso pedido de licenciamento que empregássemos pessoal completamente treinado. Eu percorria cada vez mais o parque acreditando que o impossível, que se tornara apenas o improvável, agora se tornara, objetivamente, muito provável. Na realidade, nunca tive a menor dúvida de que conseguiríamos inaugurar o zoológico, mas, rodeado por tantas perspectivas pessimistas, começara a entender cada vez mais a percepção das pessoas e não gostara do que vira a partir do outro lado. Mesmo que soubesse que elas estavam erradas, o peso absoluto dos números no campo da oposição era quase esmagador.

Para ser honesto, eles tinham alguns argumentos legítimos. Em primeiro lugar, precisávamos de 60 mil visitantes por ano para equilibrar as finanças, e no momento não tínhamos onde alimentá-los. O restaurante, que deveria ser uma preocupação constante, não continha um único eletrodoméstico aproveitável. A lava-louças, o forninho a gás, os fornos, os micro-ondas e duas das três fritadeiras não funcionavam. Por sorte, nossas novas ideias para o cardápio, envolvendo alimentos saudáveis, produzidos na região, significavam que não necessitaríamos das duas fritadeiras quebradas, porém, todo o restante precisava ser substituído. Eu tinha um sonho para o restaurante, que era transformá-lo em um ponto de encontro tão moderno quanto o Conran e abri-lo à noite como entidade separada do zoológico. Os números do movimento comercial dos três anos anteriores, ainda que em acentuado declínio, demonstravam que o restaurante e o bar eram o motor do parque, responsável por mais de um terço dos rendimentos totais. Com seu teto de gesso encardido, suas lâmpadas fluorescentes, o carpete e as cortinas azul-escuras pesadas e uma cozinha repleta de trechos recobertos de gordura, chegar lá seria um longo percurso. A outra coisa que os números do movimento comercial mostravam era que o mês de agosto era absolutamente decisivo, com a venda combinada de ingressos e do restaurante responsável por quase metade da renda anual. Agosto era crucial e, se o deixássemos passar, estaríamos arruinados.

— Acho que o mês de agosto vai fornecer cerca de 60% da renda de vocês este ano — disse Mike Thomas em uma de suas visitas, sentado no ambiente pouco inspirador do restaurante. Um rápido olhar a nossa volta me tirou todas as dúvidas quanto às dimensões da tarefa que tínhamos pela frente. Se 60 mil pessoas chegassem ao longo do verão querendo ser alimentadas, não podíamos simplesmente permitir que saíssem para procurar outro lugar para comer, como fizéramos nos últimos dias em que o parque abrira na primavera anterior. Além das necessidades dos animais, aquilo era um negócio, e o lado do atendimento ao cliente precisava ser tratado com igual importância, ou as contas do veterinário não seriam pagas e os importantes planos de preservação se tornariam impraticáveis.

Assim, Duncan e eu começamos a frequentar pubs — estritamente para fins de pesquisa, vocês entendem — no intuito de observar na prática o serviço de fornecimento de refeições. Investimos muitas e muitas longas e abnegadas horas nessa busca por sabedoria no ramo do fornecimento de comida antes de nos estabelecermos em uma churrascaria de estrada nos arredores de Plympton, que possuía um grupo de trabalho excepcional. Outro ponto interessante a respeito do lugar, embora distante de nossas aspirações para nossas próprias instalações, era o fato de ser extremamente bem-administrado. E sempre lotava. Um fluxo constante de gente do local ia até lá para comer, o que gerava uma fila bem-humorada que quase sempre se estendia do restaurante ao bar. O que significava que, a fim de realizar nosso reconhecimento de forma eficaz, precisávamos rondar uma parte do bar vetada a todos, menos aos comensais, coisa que fazíamos. O que me impressionava era que, quando certo gerente chamado Mark estava de serviço, éramos invariavelmente convidados a entrar em cerca de cinco minutos. A princípio, ele se satisfez com nossa desculpa, "Estamos esperando alguns amigos"; porém, mais ou menos em nossa quarta visita, ele riu e perguntou:

— E esses amigos de vocês, não vão aparecer nunca?

Mark estava em toda parte: na cozinha, entre as mesas, atrás do bar, até mesmo frente a frente com uma gangue de adolescentes arrogantes que havia quebrado uma janela na noite anterior. Eu me entusiasmei com ele e confessei que na realidade estávamos engajados em espionagem industrial benigna e perguntei-lhe se gostaria de nos ajudar no zoológico. Mark não queria deixar seu emprego, mas concordou e elaborou algumas ideias simples para o cardápio, que podiam ser produzidas de forma relativamente fácil se recorrêssemos a fornecedores de bufê para o mercado de massa. Tais fornecedores abasteciam vários zoológicos conhecidos, alguns dos quais eu visitei e cuja comida, não era tão ruim. Com uma intervenção mínima, poderíamos limpar o restaurante, fornecer alimentação simples e atravessar o importantíssimo mês de agosto, então reformar o local durante os meses mais tranquilos de inverno. Aquilo parecia um plano, mas um plano que me preocupava. Agora tínhamos o dinheiro para a restauração, embora estivéssemos correndo contra o tempo. Quando o inverno chegasse, na velocidade com que o capital se escoava, era bem possível que houvesse sido gasto em outras coisas. Mark nos visitou várias vezes, cheio de entusiasmo, mas, devido a seu emprego em tempo integral, suas sugestões inevitavelmente exigiam um bocado de trabalho braçal de nossa parte. À medida que as semanas avançavam rumo ao momento decisivo, tivemos de decidir se escolheríamos a estratégia mais contida ou a jogada mais arrojada, orquestrando uma reforma completa e uma inauguração "forçada", exibindo nossas mudanças radicais. Precisávamos de alguém que arcasse com o problema em sua totalidade, que assumisse a responsabilidade e transformasse o restaurante em uma solução para os outros males do parque.

E então surgiu Adam. Foi de mau humor que o conheci, próximo ao cercado da lontra, em uma extensa área do parque que eu sempre quis dedicar à criação de macacos em liberdade e a meu pai, Ben Harry Mee, que proporcionara o capital para o local — ainda que involuntária e postumamente, e sem dúvida (se estivesse vivo) absolutamente a contragosto. Eu desejava mais árvores tropicais habitadas por pássaros coloridos, ameaçados de extinção, primatas amistosos correndo livres, e um modesto monumento em homenagem a meu pai em alguma parte, a Floresta Memorial Ben Harry Mee. Teria sido a última coisa que ele esperaria, e eu sabia que, embora desaprovasse a loucura do evidente mau uso do dinheiro suado destinado à segurança futura de sua família, teria ficado silenciosamente satisfeito. Eu gostava de imaginá-lo lendo, sentado em uma tranquila clareira na mata, ao som de martins-pescadores e aves-do-paraíso, assediado por macaquinhos curiosos, antes de por fim fechar o livro e dizer "Isso é ridículo". Mas sempre voltaria, e um dia o encontraríamos alimentando os macacos com um estoque de alguma coisa que teria cuidadosamente percebido que eles gostavam de comer.

Tudo isso se via constantemente ameaçado por pressões dentro do zoológico para outros usos da terra. O zoológico de mascotes tinha de ir para algum lugar, assim como o centro educacional, que incluía um lago natural; em conjunto, eles consumiriam pelo menos dois terços daquele espaço. Naquela manhã, também aturei um interminável bombardeio de telefonemas de vendedores de janelas de vidros duplos; gente que queria negociar, anunciar e construir; e duas empresas que tinham um jeito infalível de reduzir os custos de nosso negócio em troca de um pequeno honorário (ambas absoluta e obviamente ilegítimas), bem como um fluxo constante de chamadas pessoais, em geral gente que havia trabalhado no parque e queria o antigo emprego de volta, pois tais e tais pessoas haviam saído. Eu aguentei o bastante. E então Duncan se aproximou, acompanhado por um sujeito alto e de rosto vigoroso chamado Adam, que me enviara um e-mail havia uma ou duas semanas para oferecer seus serviços de gerente de restaurante.

O fornecimento de refeições era uma das poucas áreas em que possuíamos certo manejo, parecia-me na ocasião (embora eu estivesse completamente errado).

— O quê? Certo, ótimo. Vou dar uma olhada no seu currículo — ou algo conciso e parecido foi como provavelmente reagi a princípio, tomando nota para lembrar a Duncan que a última coisa de que precisávamos era uma mudança de rumo àquela altura. Mas Duncan deixara-se convencer por Adam. Seu histórico era de ter trabalhado no varejo e em serviços de atendimento ao cliente desde muito novo até muito recentemente, na casa dos 30 anos, quando seu pai vendera o próspero e vizinho Endsleigh Garden Center para uma cadeia nacional, e eles se afastaram para buscar novos caminhos. No caso do pai, isso significou comprar um biplano amarelo e iniciar outro negócio nos climas mais ensolarados do sul da França (canalha). No de Adam, comprar uma bela casa nos arredores e estabelecer uma loja de produtos agrícolas no terreno onde funcionava o antigo negócio, a fim de vender produtos orgânicos para o mercado mais consciente.

Quanto mais eu me aprofundava, mais aquilo parecia fazer sentido. Adam queria abrir o restaurante à noite — seu comportamento era o de um perfeito maître — e possuía referências excelentes em atendimento ao cliente e experiência do mercado local. E desejava começar naquele instante. Após uma semana de hesitação, nós o contratamos, e foi como se um peso houvesse sido tirado daquele lado do parque. Adam desejava atacar a reforma completa e começou de imediato a trazer cotações de comerciantes locais confiáveis, com quem já havia trabalhado, abrindo caminho pelos processos administrativos com o conselho municipal e ainda encontrando tempo para fazer um curso de licenciamento de um dia para poder ser o titular nomeado para o bar.

De repente, aquele sujeito alto, com o entusiasmo de um cachorrinho, impecavelmente educado e sempre diplomático, tornou-se um de nossos mais valiosos ativos. Sem se deixar intimidar pela perspectiva de equipar o restaurante, a loja e a cozinha de uma só vez, administrava também uma empresa de informática e estava interessadíssimo em instalar uma caixa registradora com ponto de venda eletrônico que nos forneceria um feedback instantâneo sobre o número de visitantes, a quantia que haviam gastado e em quê (a estatística crítica de gasto por cabeça que realmente precisávamos ultrapassar era a de cinco libras por pessoa além do preço do ingresso), e até mesmo seu código postal, para que soubéssemos de onde procedia nosso mercado. Passamos a contar com Adam, e não apenas por seu talento para resolver problemas e por sua tendência a compensar todas as deficiências que enxergava mesmo que não lhe dissessem respeito diretamente. "Posso fazer uma sugestão?", perguntava ele, inclinando-se como um *sommelier* prestes a socorrer um cliente ignorante dos perigos de uma carta de vinhos complicada, sempre que enxergava um problema que não estava sendo abordado da forma correta. Não, a característica de Adam com que mais comecei a contar foi seu otimismo. Ter alguém que dizia "Claro, sem problema. Vou fazer agora mesmo", em vez de "Isso vai custar caro, e você vai ter de fazer X e Y primeiro, o que vai ser impossível", fazia toda a diferença. O otimismo era certamente a contribuição mais valiosa de Adam.

Certa vez perdi muito sangue, cerca de um litro, após um acidente bobo em uma aula de artes marciais (avancei quando deveria ter recuado, e recebi um golpe preciso no nariz, que rompeu alguma coisa no fundo de minhas cavidades nasais). Sentado na sala de emergência, sangrando copiosamente em uma série de bandejas de papelão compactado, fui ficando cada vez mais fraco. Homens jovens com a cabeça raspada e hemorragia nasal, sobretudo infligida por algum tipo de violência, têm baixa prioridade na Emergência. Há sempre um acidente de carro ou um ataque cardíaco na frente, e só quando minha visão começou a se transformar em um túnel e tudo ficou preto e branco, por fim me levantei vacilante e informei à enfermeira mais próxima que estava prestes a desmaiar; em seguida tornei a deitar em minha maca para fazer exatamente isso. De repente, eu me tornara uma emergência, e estava vagamente consciente de uma falange de profissionais da área médica curvados sobre mim, em estilo *Plantão Médico*, equipados com dispositivos intravenosos e outros instrumentos do kit de ressuscitação. Katherine, que me levara até lá, não ajudou ao dizer "Uauuuu", pois o chefe da falange era um plantonista australiano bronzeado, cujo jaleco branco de meia-manga exibia seus antebraços bastante musculosos, para os quais ela vinha chamando minha atenção nas últimas duas horas. Justo quando meus olhos se fecharam e comecei a ser tragado pela inconsciência, eles me aplicaram uma infusão intravenosa com solução salina no braço e me deram algumas injeções, e a sensação foi extraordinária. Foi exatamente como ter uma imensa sede saciada, mas em lugar de o alívio se disseminar a partir do estômago, estava se disseminando a partir de meu braço. Era essa a sensação de ter Adam no comando do restaurante naqueles tempos difíceis. Uma peça aparentemente periférica do quebra-cabeça estava contagiando todo o local com renovada positividade. O petroleiro do parque estava gradualmente fazendo a volta antes que fosse levado em direção às rochas.

Outra coisa que Adam trouxe que me alegrou foram os empreiteiros, e dos bons — bem-equipados, trabalhadores e versáteis. Menção especial deve ser feita a Tim, o carpinteiro, pequeno, mas bem-constituído, chefe de uma equipe altamente qualificada, assentou um piso de carvalho maciço nos 300 metros quadrados do restaurante, construiu uma bancada curvilínea com base em um esboço estranho que desenhei em três minutos no verso de um envelope e revestiu o bar asqueroso com os pedaços remanescentes do carvalho, incluído no orçamento, e tudo em cerca de seis semanas.

Ao longo desse tempo, os materiais chegavam, eletricistas circulavam com novos spots de luz para serem embutidos, placas de reboco recobriam gradualmente o teto de gesso, aquele crime decorativo contra a humanidade. Havia pisos sendo lixados e pintados, revestimentos sendo aplicados, todas as atividades que eu conhecia e havia presenciado muitas vezes, indicadores seguros de progresso em andamento. Sempre que passava pelo restaurante, sentia-me bem, e era atraído para discussões com especialistas conscienciosos em áreas a respeito das quais eu, na realidade, também sabia alguma coisa. Droga!, eu era especialista em bricolagem, oficialmente publicado. Era capaz de tomar decisões inteligentes em um campo com o qual estava familiarizado, em vez de ter de aprender tudo do começo como um observador externo. Sempre que tinha uma chance, envolvia-me um pouco, em geral na hora do almoço (até mesmo bons construtores têm hora de almoço, mas eu parecia não conseguir justificar esse tempo). Recordo uma tarde divertida, que passei arrancando os abomináveis ladrilhos da parede atrás do balcão com uma marreta e uma talhadeira, e outra que passei usando uma lixadeira para arrebitar uma quina do novo e lindo bar revestido de carvalho. Inevitavelmente, essas eram visitas transitórias a uma vida mais simples e, antes do que gostaria, sempre precisava voltar à lida generalizada lá fora. Como todas as intervenções legítimas e justificadas, aquela fazia bem à alma.

Peter Wearden fez várias visitas ao parque nessa primeira etapa para ver como as coisas estavam caminhando, para dar conselhos e entregar pilhas intermináveis de papelada — quer dizer, leitura essencial —, tais como grossos fichários intitulados "Manual de Práticas Zoológicas Modernas da Secretaria de Estado" e "Guia do Fórum Zoológico". Estes, bem como a literatura sobre saúde e segurança, alimentação, bebidas e formulários de licenciamento no setor de entretenimento, são leituras realmente essenciais, mas nem um pouco atraentes. Perfeitas para um exame seletivo de parágrafos relevantes em apoio a alguma petição, emboram induza o leitor rapidamente ao sono ao final de um dia atarefado. Certo dia, porém, Wearden me passou um material que me levou quase às lágrimas: um artigo da revista *Biologist* a respeito de por que necessitamos de zoológicos. Realmente, quase chorei. As grandes pastas de disparates somavam-se à já imensa e inusitada carga de trabalho, que se juntava a material urgente de bancos, advogados e credores, sobrecarregando meu dia. De repente, lá estava um artigo científico que eu precisava ler e digerir para me dar suporte em futuras entrevistas na mídia, press releases ou debates públicos.

Quinze anos antes, eu concluíra um curso de mestrado em jornalismo científico no Imperial College London, e desde então ganhava a vida, em maior ou menor grau, traduzindo para o inglês artigos científicos iguais àquele, e outros muito mais impenetráveis, para publicação em revistas de qualidade, jornais e ocasionais programas de rádio e televisão. Ver o artigo foi como voltar para casa, muito mais do que a casa que agora ocupávamos. Apresentava-se até mesmo em fotocópia A4 preta e branca grampeada, um formato bastante familiar e conveniente para minhas anotações a lápis na margem. Nos dez meses anteriores, não creio que tenha olhado ou sequer pensado a respeito de artigos científicos em meio às premências da aquisição do zoológico. Embora àquela altura eu já estivesse mental, física e emocionalmente bastante esgotado, por fim estava sendo convidado a regressar (ao menos um pouquinho) a território familiar, e esse extraordinário raio de positividade era não apenas um lembrete de como a vida costumava ser, mas uma indicação de como poderia vir a tornar-se novamente.

Um dos principais atrativos para mim na compra do zoológico fora a perspectiva de realizar pesquisa científica e escrever a respeito em jornais, livros e revistas. E aquele pequeno fragmento de ciência, cuidadosamente dobrado e guardado em meu bolso, ao lado do lápis que logo o estaria recheando de anotações, fazia-me recordar que o sonho seguia sendo possível — assim que houvéssemos resolvido a questão irritante de conseguir um empréstimo de 500 mil libras, de gastá-las da maneira correta para obter a licença para funcionar como zoológico, de fazer com que a licença fosse concedida a tempo e então ter visitantes suficientes para que o zoológico propiciasse o pagamento dos juros do empréstimo. Moleza. Depois, eu poderia pensar em projetos de pesquisa.

Outro material científico muito bem-vindo, que cruzou meu caminho poucas semanas mais tarde, foi o manual de criação da espécie *Prionailurus viverrinus*, ou gato-pescador, da Associação Regional de Zoológicos Australianos. Em um gesto que exprimia imensa confiança, sujeito à obtenção de nossa licença, outro zoológico, o Port Lympne, oferecera-nos um par reprodutor desses felinos de médio porte incrivelmente agressivos. Podendo atingir 85 centímetros de altura na posição ereta e pesar mais de 15 quilos, são mais altos que um fila, mais pesados que um Staffordshire *bull terrier* e muito mais perigosos que ambos. Classificado como animal "perigoso", em sua Ásia nativa sabia-se que "repeliam matilhas de cães, roubavam bebês e matavam até mesmo leopardos". E, segundo a União Internacional para a Conservação da Natureza, a espécie está "Quase ameaçada". Embora a apenas uma categoria da classificação "Segura" ou "Pouco preocupante", tal posição também se apresenta a uma categoria de distância de "Vulnerável", o que a colocaria na Lista Vermelha de animais ameaçados de extinção. Sem medidas de preservação ativas e sustentáveis, os animais muito raramente retrocedem na lista, de modo a verem-se livres de ameaça. O que tende a ocorrer é escalarem a lista rumo à categoria "Em perigo", daí a "Criticamente ameaçados", subindo inexoravelmente em direção a "Extintos". Indo, indo, até se extinguirem.

Mas há esperança. As medidas de prevenção funcionam: em 2006, o número de espécies que passaram para uma categoria mais crítica na lista subiu para 172, mas, em compensação, 139 tiveram seu status melhorado. E há outra categoria vital para os zoológicos: Extintos na Natureza. Há animais que voltaram dessa categoria, de irrevogavelmente extintos, e desceram na lista, voltando a ser introduzidos na natureza e entrando na categoria "Menos Preocupantes". Essa situação não é habitual, mas é crescente, e, graças a pioneiros como Gerald Durrell, a comunidade zoológica é agora cada vez mais focada em programas de reprodução em cativeiro. Essas iniciativas nem sempre levam à reintrodução na natureza; geralmente, os animais são extintos porque já não há gêneros adequados de sua espécie na natureza o suficiente para sustentá-los. Mas a criação em cativeiro informa sobre medidas de preservação nos hábitats naturais remanescentes, também cada vez mais adotadas por zoológicos, por revelar requisitos específicos que os animais necessitam para se reproduzir. Saber exatamente quais condições devem ser oferecidas, em vez de elementos que se pode acreditar serem necessários, pode fazer toda a diferença entre "Criticamente ameaçados" e "Extintos".

Os gatos-pescadores são bastante difíceis, pois são muito agressivos. O macho por vezes mata a fêmea, o que não é uma boa maneira de perpetuar a espécie. Não se sabe o que os leva a isso, embora as brigas de namorados sejam extremamente disfuncionais. Mas os gatos-pescadores reproduziram-se com sucesso em Port Lympne e na Austrália (daí o guia de criação australiano — o Programa Europeu para Espécies Ameaçadas de

Extinção ainda está redigindo o seu), em vários outros locais por todo o mundo e, com sorte, em breve no Dartmoor Zoological Park. À medida que seu hábitat se restringe devido ao avanço da agricultura no norte da Índia, Birmânia, Tailândia e Sumatra, se eles avançarem na Lista Vermelha, haverá no mínimo várias populações geradas em cativeiro caso seu tempo retorne. Ao menos, ainda haverá gatos-pescadores.

Aquele era um trabalho científico diretamente aplicável ao que estávamos tentando alcançar na prática — era inclusive uma exigência do licenciamento que lançássemos tais projetos —, e li avidamente o documento inteiro. O tamanho mínimo recomendado para o cercado, por exemplo, é de 40 metros quadrados. Os australianos haviam providenciado 85. Nós poderíamos lhes fornecer 160. Por que não? Tínhamos espaço. Era melhor cuidar bem de um número reduzido de espécies do que atulhar o parque de animais discrepantes e infelizes, para lidar com a diminuição da atenção pública. Além disso, os gatos-pescadores são deslumbrantes, criaturas chamativas que justificam um santuário por direito próprio. Suas marcas assemelham-se às de um grande gato malhado cruzado com um leopardo, sobre um fundo de pele dourado-esverdeada, e eles costumam sentar-se ao lado de córregos com olhar atento, até que passe algum peixe azarado, o que os faz mergulhar de cabeça e agarrá-lo com as mandíbulas. Outros felinos, como os tigres e jaguares, entram na água, mas essa é a especialidade dos gatos-pescadores, que perambulam como tontos mesmo quando não estão caçando, aparentemente indiferentes ao fato de não ser este o setor dos felinos. Eu estava contente por estarmos conseguindo um ser tão exótico e vantajoso, e ainda que esse fosse um projeto para o futuro (não muito distante), eu conservava o manual de criação como incentivo moral sobre minha escrivaninha, onde podia enxergá-lo.

Outra feliz consequência de ter recebido esse material foi ele ter me levado a descobrir, em primeira mão, o que ocorre Quando os Porcos-espinhos Vão Mal. Sempre gostei de receber lições de humildade dos animais e, felizmente, essa atividade proporciona amplas oportunidades. Certa noite, eu não conseguia dormir por ter tido uma ideia brilhante a respeito dos gatos-pescadores. Dentre os requisitos para a criação, esses animais raros gostam de viver junto à água corrente. Seu hábitat em áreas alagadas, reduzido por toda a Ásia, é muitas vezes convertido em arrozais: assentados em água, mas não água corrente. Nosso parque é inundado de água corrente proveniente de Dartmoor, e há vários locais onde brotam rios naturais, que por vezes correm em direção a um dos dois lagos ou aos dois cercados protegidos por água, mas não raro apenas dão origem a terreno pantanoso em áreas subutilizadas. Esses rios, transformados em canais propriamente ditos, poderiam tornar-se atrações, e até mesmo fonte de energia hidrelétrica (em pequena escala, para iluminação talvez). Também beneficiariam os gatos-pescadores, cujo cercado seria construído de modo a acompanhar os contornos de um riacho vivo.

Eu tinha um palpite de onde seria o melhor local para isso no que ainda gostava de chamar de "campo da girafa", atualmente "campo dos pequenos felinos", que faz fronteira com o cercado acessível que encerra o lago dos flamingos. Era onde Owen desejava o mangue para as aves, e o guia de criação informava que os gatos-pescadores também adoravam mangues. Estes, como vim a descobrir, também estão "Ameaçados" segundo a União Internacional para a Conservação da Natureza. Nesse ponto crucial entre os cercados, uma fonte natural brota do terreno pantanoso para borbulhar dentro do lago em meio a um bosque cerrado de arbustos espinhosos e plantas exóticas imensas. Foi para esse bosque cerrado que parti às três da manhã, usando uma lâmpada frontal e carregando um notebook, a fim de fazer um estudo de viabilidade para um cercado serpenteado para o gato-pescador, que finalizasse em uma continuação dos mangues de Owen para as aves no lago dos flamingos. (Era evidente que o mangue das aves e o dos felinos precisavam ser separados, ou o terreno das aves e, aliás, as próprias aves teriam vida curta.)

Depois de cerca de uma hora, na qual tive os pés molhados e os braços arranhados, afastei-me, convencido de que aquele era o local ideal a partir do qual trabalhar a fim de estimular um riacho que, por sua vez, passaria pelo cercado futurístico do gato-pescador, bem ao estilo século XXI. Permaneci em campo e esbocei algumas ideias à luz da lâmpada frontal, então me espreguicei e bocejei, sabendo que agora conseguiria dormir. Mas achei que poderia fazer um desvio sedentário até a extremidade mais alta do acesso, onde vivem os porcos-espinhos (outro cercado que necessitava de reforma, mas continuava dando conta e estava mais abaixo na lista). Eu tinha entrado lá com os porcos-espinhos algumas vezes, acompanhado por vários tratadores diferentes, mais recentemente com Steve, o curador, para ajudar a carregar imensos pedaços de madeira fresca, que esses esplêndidos roedores gostam de morder para manter sob controle seus incisivos que não param de crescer, como os dos castores. Sempre à luz do dia, o sr. e a sra. Porco-espinho, como são conhecidos, mostraram-se reservados e permaneceram em sua jaula enquanto o cercado era limpo e arrumado, a desconfiança natural e seus hábitos de vida noturnos mantendo-os em casa, de forma que a porta nunca precisava ser fechada durante nossas incursões ao seu quintal.

Saltei despreocupado por sobre a cerca para recolher alguns dos muitos espinhos que eles soltavam e estavam espalhados pelo terreno e que muitas vezes se decompunham na terra antes de serem recuperados. Os espinhos do porco-espinho são objetos muito atraentes, quase como um marfim politicamente aceitável, colecionável. Alguns possuem 30 centímetros de comprimento, são estreitos, com listras perfeitamente simétricas bege e marrons, outros são pequenos, com 7 centímetros, grossos como uma caneta no centro e quase monocromáticos. Não há dois deles iguais, a não ser pelo fato de todos terminarem em uma ponta excepcionalmente afiada, com uma pequena farpa que o mantém enterrado em nossa pele, como descobri ao limpá-los sem muito cuidado sob a torneira. Por vezes são usados no topo das iscas de pesca, por calígrafos para preparar pontas de caneta, ou simplesmente aos punhados em vasos como decoração. Antes eram vendidos na loja do parque, até que temores relativos à saúde e à segurança puseram fim a esse comércio, mas eu os estava colecionando, pois, quando se consegue um do tamanho certo, a extremidade que não perfura, que fica presa à pele do porco-espinho, resulta em uma caneta bastante boa para os modernos telefones celulares. Perdi minha caneta original, e o último espinho que recolhi no cercado, limpei e reduzi ao tamanho que eu precisava para usar nessa função se quebrou.

Agora era minha vez de ser reduzido ao tamanho desejado. Enquanto eu revolvia a terra despreocupado, o sr. Porco-espinho saiu alvoroçado de sua jaula, os espinhos eriçados cintilando à luz da lâmpada. Fiquei surpreso com sua agilidade, mas não me preocupei, pois já havia estado várias vezes no cercado sem incidentes. Isso ocorrera à luz do dia, porém, em horas que o sr. Porco-espinho tinha coisas melhores a fazer, como dormir aconchegado à sra. Porco-espinho (com cuidado, desconfio). Agora eu estava em seu pedaço, em seu jardim, na sua hora, e ele não gostou. Enquanto ele marchava para cima e para baixo, dei-lhe mais espaço, e o resultado foi que logo me vi encurralado a um canto. A essa altura ele me deu as costas, a uma distância de cerca de 3 metros, então recuou em alta velocidade, brandindo seu conjunto móvel de espinhos graciosos como o cocar letal de um índio pele--vermelha. Tive tempo apenas de registrar a extensão de seu desagrado e as consequências intoleráveis de permanecer onde estava antes que fosse hora de agir, e vi-me recuar aos trancos no escuro, saltar por sobre a cerca e cair pesadamente sobre o traseiro em um canteiro de urtigas no outro lado. As urtigas penetraram em meu suéter e me queimaram extensamente antes que eu conseguisse me arrastar para fora dali. Ai, ai. AI! Levantei-me e ri, com nova consideração por aquela pequena alfineteira animal. Fui completamente derrotado pelo que é, tecnicamente, um roedor elaborado. Sr. Porco--espinho, um; sr. Diretor do Zoológico, zero. Respeito.

## "Tony Tourette"

Fui apresentado a Tony talvez uma semana após a morte de Katherine, enquanto passeava pelo parque com as crianças. Foi antes do funeral, e todos me davam bastante espaço, mas alguns integrantes da equipe de filmagem, que me acompanhavam desde antes da compra e estavam programados para ficar até depois do dia da inauguração (caso isso chegasse a ocorrer), aproximaram-se hesitantes e declararam que havia um pessoa que eu deveria conhecer se me sentisse disposto. Havíamos alugado uma escavadeira, uma imensa JCB, e o operador, Tony, que se achava no parque havia cerca de uma semana, causara boa impressão em todos. Os tratadores gostavam dele, os caras da manutenção gostavam dele, a turma da filmagem gostava dele e ele lidava com a escavadeira como se esta fosse uma extensão de si mesmo. Limpava trechos enormes de mato e entulho com eficiência e habilidade, em seguida penetrava em áreas aparentemente inacessíveis com a graça de uma bailarina e sem causar nenhum estrago, deslocava a imensa caçamba de meia tonelada no braço mecânico de dinossauro, realizando um procedimento tão delicado que faria o coração de um cirurgião descompassar. Portanto, ele sabia lidar com uma escavadeira. E também podia lidar com pessoas e, àquela altura, as questões pessoais estavam começando a vir à tona.

A nova equipe não estava se entendendo muito bem com a antiga, à qual olhava com desconfiança, como potencial colaboradora nas supostas transgressões do antigo regime, e a cujo respeito os boatos eram numerosos na classe zoológica. Nenhum dos novos funcionários havia trabalhado em um local como esse, com tanto de Oeste Selvagem, se comparado aos ambientes imaculados e organizados por cujas fileiras progrediram. Mas Tony, sim. Ao longo de seus 17 anos como condutor de escavadeira assalariado, ele trabalhara em lugares muito piores e não fazia segredo do fato de querer trabalhar conosco em tempo integral. E precisávamos de um chefe de manutenção. John era polivalente e capaz de fabricar ou consertar muito bem qualquer coisa com poucos recursos, mas, como ele próprio admitira, trabalho de escritório não era o seu forte. Precisávamos de alguém no comando que lidasse com os formulários de pedidos, arquivasse recibos e cuidasse do orçamento, tarefas que acompanham o funcionamento de um departamento de manutenção atarefado em um zoológico moderno. Conversei com John, que declarou:

— Se esse cara está querendo um emprego, eu o garanto, e fico mais do que feliz de trabalhar sob as ordens dele. — O que me pareceu bastante positivo.

Tony era também mecânico capacitado, soldador, atirador e instrutor assistente de tiro olímpico com arco, e estava ansioso para dar aulas no parque se houvesse demanda. Estando um tanto afastado, perguntei a várias pessoas o que achavam, e as respostas foram unânimes. Todos queriam Tony, e eu também. A equipe de filmagem perguntou se poderia me filmar a distância enquanto eu conversava com ele e o contratava, então conduzi uma entrevista informal perto da escavadeira para sondá-lo e me certificar de que sua abordagem no trato com pessoas encaixava-se às nossas necessidades, em seguida o contratei com um aperto de mão. Tony imediatamente se tornou um elemento inestimável da equipe, alegrando e cutucando as pessoas, e utilizando seus conhecimentos técnicos com grande eficiência.

E, depois que começou, verificamos que Tony possuía outra habilidade especial: praguejar. Quando trabalhei em canteiros de obras, muitos anos atrás, percebi que os xingamentos frequentes eram basicamente o dialeto no qual opera o setor da construção civil. Palavrões são empregados até mesmo para preencher uma conversa quando as pessoas não sabem mais o que dizer, como no exemplo do qual me recordo, no primeiro dia de um curso de treinamento em alvenaria. O sujeito que estava trabalhando ao meu lado perguntou:

— Você pode me passar a porra do... hã, a porra do... hã, a porra do... martelo? — Aquilo parecia próprio do curso: cerca de uma em cada três ou quatro palavras era algum tipo de palavrão. Tony, como veterano do jogo e ex-soldado, elevava ocasionalmente seu percentual de xingamentos para uma em cada duas palavras, embora por vezes decaísse para a taxa de uma para três.

A linguagem de Tony não é apenas cheia, mas positivamente lotada de expletivos, mas quando aceitamos o fato e ouvimos com atenção, algumas de suas declarações são de natureza quase poética. Certa vez ele me cercou para compartilhar suas preocupações a respeito de nossa estratégia de propaganda que, segundo ele, precisava abranger mais do que a mídia impressa. O que de fato disse foi:

— Nem todo filho da puta lê a porra do jornal. Eu estava na porra do jornal no outro dia e pensei, caralho, tudo quanto é filho da puta vai zoar. Eu vou botar para foder se algum filho da puta fizer isso. Pensei, que merda! — Talvez não seja exatamente a linguagem da Associação dos Poetas, mas ainda assim era eficaz. Ele foi batizado como “Tony Tourette” (ou, por vezes, simplesmente “Tony Maldito”, para distingui-lo do “Tony do Quiosque”, que veio mais tarde), e se autodesignava “Presidente do Clube de Tourette do DZP”.

Antes de Katherine morrer, eu saía de casa e ouvia a todos, tentando forjar pontes, tentando me certificar de que as pessoas voltassem a se falar. Depois da morte dela, eu estava lá novamente, de forma eventual, observando de perto, mas do que parecia ser uma imensa distância, nem mesmo capaz de reunir energia para sentir desprezo pelas disputas patéticas, o que demonstrava dia a dia que mesmo Milo e Ella manifestavam mais consciência de si. Havia muito a ser feito e uma linha bastante clara e direta a seguir, e desperdiçar tanta energia em questões tão mesquinhas me parecia um crime. Todos com quem eu conversava que possuíam alguma experiência empresarial me garantiam que funcionários eram sempre uma grande dor de cabeça, mas, em meu estado de extrema distância, aquilo me parecia, em última análise, um crime contra os animais. Ainda assim, em qualquer tipo de crise, a mesquinhez era deixada de lado e todos cooperavam com profissionalismo firme e prático. Como no dia em que vieram buscar os dois jaguares e quase tudo deu errado.

Certo dia, bem no início, chegara a hora de remover as duas fêmeas de jaguar. Tratava-se de uma ocasião crítica para nós, pois eu concordara com a remoção, junto com Peter Wearden no conselho e Mike Thomas, e sabíamos que toda a comunidade zoológica estava de olho. Isso nunca teria ocorrido sob o antigo regime e, embora achássemos difícil de engolir, as duas belas jaguares estavam sendo transferidas para um parque deliberadamente construído para grandes felinos, onde viveriam em um cercado novo em folha, cujo proprietário e administrador era um sócio veterano da Associação Britânica e Irlandesa de Zoológicos e Aquários. Estávamos quitando nossas dívidas. Os animais estariam mais bem-alojados, e nós, em melhor situação, sem o risco constante de que fugissem. E, segundo o que era dito, talvez no futuro conseguíssemos em troca até mesmo algumas zebras. E, quando tudo houvesse terminado, os tratadores começariam a demolir a abominável jaula de madeira dilapidada dos jaguares, o que desejavam fazia tempo.

Uma ou duas pessoas sugeriram que vendêssemos as jaguares, que valiam milhares de libras, a algum colecionador particular com as instalações corretas que as adquirisse de forma perfeitamente legal, sujeito à Lei de Animais Silvestres Perigosos. Por mais que necessitássemos do dinheiro, também queríamos fazer a coisa certa. Estando sob tamanho escrutínio, agora não era hora de sair do script. Eu também estava ansioso para ver como a equipe de um zoológico consagrado e tradicional, o Thrigby Hall, em Norwich, trabalharia — e a princípio, não me decepcionei.

Uma van branca imaculada e anônima chegou, igualzinha à de um encanador (embora os caras tenham chegado na hora marcada), e dois guardas-florestais incrivelmente grisalhos saltaram, vestidos de verde da cabeça aos pés, à exceção das botas marrons, dos chapéus de Indiana Jones dobrados e das algibeiras de couro no cinto. Seus rostos castigados pelo tempo e suas vestimentas os faziam parecer parte do matagal que circundava a jaula dos jaguares, quase como se estivessem cobertos de musgo ou uma cambaxirra fosse sair voando de suas barbas. Como Bob Lawrence, que saíra das Midlands para alvejar Soberano, aqueles dois pareciam já haver visto de tudo e ser capazes de lidar com qualquer coisa.

Por isso ficamos surpresos quando retiraram, da parte de trás da van, caixas de madeira que não pareciam atender às especificações para a contenção de jaguares. Rob, como tratador-chefe, levantou a questão.

— Não se preocupe, já perdemos a conta de quantos jaguares transportamos nessas caixas — garantiram-nos.

Uma das caixas era mais nova que a outra, feita de compensado pesado utilizado em embarcações, e foi a primeira a ser utilizada. Posicionada no interior da jaula contra o sólido portão de aço do cercado, foi fixada no lugar com grandes ripas para evitar que se movesse caso a primeira fêmea não entrasse devidamente, ou começasse a lutar. Kelly chamou-a com a costumeira promessa de comida na jaula, o portão foi erguido, o felino saltou para dentro e a porta da caixa se fechou a suas costas. Simples assim. Não havia aberturas nessa caixa, mas uma grossa porta de arame para fornecer luz. Carregamos a caixa até a van e a ajeitamos em seu interior, como transportadores que carregassem um baú contendo louça de porcelana — com calma, mas sem problemas. A única diferença foi que tivemos de nos concentrar para manter os dedos longe do arame na porta, ou seriam arrancados e devorados em um instante.

A facilidade dessa remoção encheu-nos de confiança, embora a segunda caixa parecesse menos apropriada que a primeira. Possuía uma abertura com cerca de $0{,}10m^2$ no teto, protegida por duas camadas de tela metálica: uma externa, outra interna. Mais uma vez a estrutura consistia em madeira usada em embarcações, ainda que muito mais velha e desgastada. Rob tornou a apresentar suas dúvidas, sobretudo a respeito da resistência da tela metálica na abertura, que parecia arqueada e de bitola menor que a da porta.

— Vocês têm certeza de que essas caixas não são para pumas? — perguntou, mas foi novamente tranquilizado, dessa vez com certo mau humor, e garantiram-lhe que estava tudo sob controle. Conversamos e decidimos conceder aos guardas o benefício da dúvida, embora o jaguar fosse muito mais forte que um puma, mais forte que um leopardo, e possuísse o mais alto coeficiente de peso/força da mandíbula dentre todos os grandes felinos. Isso o capacita a perfurar cascos de tartaruga e caçar presas maiores, como cervos (e uma pessoa sem sorte), perfurando diretamente o crânio com seus caninos. Realmente não desejávamos que o animal saísse da caixa.

O mesmo procedimento de alinhar e fixar a caixa no chão foi seguido. Kelly chamou o felino, que, ávido por comida, saltou prontamente para dentro da caixa, cuja porta foi fechada. E então as coisas começaram a dar errado. Essa era a mais irritada das duas irmãs e ela não ficou nem um pouco satisfeita com o confinamento, com o fato de ter sido enganada nem conosco a espreitá-la pela abertura no teto. Começou instantaneamente a se debater, com aquela força quase sobrenatural de animal selvagem, e pôs-se a usar sua arma primordial, suas assombrosas mandíbulas, na tela metálica que nos separava. A primeira camada começou a ceder de imediato e de forma preocupante.

Os dentes, os olhos faiscantes, os sons guturais primitivos que emergiam da caixa que balançava — mas não cedia, fiquei feliz ao constatar — de repente pareciam evocar a cena no início de *Jurassic Park*, na qual um imenso animal emprega força muito superior à prevista em seu compartimento de contenção. Alguém morre na cena, e embora estivéssemos muito longe dessa possibilidade no momento, ela certamente surgiria se não fizéssemos tudo certo na próxima parte. Na realidade, nosso pior cenário era simplesmente abrir a porta da caixa e deixar o jaguar voltar ao cercado, o que obrigaria os guardas-florestais a regressarem outro dia. Mas, se esperássemos demais, tudo indicava que o jaguar conseguiria romper a abertura e colocar-se entre nós, e talvez não se sentisse tentado pela perspectiva de retornar ao cercado. Antes que isso ocorresse, as quatro ou cinco pessoas que estavam na jaula do jaguar poderiam, obviamente, sair a tempo, de forma que a jaula fosse trancada — senão, o temível John, que portava uma arma de fogo, teria de atirar no animal, o que não seria um bom desfecho. Mas esse era um plano passível de dar errado em algum momento — novamente esse desconhecido *desconhecido* —, e precisávamos agir com determinação para minimizar os riscos para as pessoas e para o animal, que facilmente se machucaria caso continuasse a mascar a tela de arame.

O tempo se reduzia de modo que cada segundo se tornava precioso e era preenchido por uma séria análise grupal da situação. Se a primeira tela de arame cedesse, abriríamos o portão que dava para o interior do cercado e sairíamos da jaula, fechando o portão às nossas costas. Antes que isso ocorresse, porém, calculávamos que teríamos tempo para reforçar a abertura, de maneira que a remoção prosseguisse como planejado. Ainda não era um Código Vermelho total, mas possuía todos os ingredientes para transformar-se em um.

Alguém sugeriu que fizéssemos deslizar sobre a tela superior algumas ripas de metal, que ficariam presas nas cavilhas que seguravam a tela, e corri para a oficina, que felizmente ficava a poucos metros de distância, com Paul e Andy Goatman, o jovem comerciante de carcaças, que viera fazer uma entrega e é sempre bom em situações de crise. Foi ótimo que a oficina já estivesse funcionando ao menos até certo ponto. Paul rapidamente encontrou placas de metal adequadas e começou a cortá-las no tamanho certo com o esmeril recém-reinstalado na bancada, basicamente nossa única ferramenta. Andy e eu inspecionamos a velha miscelânea agrícola no sótão, que estava quase todo limpo, à procura de um gancho, ou de alguma coisa que pudesse ser transformada em gancho, para que afastássemos a tela metálica superior do teto de madeira compensada e inseríssemos as vergas de metal por baixo sem perder um dedo. Acho que acabamos usando uma das vergas com a extremidade arqueada, e esta foi posicionada com êxito. Alguém forte enganchou-a no aramado para erguê-lo os milímetros necessários, e as vergas foram inseridas uma a uma. Enquanto as posicionávamos, o cenário tipo *Jurassic Park* ainda corria solto, mas a jaguar foi se acalmando aos poucos, assim como nós. Quando a luz se apagou acima dela, ela parou completamente de se debater, embora o rosnado baixo e perturbador prosseguisse. Os guardas disseram que estavam satisfeitos, e a colocamos dentro da van sem novos incidentes.

À medida que eles se afastavam, fiquei atônito ao pensar que uma batida na traseira daquela van branca em particular poderia ter consequências terríveis e inesperadas para um motorista comum desavisado, ao libertar dois predadores de peso médio extremamente excitados sobre o capô do carro. A polícia armada ao longo da estrada fora alertada, mas seu tempo de reação, medido em minutos, não contribuiria muito para tranquilizar as pessoas possivelmente já feridas no local.

Mas o problema não era mais nosso. Na verdade, a viagem de nove horas transcorreria sem qualquer obstáculo, os dois jaguares seriam transferidos com êxito para um ambiente muito mais adequado e nós ficaríamos com um cercado vazio e tranquilo, que antes era fonte de muita preocupação. Durante a confusão, com a caixa que continha o felino saltando ao fundo, brinquei com Andy dizendo-lhe que, se tivesse alguma arma extra, aquela talvez fosse uma boa hora para pegá-la. Mais tarde, quando todos se preparavam para partir, Andy mostrou-me que, em meio à situação, fizera seu revólver Magnum .357 deslizar para o bolso da calça. Providenciado para matar animais de fazenda que ultrapassavam certo porte, quatro das seis câmaras estavam bloqueadas por lei, pois, se uma pessoa não consegue matar um boi com dois tiros dessa arma, está na profissão errada. Em retrospecto, aqueles dois enormes projéteis, nas mãos de alguém capaz de manter a calma, foram intensamente reconfortantes. Agradava-me o fato de que, caso as coisas dessem errado, houvesse gente equipada e preparada para intervir. Se, de alguma forma, a operação houvesse fracassado, e se John houvesse escorregado nas folhas molhadas em um momento crítico, era bom saber que alguém como Andy estava presente.

Ele não era um oficial autorizado a portar armas de fogo designado para o parque, e o procedimento correto, caso o felino houvesse passado por nós, seria notificar a polícia, cuja unidade armada mais próxima estava a cerca de 8 quilômetros. Eu preferia saber que tínhamos reforços no local, mas esse ainda era um mundo diferente e completamente novo para mim: armas de verdade, das grandes, de prontidão nas operações rotineiras do trabalho diário. Com as armas vem o perigo, tanto no que diz respeito a seu manuseio quanto à natureza dos motivos para sua utilização; quando as armas de fogo são necessárias, alguma coisa muito pesada deve estar indo a pique.

Eu cerquei Andy e lhe pedi que me mostrasse a arma. Ele sacou-a do bolso, conferiu a trava de segurança e depositou-a em minha mão. Era uma Magnum .357 de aço maciço, com cano de 7,6cm, ícone dos inúmeros filmes policiais, ali surrada e gasta, empregada como ferramenta agrícola. E parecia uma ferramenta, pesada, com engenharia de precisão, munida de um propósito incessante. Por mais que aquilo me assustasse, percebia que, para desempenhar minhas funções corretamente, teria de obter meu porte de armas. Confiava em mim para disparar em um tigre à solta sem entrar em pânico (até depois de fazê-lo), e precisávamos de toda a proteção que pudéssemos obter. Além disso, tomei nota mentalmente para nunca me envolver em uma discussão com Andy Goatman.

## Autorizado a Abater

Em outubro, os macacos-vervet estavam brigando — mantidos em uma jaula minúscula com chão de concreto e alguns pedaços de corda velha recobertos por anos de imundície. Dois machos adolescentes bastante truculentos estavam sendo discriminados pelo macho alfa por não mostrarem o devido respeito, e pela índole um tanto vingativa e excludente deste. Os dois corriam o risco de sofrer ferimentos sérios se permanecessem em um cercado tão pequeno com ele. Tentamos encontrar um lar para eles, mas ninguém os queria. Os macacos-vervet são comuns — classificados como animais daninhos na África do Sul —, portanto, realocar dois machos jovens e impetuosos nos zoológicos ocidentais é muito difícil. O processo de avaliação ética — no qual o veterinário, o conselho, um funcionário graduado de outro zoológico e alguns de nossos próprios funcionários se reúnem para discutir o melhor curso de ação — concluiu que deveríamos recorrer à eutanásia. Basicamente levando-os a algum lugar e acertando-os com um tiro na cabeça.

— De jeito nenhum — eu disse, como o único profissional que não pertencia ao ramo zoológico, mas o que emitia o voto decisivo. *Ele vai aprender*, eu podia vê-los pensando, mas estava decidido a não permitir que os dois macacos morressem em prol da conveniência. Se necessário, construiríamos outro cercado, ideia que caiu sobre os demais como uma ducha fria, pois consumiria recursos de bichos mais exóticos que talvez conseguíssemos no futuro. Os dois macacos foram temporariamente transferidos para os grandes abrigos de concreto reservados à muda das aves, conhecidos como ala Conway, que faziam parte das exigências do licenciamento para abrigar aves de rapina em atividade, a fim de que estas perdessem as penas com conforto. Como não possuíamos nenhuma dessas aves — nossas águias, nossas corujas e Coco, a carcará, haviam todas se aposentado de suas funções públicas fazia tempo —, os imensos abrigos, quatro grandes câmaras com terraço, estavam livres. Um deles foi adaptado para os macacos, decorado com alguns galhos e um pouco de palha para enriquecimento e calor, e os dois machos adolescentes excluídos foram apanhados, conduzidos em caixas para transporte de gatos e apresentados a seu novo lar. Não era o ideal, e resistir à opinião ortodoxa me rendia uma nova frente de batalha — o que me parecia uma linha tênue a cruzar naquelas circunstâncias.

Mas os macacos ao menos não seriam mortos, e eu tinha certeza absoluta de minha posição. Isso me concedeu a confiança para perceber que, ainda que respeitada e impecavelmente bem-intencionada, a comunidade zoológica nem sempre estava necessariamente certa, e se eu me sentisse moralmente obrigado, podia e devia contestá-la. A última coisa que desejava era dar a impressão de ser um dissidente amador que não dava ouvidos aos profissionais experientes ao meu redor, mas tinha a sensação de que, em algumas coisas, precisava estabelecer um limite. "Esses macacos estão entre você e a sua licença", ouvi em numerosas ocasiões, por parte de todas as minhas fontes mais confiáveis. Mas eu contra-atacava com ideias de duas comunidades distintas de vervets, em áreas diferentes do parque, que depois poderiam ser estudadas, por exemplo, quanto a diferenças dialetais. Por acaso, um artigo sobre diferenças dialetais nos gritos dos macacos-vervet acabara de ser publicado e eu estava apto a argumentar que poderíamos manter um bando mais ou menos onde estava, e criar outro grupo, fora do alcance de escuta, exposto a estímulos diferentes, como a exibição da águia, que poderia sobrevoar o cercado deles. Isso ensinaria os dois adolescentes problemáticos e desobedientes a formar devidamente seu próprio bando e se tornar conscientes.

Isso pode parecer cruel, mas é normal que um macaco-vervet esteja exposto a predadores — a partir do chão, das árvores (na forma de cobras) e do ar várias vezes ao dia. É o ambiente característico da espécie. Por esse motivo eles desenvolveram guinchos claramente distintos para indicar predadores vindos do alto, o que faz com que o grupo procure abrigo; ou do chão, o que desencadeia um êxodo em massa rumo às árvores; ou uma cobra na árvore, o que comunica, a todos os interessados, que devem descer para o chão. Esses gritos — sua frequência, precisão e nuances dialetais

— estão sendo atualmente investigados, e ao administrar duas populações separadas de vervets, expostos a diferentes estímulos no mesmo parque, teríamos todas as probabilidades de contribuir com alguma coisa útil. Mais importante para mim, no entanto, era o fato de termos herdado esses macacos, e de maneira alguma iríamos simplesmente matá-los porque "especialistas" nos disseram que era "para o bem".

Tais argumentos caíram em ouvidos moucos, mas foram recebidos com obediência tácita. Na falta de capital para construir um segundo cercado para os macacos, os dois foram alimentados, banhados e abrigados na ala Conway durante o inverno e a primavera de 2007. Quando saí de casa para recomeçar a trabalhar no parque em abril, alimentar e cuidar desses macacos ainda fazia parte da rotina dos tratadores, embora o procedimento continuasse a ser totalmente condenado entre os mais graduados, ainda que os tratadores auxiliares continuassem a trabalhar de forma incansável para encontrar um novo lar para eles. Ao que tudo indicava, não havia jeito de conseguirmos a licença para funcionar como zoológico se o inspetor nacional descobrisse que estávamos mantendo indefinidamente esses animais longe de exposição e em um cercado que não fora construído para esse fim. Os abrigos da ala Conway são quase tão grandes quanto o cercado deixado para o restante do bando de macacos, com galhos para serem escalados no interior e uma janela com o comprimento da parede dianteira, que dá vista para montes e árvores. Mas eles não podiam ficar ali para sempre. Além disso, com a quantidade de trabalho que precisávamos realizar para deixar o zoológico pronto para a inspeção, seria impraticável construir um novo cercado, então a data para a eutanásia dos macacos foi marcada para a semana anterior à inspeção, e a questão supurava como ferida para os tratadores mais experientes, que achavam que animais em acomodações inadequadas não deveriam ser mantidos e eu estava apenas protelando o inevitável e prolongando seu sofrimento.

Algumas semanas mais tarde, porém, bem em cima do prazo final para a inspeção, um pequeno, mas bem-administrado, santuário de macacos comprometeu-se a adotá-los, e afinal os macacos viveram felizes para sempre. Senti-me justificado, e a confiança em minha abordagem geral — que era ouvir a opinião de todos os especialistas, em seguida tomar a decisão que requeria a menor intervenção possível no delicado ecossistema do parque, com todos os animais e funcionários que havíamos herdado — alcançou novo patamar.

No início, esse parecia ser um tema constante; eu tinha a impressão de estar sendo constantemente induzido por todos os grupos a escolher animais e funcionários. Vários de nossos conselheiros iniciais me recomendaram uma "limpeza", tanto da maioria dos animais (para redefinir a coleção do zero) quanto dos funcionários. O problema crônico dos lobos resultara em uma ordem do conselho para abater três deles a fim de reduzir a superlotação, à qual eu estava resistindo. E, além dos macacos, havia dois tigres na berlinda, um deles com uma doença renal crônica, o outro, apenas muito velho. O mesmo se passava com os funcionários da velha guarda, cuja maioria era constantemente apontada como candidata obrigatória à demissão por um ou outro grupo. Mas não era o que eu desejava fazer. Havia um princípio orientador em jogo. Não haveria morte de animais nem demissões se eu pudesse evitar, e tudo o que herdamos sofreria o mínimo possível de intervenção a fim de alcançarmos aquilo de que necessitávamos. Como em qualquer ecossistema, tudo era interdependente, e até que entendêssemos exatamente como todos os elementos se encaixavam, era imprudente presumir que podíamos fazer mudanças radicais sem consequências inesperadas.

Até mesmo a remoção de animais "inconvenientes" tinha de ser tratada com cuidado. Embora a maioria dos animais houvesse encontrado lares provisórios durante o demorado processo de venda — e esses eram os animais que sugeriram que reacomodássemos a fim criar uma nova identidade —, eu sentia que poderíamos facilmente ir longe demais, e que grande parte dos animais podia ser feliz onde estava. Além disso, havia favoritos locais; as pessoas muitas vezes telefonavam para perguntar se as lontras, as raposas, o lince ou os pumas ainda existiam, pois, quando inaugurássemos, voltariam para vê-los.

E em seguida houve a pressão para a mudança da equipe. Devido à tremenda devoção aos tigres e às ocasionais incursões pelo sentimentalismo, Kelly e Hannah, que permaneceram com os animais durante períodos extremamente difíceis, eram apontadas por veteranos da comunidade zoológica com quem eu mantinha contato como "extremistas sentimentaloides". Essa expressão desdenhosa é aplicada a imitações baratas de tratadores que não entendem algumas das duras realidades que o emprego acarreta na prática. Mas, ei, eu tampouco entendia, e já provara estar certo quanto aos macacos (e mais tarde viria a ser legitimado com relação aos lobos e aos tigres — e à maioria dos funcionários que defendi). Quando olhava para Kelly e Hannah, via tratadoras dedicadas, talvez não qualificadas, mas sem dúvida detentoras de inestimáveis conhecimentos sobre os animais específicos que possuíamos e dos quais haviam cuidado por vários anos, muitas vezes em circunstâncias intoleráveis. Eram leais (aos animais, e não a nós) e extremamente trabalhadoras; eu iria mantê-las e treiná-las.

Outro membro da equipe que ficou sob a mira algumas vezes foi Robin. O simpático Robin, que conheci quando desafiou a mim e a Nick Lindsay naquele primeiro passeio formativo, era difícil de classificar. Tendo trabalhado no parque como tratador de pássaros e répteis, assim como designer gráfico, nos últimos tempos fora aproveitado como assistente pessoal de Ellis Daw, redigindo-lhe as memórias. Nos dois últimos anos, isso significara, em grande medida, examinar o equivalente a quatro décadas de jornais e revistas locais empoeirados em busca de recortes que mencionassem o parque. Robin dedicara-se a isso com a devida diligência, mas acho que é justo dizer que a tarefa o esgotara. Quando Duncan conheceu Robin, veio conversar comigo depois e disse:

— Acho que Robin está com depressão clínica.

Em nosso primeiro ou segundo dia, Duncan aproximou-se de Robin, que continuava a classificar jornais antigos, e perguntou-lhe o que estava fazendo. Ao ouvir a explicação, colocou a mão no ombro de Robin e declarou:

— Pode parar agora. Você não precisa mais fazer isso.

Com uma página parcialmente virada na mão, Robin levou mais que um ou dois segundos para absorver a enormidade daquelas palavras, e levamos um pouco mais de tempo para descobrir onde ele poderia ser bem-aproveitado.

Descobrimos que Robin possuía muitas habilidades aplicáveis, que logo se revelaram, e uma das primeiras foi a gestão do processo de solicitação da licença. Nós lhe oferecemos um lugar no escritório para trabalhar, mas, em vez disso, preferiu passar seu tempo em uma mesa perto do restaurante. Embora a sala fosse terrível, era espaçosa, possuía uma vista agradável e luz natural, que faltava ao escritório. Ele seguiu a nova ocupação em seu próprio ritmo, que era eficiente, até mesmo frenético, parando para seu intervalo de meia hora de almoço todos os dias com a garrafa térmica e o rádio exatamente à uma da tarde.

Certo dia, bem no início, Katherine, acompanhada por minha mãe e Jen, esposa de Mike Thomas, decidiu, com aquele jeito das mulheres fortes, resolver por conta própria a questão do restaurante. Um enorme espaço aberto para trezentos comensais entupido por armários de fórmica antigos repletos de folhetos de propaganda, pelo restante desses folhetos espalhados, pilhas de jornais velhos, luminárias amareladas caídas, mesas empilhadas umas sobre as outras entre pilhas de cadeiras e um tigre empalhado, tudo recoberto por uma camada de gordura transportada pelo ar. Enquanto esses três redemoinhos femininos de atividade dedicavam-se a limpar e organizar, suando a camisa, a certeza intensificada a cada decisão radical que tomavam e a cada móvel pesado que erguiam, uma delas por fim afastou-se para perguntar a Robin, que olhava pela janela em seu intervalo de almoço, o que exatamente ele estava fazendo.

— Bem, eu só estou contando os pavões lá fora na entrada — respondeu ele, antes de acrescentar em tom prestativo: — São 12. Mas ontem eram 14. — Foi uma resposta completamente errada. Muitas vezes já irritei mulheres fortes, podem me processar, para saber que nunca se deve admitir nenhuma espécie de extravagância quando elas estão trabalhando e você está aparentemente descansando. O que ele deveria ter dito era: "Eu estava calculando quanto tempo nós temos para apresentar o pedido de licença para que o nosso plano comercial continue viável." Mas o estrago estava feito e Robin foi acrescentado sem cerimônia à lista de animais em extinção do local.

Mas àquela altura não importava. Eu estava acostumado com oposição. Era um estado natural. Como ficou constatado mais tarde, Robin possui, entre outras coisas, dom para o desenho, o que nos poupou até aqui milhares de libras, assim como um conhecimento insubstituível do parque e de certos animais. Ele hoje trabalha confortavelmente em um local de sua escolha, um sobrado adjacente à sala de manutenção, chamado "Ninho do Robin", onde fabrica pequenos objetos como placas e gaiolas para os animais menores, desenha as plantas de arquitetura dos novos cercados e soluciona todos os dias, pelo sistema bidirecional de rádio, várias questões que, do contrário, seriam insolúveis. Ele parece feliz. E estamos felizes com ele.

Esse tipo de apego ao passado enquanto validamos o futuro é o malabarismo que precisamos executar. Nosso pequeno ecossistema hoje faz parte de uma rede internacional de instalações e programas de preservação, e cabe a nós decidir, a longo prazo, em que medida desejamos participar. Começando praticamente do zero como fizemos, com um olhar entusiasta amador, estamos em boa posição para inovar. E, em termos práticos, partilhar esse ambiente com dezenas de milhares de pessoas ao ano é gratificante.

Muitos de meus amigos de Londres são cosmopolitas impenitentes e compram roupas de marca para vir nos visitar, tornando a vesti-las apenas para ir ao WOMAD* ou ao festival de Glastonbury. Mas todos se sentem enaltecidos com a visita, de uma forma que transcende o simples entusiasmo de ver um projeto tão grande avançar. São os animais e as árvores que alcançam uma parte dentro deles que não é estimulada no Soho.

Woody Allen disse: "A natureza e eu somos dois." Engraçado, mas falso. Um montante surpreendente desse diálogo cosmopolita arquetípico é gerado em caminhadas pelo Central Park, que foi, inconscientemente ou não, projetado para simular o ambiente evolucionário típico de nossa espécie. Eu sentia, e continuo a sentir, um fervor missionário acerca de expor a maior parcela possível da população a essa experiência.

* World of Music, Arts and Dance — festival que apresenta artistas de todas as partes do mundo. (N. da E.)

# 7

# Os animais estão dominando o zoológico

Quando um leão exasperado ruge para você a menos de 30 centímetros de distância, é impossível permanecer indiferente. Certo dia, tarde da noite, eu estava sentado fazendo anotações e desenhos para a nova jaula dos jaguares — que fica perto do cercado do leão — apoiado de forma descuidada em uma trave e trabalhando à luz da lanterna. Vinte minutos depois eu havia terminado, levantei-me e descobri os três leões — duas fêmeas e um macho com uma magnífica juba, chamado Salomão — contra a cerca, próximos ao local onde me sentara. O fato de animais tão grandes e perigosos poderem chegar tão perto sem que se perceba é impressionante, mas assustador. Observando seus focinhos decididos tão perto de meu rosto, percebi que Salomão estava prestes a rugir para mim, algo que eu havia testemunhado de longe, e cujo impacto vira em outras pessoas (em geral espasmo totalmente involuntário do corpo inteiro e fuga), mas nunca passara por aquilo diretamente. "Tudo bem", pensei, "sei que ele vai rugir, mas existe uma cerca à prova de leões entre mim e ele. Vou manter minha posição, ficar calmo e encará-lo à luz da lanterna". Meu plano deu certo pelos segundos seguintes, até que de repente ele rugiu e se arremessou contra a cerca e instantaneamente saltei quase 1 metro para trás, invadindo a escuridão e alguns arbustos invisíveis. É impossível permanecer indiferente à investida de um leão. Alguma coisa em nosso mesencéfalo primitivo diz que é errado estar tão próximo de uma criatura capaz de nos devorar, e a quantidade de adrenalina lançada no organismo nessas ocasiões é verdadeiramente ancestral.

Como um novo diretor de zoológico, tenho o privilégio de estar exposto a tais experiências com bastante regularidade. Isso também ajuda a explicar por que os zoológicos, com seus programas de reprodução em cativeiro, medidas de preservação obrigatórias e programas educacionais extensivos, possuem um papel tão vital a desempenhar no fomento à biodiversidade no século XXI. David Attenborough (que seu nome seja louvado) pode educar e promover em maior escala, mas nem mesmo ele pode reproduzir a experiência visceral direta da proximidade física dessas criaturas magníficas.

Não estou dizendo que Salomão vá rugir para todos os visitantes — embora possa rugir para alguns, caso esteja se exibindo (tropeçar na passagem em sua linha de visão por vezes desencadeia essa reação). Mas, tendo acompanhado várias pessoas pelo parque, de inspetores, advogados e banqueiros a amigos e vizinhos, a euforia gerada me convence de que a observação direta desses animais exóticos em risco de extinção é um dos maiores motivadores para envolvimento futuro em preservação.

Como venho descobrindo, existem muitos argumentos complicados a favor e contra zoológicos, desde os extremistas que acham que todos os animais em cativeiro deveriam ou ser soltos na natureza ou mortos, até os que não veem mal algum em qualquer espécie de contenção para fins de entretenimento. O argumento da preservação me parece inatacável, com uma longa história de espécies importantes sendo salvas da extinção por zoológicos ao longo dos anos (o rinoceronte branco da África do Sul, o falcão-das-maurícias, o mico-leão, o cervo do padre-davi, o condor; a lista é longa, embora mais curta do que deveria ser).

Mas os altos padrões nos zoológicos são necessários, que é onde os conservacionistas devem concentrar seus esforços, assegurando que cada animal seja mantido, por um bom motivo, o mais próximo possível das condições típicas da espécie, e que seu potencial educacional seja maximizado. Então, se tiver sorte, você talvez sinta esse momento de puro terror físico, que não pode ser sintetizado, em um ambiente seguro. Há instalações sanitárias disponíveis por perto caso sejam necessárias.

E tive um sonho. Dartmoor Zoological Park seria um sucesso colossal e florescente, com potencial para adquirir prestígio mundial e contribuir de forma pequena, mas tangível, para a tentativa de reverter, retardar ou ao menos mitigar de alguma forma o ataque inexorável e autodestrutivo da humanidade contra nosso planeta. Havia um gigantesco motivo para que nutríssemos esperança — para o parque ao menos. Tínhamos dinheiro no banco, um plano definido, e tudo o que se interpunha entre nós e esse sonho era muito trabalho árduo. O que é uma posição feliz. Lançar-se a um trabalho árduo, digno e proveitoso, no qual se acredita, tanto quanto seja possível enfrentar e ainda mais, é uma espécie de luxo que nem todos chegam a experimentar. Também é exaustivo.

Meus dias eram incrivelmente variados. Sempre os começava aprontando as crianças para a escola entre oito e nove da manhã, normalmente de pijama e roupão, tendo ao mesmo tempo uma rápida reunião na cozinha com Tony Tourette (invariavelmente em seu melhor comportamento diante das crianças), ou Steve, Adam, ou uma combinação deles, enquanto penteava cabelos (não os meus) e distribuía cereal e suco de laranja. Segue uma anotação daquela época:

> *Realocar espaço no escritório para Robin, Rob, Sarah e Steve. Limpar minha mesa e instalar computador. Falar com Katy, agente educacional trabalhando como tratadora até que as instalações cheguem para tranquilizar. Deixado na mão por faltoso, reorganizar rol de tarefas. Representante do Conselho chega para auditoria preliminar de saúde e segurança. Tirar as pessoas necessárias do trabalho para acompanhar e passar duas horas e meia [mais do que irritante e desmoralizante] andando pelo parque. Realizar três entrevistas, ambivalentes, recorrendo a pontos de vista de ativistas extremistas pelos direitos dos animais, em busca de "equilíbrio". Pesquisar e enviar por fax aos advogados o último documento relativo à criação da empresa. Conversar de novo com a British Telecom sobre atraso no fornecimento de novas linhas. Reenviar pedido para empresa de rádio sobre novas frequências. Buscar as crianças, fazer com que troquem de roupa, deixá-las com a vovó. Solucionar a discussão sobre as novas barreiras de isolamento para a anta. Ajudar a instalar traves da cerca. Ouvir as preocupações dos tratadores no fim do turno. Cortar lenha para a lareira. Fazer as tarefas escolares e os*

*deveres de casa. Comer. Atender telefonemas. Colocar as crianças na cama. Atender mais telefonemas. Dormir.*

Alguns dias eram mais estimulantes, outros menos. Mas era sempre bom receber o telefonema de um amigo da cidade quando eu acabara de fazer alguma coisa decididamente fora do comum. O telefonema de alguém de uma das revistas certa vez transcorreu assim:

— E aí, o que você tem feito?

— Bem, acabei de acertar o jaguar com um dardo e ele desmaiou numa boa; agora vou entrar no cercado para trazê-lo para fora numa maca.

Curta pausa.

— Então o seu dia está quase igual ao meu.

Sempre que possível, eu aproveitava a oportunidade para entrar nos cercados, a fim de verificar o outro lado da tela metálica e refletir a respeito do que poderia ser melhorado. Um dos primeiros cercados em que trabalhei naquela primavera foi o covil do leão. Minha missão: distribuir uma horrível coleção de cabeças decepadas, empoleirado na ponta de um galho a 4,5m do chão. As cabeças, provenientes de fazendeiros que abatem novilhos, são penduradas em árvores ou presas em galhos a intervalos regulares, para fornecer aos leões um quebra-cabeça a ser solucionado a fim de obter um regalo: crocantes por fora, elásticas por dentro. O cercado do leão é um local inquietante: um erro do tratador ou uma avaria na tranca pode libertar três felinos famintos esperando alimento e encontrando-nos como bônus vivo. E eu sabia que os leões não perderiam tempo. No Natal, confeccionamos uma zebra de cartolina em tamanho real, preenchemos o animal com pedaços de carne e o deixamos no cercado. Quatro segundos após os três serem soltos, uma das leoas atacou-a no dorso, puxando-a para o chão, enquanto a outra se aproximou pela dianteira. Criadas em cativeiro, mas com instintos em pleno funcionamento.

Enquanto Kelly e Hannah removiam os ossos antigos e os pedaços de pele que não haviam sido comidos da última refeição dos leões, olhei em torno tentando encontrar locais criativos que os desafiariam e lhes dariam alguma coisa em que pensar. As garotas, estando ocupadas — e sendo garotas —, não sentiam o mesmo entusiasmo que eu por subir em árvores, de modo que comecei a me exibir um pouco e a tentar erguer um pouco mais as cabeças do que elas normalmente dispunham de tempo para fazer. Trepei em uma árvore conveniente e debrucei-me ao longo de um galho, a cerca de 4,5m do chão. Aparentemente, uma das leoas capturara uma garça a essa mesma altura, então eu sabia que os animais conseguiam alcançar esse galho. Quando estava em boa posição, perto de uma forquilha resistente, chamei Kelly, que estendeu o corpo para o alto enquanto eu estendia o meu para baixo a fim de pegar minha primeira cabeça. Aquela era de fato minha primeiríssima cabeça. Kelly manuseava-as com ar indiferente, como se fossem os ossos do ofício, e eu sabia que não podia parecer melindroso, ou o fato nunca seria esquecido. Kelly segurou-a pelo pescoço, os olhos vidrados tendendo para o lado; e a língua, roxa e escorregadia, erguida. Eu mal conseguia alcançá-la, mas não quis agarrá-la pela língua para que não escorregasse (não por melindre, entendam), então pedi a Kelly que a passasse pela orelha. Mal consegui alcançar a orelha encharcada de sangue, como couro molhado, puxei a cabeça para o galho e prendi-a na curva da bifurcação. Saltando para o chão, posicionei várias cabeças mais, uma delas pendurada, o que acarretou em furar a orelha com uma faca para passar a corda, depois ajudei a recolher o restante das sobras de comida para levá-las em um carrinho de mão.

Observado por meus filhos de olhos arregalados, eu enfrentara o covil do leão e conseguira esconder meu medo. Mas a melhor parte foi a leoa ter levado três dias para conseguir carregar aquela cabeça para baixo. Durante esse tempo, não relaxou nem parou de pensar no assunto. Caminhava de um lado para o outro embaixo da árvore, subia um pouco, depois saltava para o chão e rondava o local, irritada, tentando solucionar o problema. Aquilo era um verdadeiro enriquecimento, que lhe fornecia o tipo de questão difícil que talvez tivesse de resolver na natureza — ao tropeçar com a caça de um leopardo guardada no alto de uma árvore, por exemplo. Sempre que eu ia até o cercado, lá estava ela, preocupada com aquilo. Como conseguiu carregar a cabeça para o chão afinal, não sei, mas aposto que aquela cabeça de novilho foi uma das melhores que já provou.

Apesar dessas fortes distrações, eu resvalava com frequência rumo a lembranças intensas de Katherine, muitas vezes provenientes das fontes mais triviais e improváveis. Durante uma reunião em casa, entrei no banheiro do andar de baixo e me dei conta de que aquela era a primeira vez que entrava naquele cômodo desde que escorava Katherine até lá, o chão instável e mal fixado como um risco extra para alguém que não conseguia manter o equilíbrio sem ajuda. Aquilo me atingiu como um trem, mas precisei sair e voltar direto à reunião, como se estivesse concentrado e com as coisas sob controle.

Outros estímulos rotineiros incluíam coisas como abrir um armário e encontrar uma caixa pela metade de seu chá de ervas preferido. As idas ao Tesco também eram repletas de perigos. Depois de passar pelas cadeiras de rodas, nas quais ela sentia tanto prazer em circular, havia corredor após corredor de recordações dos anos que passamos juntos, nos quais eu costumava sair à caça de agrados para ela enquanto fazia as compras. Chocolate Côte d'Or; trufas de chocolate; sushi; laranjas-baía; revistas como *Elle*, *Vogue*, *Red* ou *Eve*, para a qual ela começou a escrever; o corredor de maquiagem, que eu facilmente evitava agora, antes uma maneira infalível de conseguir pontos extras com o último creme antirrugas milagroso; Bombay mix, o famoso aperitivo indiano; castanhas-de-caju; chás de ervas — a lista era interminável. E não parava no supermercado. Estar em qualquer parte de Londres; táxis pretos; tênis All Star Converse; sapatos Jimmy Choo, sapatos e bolsas Prada, cobiçados e inviáveis; gente usando sandálias Birkenstock velhas; lojas de bijuteria, onde ela escolhia uma joia e a fazia parecer autêntica; o varejista Muji; as lojas John Lewis; os showrooms de cozinha e banheiro; showrooms de azulejo; lojas de tecido repletas de peças de seda furta-cor; armarinhos; Macs da Apple; esteiras de ioga; os romances de Ian McEwan; floristas; lojas de comida natural; passaportes; qualquer música triste; um bom design gráfico; papelarias; fornecedores de livros; falar francês; ver as crianças, nossa cama e a cadeira onde ela morreu.

Contra esse pano de fundo, muito pouca coisa no zoológico em si me recordava Katherine, pois ela quase nunca ia até lá. As novas placas de orientação a respeito dos animais, ainda que informativas e desenhadas com competência por nossa agente educacional, eram confusas segundo os padrões de Katherine, e uma imagem vívida de sua ausência. Mas eu não sabia o que fazer para corrigi-las, e, sempre que pensava em resolver a questão, tinha a sensação de estar correndo pelo Saara com sapatos de chumbo e um saco plástico sobre a cabeça. Mas colocar cabeças em árvores, dirigir o caminhão basculante, partir concreto com uma britadeira, lidar com as necessidades dos tratadores e ter encontros com representantes de vendas não tinham essa conotação, e eu sabia que era um homem de sorte por ter a possibilidade de me perder nessas tarefas que não comportavam associações.

Ter a equipe de filmagem por perto também ajudou bastante. Trazê-los a bordo, no início das negociações para a compra do parque, fora um fator de persuasão decisivo para mim, pois era uma das poucas outras coisas a respeito da qual eu tinha algum conhecimento e cujo tremendo benefício conseguia enxergar. Os leitores mais atentos terão percebido que tive vários fatores de persuasão decisivos: o aval de Nick Lindsay e da Sociedade Zoológica de Londres com respeito ao parque; ter conversado com representantes das outras trinta e tantas grandes atrações em Devon, que elogiaram o parque e ofereceram seu apoio; o Tesco, que me convenceu de que nos encontrávamos ao alcance da civilização — todos foram minúsculas gotas d'água na cascata final. Esse desenrolar dos acontecimentos, eu enxergava como jornalista, era não apenas uma chance de ventilar uma história incrível a respeito de animais, mas, cinicamente, também teria um impacto positivo em nossa estratégia comercial.

Frustrante, ainda que uma grande vitória para nós, nenhum dos primeiros potenciais credores sequer levou isso em conta. Os rapazes nos bastidores mal erguiam os olhos da calculadora: afinal de contas, não havia nenhum dinheiro real entrando, nenhuma mudança em nosso instável resultado financeiro. Era necessário um pequeno salto de imaginação para compreender isso, e não fora com saltos de imaginação que se tornaram os rapazes dos bastidores. A série de TV dependia da compra do parque em primeiro lugar; consequentemente, nenhum lucro seria percebido a menos que já fôssemos um sucesso. Portanto, segundo sua lógica estranha e imutável, não havia lucro.

Deixei tudo isso de lado e concentrei-me no positivo, e de repente, lá estávamos nós, em meio a uma infinidade de crises (passíveis de serem solucionadas), uma magnífica história de superação, tudo sendo filmado para a BBC2. A equipe, da Tigress Productions, especialista em história natural com a qual eu já havia trabalhado, era inspiradora. Um operador de câmera/diretor, Aidan, que seguira a mim e a mamãe desde antes da compra, acabara de voltar de sete meses nas florestas de Camarões, filmando gorilas que se tornaram órfãos devido ao comércio da carne de animais selvagens, e não se deixava abalar por nossa situação difícil. Max, um infame carismático de olhos azul-claros, possuía incontáveis experiências em filmagem de história natural, e narrativas para acompanhá-las.

Outra pessoa tremendamente bem-informada na Tigress Productions era Jeremy Bradshaw, diretor executivo, com quem trabalhei por curto tempo no passado. Quando morava na França, passei alguns dias fazendo um piloto com a Tigress, e durante meu único encontro de dez minutos com Jeremy, empurrei-lhe meu livro de colunas do *Guardian* sobre bricolagem, com uma pequena preleção sobre a formidável série em que ele poderia se transformar. Jeremy me recebeu com educação, chegou mesmo a ler o livro, e, de poucos em poucos meses, trocávamos e-mails sobre ideias de como desenvolvê-lo — basicamente, sempre que eu estava desesperado ou desanimado por algum obstáculo em meu trabalho. Para o *freelancer*, oferecer seu trabalho é rotina, assim como ter o oferecimento rejeitado, ou ser completamente ignorado. Mas Jeremy era impecavelmente cortês e sempre respondia ao e-mail cerca de três semanas depois. De alguém em sua posição para alguém na minha, isso era um claro estímulo, embora os e-mails contivessem quase sempre apenas uma linha dizendo que ele lamentava, mas ainda não conseguira pensar em um ponto de vista, e que, se eu tivesse outras ideias, o informasse. Qualquer resposta que não represente uma franca negativa é pó de ouro para o *freelancer*, e essa tênue linha direta com Jeremy me parecia um imenso trunfo — ainda que eu soubesse que poderia se evaporar bastante rápido se eu não sugerisse alguma coisa interessante nos anos seguintes.

Mas eu estava feliz escrevendo meu livro e produzindo minhas colunas, até que o zoológico surgiu. Mencionei por acaso o acontecimento a Jeremy em um e-mail bem no início das negociações e fiquei surpreso com sua reação. Ele retornou no mesmo dia com uma resposta efusiva sobre ter ouvido falar no zoológico (ele é amigo da Sociedade Zoológica de Londres e lera a respeito, ao passo que eu apenas recebera os detalhes do corretor imobiliário por meio de minha irmã), desejou-me sorte, disse que era uma maneira invejável de viver a vida e insistiu para que o mantivesse informado.

Jeremy começou a me contatar uma vez por semana. De repente, eu tinha o número de seu celular e ele estava me telefonando nas tardes de domingo. Eu percebia seu entusiasmo, e isso talvez fosse muito bom para o zoológico, caso conseguíssemos comprá-lo. Como jornalista, sempre tive a esperança de poder contribuir e divulgar parcialmente o zoológico escrevendo a respeito — eu possuía um conhecimento profissional a ser empregado no mercado moderno e nesse caso era por uma boa causa. Minha pretensão era reorientar minha coluna no *Guardian*, do caderno da família — para onde migrara a partir da revista —, e passar a escrever sobre o zoológico. Conhecia o mercado leitor do *Guardian* e sabia que seu nível de ignorância (e de melindre) em questões animais equivalia, de modo geral, à sua posição a respeito de bricolagem; afinal de contas, a maioria dos meus amigos lia o *Guardian*.

Mas Jeremy referia-se a um nível diferente de exposição.

— Acho que é uma história essencialmente inglesa — disse ele em seu leve sotaque de Oxbridge, que, objetivamente, fica apenas dois pontos abaixo do sotaque do príncipe Charles. — Completamente maluca e excêntrica, mas com um apelo bastante amplo. Eu não ficaria surpreso se conseguíssemos a BBC2 para produzir a série. Me mantenha informado. — *Vá sonhando*, pensei, mas mantive contato, acrescentando Jeremy ao labirinto de telefonemas que dava da França, e ele sempre proporcionava um ouvido compreensivo e encorajador.

Então, certo dia, vi-me mostrando a Jeremy o zoológico que tínhamos acabado de comprar, enquanto ele discutia o timing da série da BBC2 sobre o parque a que fora recém-encarregado de produzir. O conhecimento de Jeremy de toda uma vida dedicada à história natural era abrangente, e a maioria de nossos animais pertencia a espécies que ele havia filmado na natureza, muitas vezes tendo como apresentador uma celebridade. Os tigres o lembravam de sua experiência direta com eles enquanto filmava um documentário com Bob Hoskins, os leões com Anthony Hopkins e minhas aspirações por orangotangos (Julia Roberts) e chimpanzés revelaram que ele filmara Jane Goodall, líder mundial na pesquisa e preservação de chimpanzés, por duas vezes em seu centro em Gombe. Mas seu comentário que mais me agradou foi ao passarmos por Basil, o quati, o racum trepador sul-americano do qual eu mal ouvira falar antes de chegarmos.

— Ah, você tem um quati! — Ele sorriu. — São animais maravilhosos. Você os vê nas copas das árvores no Equador o tempo inteiro.

O conhecimento e o profissionalismo de toda a equipe de filmagem me humilhavam, mas me estimulava seu entusiasmo pelo projeto — nosso projeto —, que consistia apenas em nos filmar enquanto descobríamos exatamente no que havíamos nos metido. Mas era um alívio, de tempos em tempos, ser relançado com o especialista congênere; o *Guardian*, por exemplo, certa vez enviou um fotógrafo para cobrir um artigo sobre o parque que eu escrevi para a revista.

Como jornalista e autor de uma coluna de jornal, por cerca de dez anos passei grande parte de meu tempo trabalhando com fotógrafos. Eu era enviado a alguma missão temerária, porém maravilhosa, como cavalgar na Espanha, nadar com golfinhos em Florida Keys, ou fazer *snowboard* na Califórnia, e um fotógrafo ia comigo para documentar o quanto eu me atrapalhava. Era uma forma extraordinária de ganhar a vida, mas grande parte do prazer era trabalhar com outro profissional, com os mesmos objetivos, os dois sozinhos, no exterior. Os fotógrafos são pessoas práticas. Extraem o melhor das situações, improvisam, têm fita adesiva. Como é outro par de olhos e ouvidos, o fotógrafo é útil ao identificar gente boa para entrevistar e eu também tinha a possibilidade de ajudar, atraindo e distraindo as pessoas enquanto eram fotografadas. Operar em um dueto complementar como esse é extremamente gratificante e foi uma das coisas de que mais senti saudades quando fugi para a França para escrever meu livro.

Por isso, foi um alívio muito bem-vindo da grande quantidade de pressões desconhecidas que o zoológico acarretava o fato de os jornais terem se apossado da história (depois que Soberano e Parker foram parar nos jornais nacionais, eles dificilmente a deixariam passar) e começado a enviar fotógrafos ocasionais para acompanhar nossos avanços. Eu estava acostumado com o ofício e sabia tudo a respeito, desde as exigências do editor fotográfico à tela de fundo e à iluminação, porém, mais do que isso, era uma oportunidade de mergulhar novamente no mundo do jornalismo, no qual eu passara tantos anos confortáveis. Durante o tempo em que trabalhava em Londres, eu era sempre a pessoa mais propensa a mencionar animais, a sugerir um artigo a respeito (normalmente rejeitado), ou a ficar indignado com a obsessão frívola do setor pela moda e outras questões de extrema inconsequência. No zoológico, perto dos muitos profissionais dedicados que consagraram a vida a animais exóticos, sou praticamente um analfabeto animal, incapaz de distinguir o sexo de uma cobra, diferenciar uma coruja bufo-de-bengala de uma bufo-real, ou desmembrar um cavalo para os tigres.

Então, quando um fã do Soho, vestido com elegância, viciado em cappuccino, com sapatos completamente inadequados, chegava fazendo todas as perguntas erradas, eu achava extremamente revigorante. Julian, do *Guardian*, chegou usando sapatos italianos de couro de bezerro, jeans de grife arrastando pelo chão, que ficaram ambos instantaneamente encharcados na grama alta do cercado acessível, onde ele desejava bater algumas fotos minhas com Ronnie, a anta. Ao ser advertido sobre Ronnie, que é um animal perigoso Classe 1, facilmente capaz de matar um homem com uma eficiência macabra, sua reação foi perguntar ao tratador que nos supervisionava com ar inexpressivo:

— Uau. Então quem ganharia em uma briga entre uma anta e uma anaconda? — Assim que consegui, afastei-o dali, para que ele não perturbasse ninguém e eu me divertisse com seus comentários irremediavelmente fora de propósito.

Tentando atrair um pavão para o topo de uma mesa de piquenique para uma foto, Julian abordou o problema de forma pragmática, como fazem os fotógrafos, e estendeu uma trilha de pão que terminava sobre a mesa, mas não levou em conta o cérebro do tamanho de uma ervilha da ave. Após vinte minutos, com a luz desaparecendo, ele explodiu:

— Vamos lá, seu desajeitado maldito. Você não é um pavão, é um mer...

Quando conheceu Ben, o urso-pardo, que com seus 300 quilos é maior do que Vlad, nosso tigre siberiano, sua reação instantânea foi:

— E então, quem ganharia em uma briga entre o tigre e o urso?

Sua "matemática animal" prosseguiu durante todo o dia, culminando em:

— E quatro ratos contra um cisne?

Fiquei triste ao vê-lo voltar, como ele mesmo admitiu, ao reino das trivialidades e inconsequências, mas provavelmente foi melhor assim.

Enquanto isso, havia muito trabalho a ser feito. E mais uma vez, para variar, parte dele eram coisas às quais eu estava acostumado. Como demolição. É maravilhosamente catártico empunhar uma picareta ou marreta em tempos de estresse, embora eu achasse que visualizar um advogado ou banqueiro em particular, ou alguma outra fonte de frustração, muitas vezes levasse a uma velocidade de trabalho excessivamente entusiástica, a danos desnecessários à infraestrutura circundante e ferimentos ocasionais. Como quando perdi a unha do dedão do pé para meu pé de cabra novo e pesado enquanto pensava em certo banco prestigiado. Demolição não é apenas quebrar ao acaso — se bem que, por vezes, haja espaço para tal —, trata-se mais de uma derrubada sistemática, ainda que brutal, da maneira mais eficiente. Meu projeto mais divertido foi demolir a veterinária, na qual gastávamos milhares de libras para converter o fétido estábulo original em uma sala de operações moderna para os animais. Na escritura, essa já era oficialmente a veterinária e, no passado, os animais eram abrigados ali quando havia necessidade urgente de isolamento. Mas, na realidade, tratava-se de quatro compartimentos úmidos interligados por divisórias frágeis, cercados por uma tela de arame letal e com um gotejar constante do encanamento defeituoso que passava pelo teto. Destruir aquele negócio, analisando o chumbo e o cobre para recuperação, e encher um carrinho de mão após o outro com pedra a ser usada sob a base de concreto do cercado do jaguar foi um luxo que me permiti duas ou três horas por dia no decorrer da obra.

A melhor descoberta foi uma sala que não era aberta havia 15 anos. Originalmente uma oficina, sua porta para a sala veterinária estava bloqueada com o equivalente a uma década e meia de lixo umedecido, então o jeito mais fácil de entrar foi remover o caixilho podre da janela. O interior parecia um pequeno museu de artefatos de outra época. Havia um minifogão arruinado como o da cozinha de pedra, e as paredes eram decoradas com serrotes enferrujados de lenhador para serem manuseados por dois homens e outros instrumentos agrícolas do século XIX — além, é claro, das obrigatórias pilhas de miscelânea imunda, o que incluía vários ratos em decomposição, que recobriam o chão de forma a não haver um centímetro quadrado exposto. Peneirar esse monte de coisas em busca de sucata e objetos interessantes era uma distração bem-vinda, particularmente quando se tratava de arrancar os antigos painéis de madeira apodrecidos com o pé de cabra citado anteriormente para serviços pesados. Isolado do mundo por uma máscara e óculos de proteção, coberto de suor e sujeira, eu empunhava ferramentas pesadas e evitava os telefonemas e os visitantes durante algumas horas por dia enquanto executava um trabalho útil e economizava o dinheiro da matrícula em uma academia. Mas, inevitavelmente, formava-se uma fila no lado de fora, e eu tinha de me dedicar a ela. Jovens representantes bem-vestidos — mulheres de saltos altos na superfície irregular e suja do jardim, homens de terno cinza — mantinham-se de pé segurando pranchetas com papéis para eu assinar, sempre (o que era divertido) surpresos pelo fato de o homem que haviam ido ver ser a pessoa que estava carregando a caçamba, que imaginavam que fosse um operário e para o qual torciam o nariz antes de sermos apresentados.

Quando o local foi totalmente eviscerado, tive de entregar com relutância a sala de veterinária ressuscitada a uma equipe de construtores externos, que foi bastante competente ao transformar aquela casca em uma dependência médica revestida de azulejos brancos. Eles trabalharam bem, embora as despesas com áreas que ficavam fora das vistas do público fossem preocupantes, pois o dinheiro, tão duramente obtido, escoava-se em todas as direções, e questões envolvendo áreas públicas como caminhos, cercados e os quilômetros de barreiras de isolamento a serem substituídos pareciam ter, no mínimo, a mesma importância. Mas investir pesado em dependências particulares como aquela beneficiaria os animais, que não precisariam ser removidos para tão longe a fim de serem submetidos a procedimentos veterinários, e demonstraria às autoridades que éramos gente séria. A nova equipe de construtores assumiu o comando e parecia saber o que estava fazendo; portanto, desloquei meu foco recreativo para outras áreas de demolição.

Tais como arrancar do concreto as traves das grades dos cercados com uma britadeira, marretando o concreto solto onde quer que o encontrasse, e transportar o entulho para o caminhão basculante. Logo — ainda que não rápido o bastante — esse estágio da operação foi concluído, e os únicos serviços restantes eram os de restauração. Mais uma vez, desde que não fossem tarefas complicadas demais e fosse algo em que eu pudesse submergir e emergir para atender ao inenarrável número de exigências de meu novo cargo, eu me dedicava com prazer. Na ausência de verba para o tão necessário asfalto do estacionamento e dos caminhos, Adam organizara entregas de sobras de asfalto. São os pedaços arrancados da superfície das estradas antes que tornem a ser revestidas com aquela imensa máquina que parece um barbeador elétrico gigante sem proteção, um rolo estrondoso com lâminas que devoram e cospem as lascas de asfalto velho sobre uma correia transportadora atrás delas. A correia transportadora deposita as lascas em caminhões, e estes, se você for rápido e souber onde estão trabalhando, entregam-nas pelo preço simbólico de cerca de dez libras por tonelada. Adquirimos por volta de 100 toneladas, deixadas no estacionamento inferior em pilhas enormes, que precisavam ser transportadas ao longo do acesso de veículos (320 metros) e depositadas nos caminhos para que Tony as espalhasse com a escavadeira e em seguida alguém as aplainasse com o rolo compressor.

Durante algumas semanas, tentamos comprar maquinário confiável, o que significava folhear a *Farmers Weekly* e outras revistas dedicadas à venda de máquinas pesadas. Estas rapidamente tornaram-se irresistíveis e muitas vezes eu abandonava ansiosamente o que estava fazendo quando Tony ou John aproximavam-se a passos largos, com um catálogo dobrado na mão, dizendo:

— Tenho um caminhão basculante/escavadeira/trator incrível aqui para você, Ben.

Eu começara até mesmo a folhear edições antigas para ter uma noção do que havia no mercado. Logo aprendi a distinguir um Massey Ferguson de um John Deere com um único olhar e facilmente identificar se uma miniescavadeira era de uma, uma e meia, duas ou três toneladas. Mas o que não consegui fazer foi comprar uma delas a preço razoável. As boas máquinas pareciam estar trancadas em algum lugar como Dundee, onde os custos de transporte poderiam dobrar seu preço, e havia aquele delicado dilema entre comprar um item barato, dentro do nosso orçamento relativamente insignificante, e comprar alguma coisa que de fato funcionaria. Isso significava inspecionar os itens mais próximos com Tony, tirando-o do que quer que estivesse fazendo para, invariavelmente, descobrir que o que se encontrava em oferta ou não era muito bom ou era caro demais. Qualquer coisa decente, nesse setor fortemente agrícola, era arrematado com rapidez. Fazendeiros astutos sempre chegavam primeiro e davam lances contrários, sabendo exatamente o que estavam fazendo. (Ainda me consumo por causa de um John Deere com carregador frontal em particular, que foi arrematado bem debaixo do meu nariz por um vizinho do vendedor pouco antes de nossa chegada. Teria sido perfeito para nós, mas, infelizmente, não era para ser.) Portanto, acabamos alugando equipamento, tarde demais para o gosto de Tony que, além disso, viu-se castigado pelo mau tempo. O verão inglês estava começando, assim como as chuvas, é claro.

Mas por fim, a apenas poucas semanas da inspeção, chegaram duas escavadeiras (na realidade, uma de uma tonelada e meia, a outra de três toneladas) e um estrondoso rolo compressor, e todos no parque puseram-se a trabalhar em conjunto. As pequenas diferenças e os grandes egos foram esquecidos enquanto os tratadores, o pessoal da manutenção, os diretores e todos os demais trabalhavam como uma correia transportadora humana, deslocando-se para o que quer que fosse necessário no momento, com o entusiasmo de tropas audaciosas voluntariando-se de forma indiscriminada para missões perigosas. Por vezes potencialmente perigosas. Certa vez, parei por algum tempo para acompanhar um jornalista pelo parque e percebi que o rolo compressor recuava devagar pelo caminho, vindo em nossa direção e deixando um tapete nivelado de asfalto a sua frente. Percebi também que o motorista estava tomando o devido cuidado para manter distância do muro à sua direita, o que estava perfeito, pois um movimento errado com uma máquina daquele tamanho poderia fazê-la atravessar o muro, o que seria uma desgraça terrível, pois aquele era o muro do cercado do tigre. Até aqui, bastante reconfortante. Então me dei conta de que o motorista era Duncan, que eu sabia que havia aprendido a dirigir a máquina apenas no dia anterior, e me apressei para tirar o jornalista do caminho. Mas não houve acidentes com aquelas máquinas potencialmente letais, e os agentes de Saúde e Segurança, Rob e Adam, levavam seu trabalho muito a sério. O primeiro acidente assinalado em nosso livro de registros foi um dedo cortado meses mais tarde, durante um incidente envolvendo material de escritório.

Em meio a esse ataque relâmpago de trabalho braçal por todo o parque, Steve precisava pensar nas questões emergentes acerca do bem-estar dos animais. Como, por exemplo, onde colocaríamos Soberano, o jaguar fujão, enquanto reformávamos seu cercado. Doze traves de seu cercado tinham de ser substituídas, assim como as ripas apodrecidas em sua jaula, e outros ajustes precisavam ser feitos em sua área habitável, o que Soberano simplesmente não toleraria se estivesse por perto. Ele precisava ser transferido, e ficou decidido que a melhor ideia seria restabelecer o antigo local de quarentena, antes um espaço para os ursos e que tinha sido, ao que tudo indicava, um chalé que as Brownies (jovens bandeirantes) usavam como ponto de encontro durante a guerra. Infelizmente, a adulta líder do grupo não tinha noções de engenharia estrutural e cortara as incômodas vigas da estrutura que sustentava o telhado a fim de ampliar o espaço no sótão para uma mesa de pingue-pongue. Na época em que os estaleiros navais de Plymouth sucumbiram à Luftwaffe, essa organização paramilitar infantil quinta-colunista obteve seus distintivos por derrubar o telhado do que na época era o chalé de uma propriedade rural a 11 quilômetros de distância. Mas elas deixaram de pé as paredes e os frontões, o que fornecia um cercado adequado para abrigar animais perigosos em caráter temporário.

Com Soberano, porém, ninguém se arriscaria. Assim que o especialista em cercas elétricas terminou seu longo (e caro) conserto no cercado dos lobos com um novo sistema e outro de emergência para o caso de falta de energia, foi transferido para esse projeto. *Muito* era o ideal para Soberano, que assustava a todos com sua tendência a planejamento antecipado e ação oportuna e decisiva. O local foi guarnecido com obstáculos eletricamente carregados para impedir que as paredes fossem escaladas, a porta arranhada e o peitoril das janelas internas usado como plataforma para que o animal saltasse sobre a alta armação de ferro que atravessava a construção no meio, aparentemente instalada para visualizar os ursos que antes abrigava. Com as medidas de segurança encerradas, aquela carapaça de casa com sua ponte de observação eletrificada tornou-se um local desconcertante. Quando nossa atenção procurou os potenciais pontos de apoio — vigas de aço laminadas saindo de um lado, uma chaminé de tijolos projetando-se no interior — que um felino obcecado poderia usar para escalar e fugir, estes foram isolados um a um. Mas estávamos criando também uma câmara de contenção da qual nem mesmo um ser humano, dotado de capacidade de previsão e inventividade, conseguiria escapar. De maneira inevitável, isso produz imagens das prisões de segurança máxima e, ainda pior, da detenção humana cruel, na qual os presos são frustrados em seu desejo de liberdade e totalmente controlados. O que, por sua vez, suscita questões de direitos dos animais, pois era exatamente o que estávamos fazendo ao encerrar um animal que desejava sair. A resposta era sempre, honestamente, absoluta.

A União Internacional para a Conservação da Natureza afirma que os jaguares estão "Quase Ameaçados", e a boa notícia é que se deslocaram para baixo na Lista Vermelha, oriundos da categoria "Vulneráveis" na década de 1990, quando as medidas de proteção começaram a vigorar. A destruição de seu hábitat, no entanto, empurrou-os para bolsões de floresta cada vez mais isolados, colocando-os em conflito com rancheiros, cujo gado eles devoram, e caçadores, para os quais representam competição por alimento e perigo mortal se estes forem atacados. Embora sejam protegidos, os jaguares são muitas vezes mortos no ato e já estão extintos em El Salvador e no Uruguai. Na próxima auditoria, espera-se que tornem a subir na lista, ficando "Vulneráveis" novamente. Nós herdamos Soberano; ele não pode ser reintroduzido em seu hábitat original, que diminui cada vez mais. No entanto, encontra-se no topo do livro genealógico, e seus excelentes genes são pouco representados em cativeiro. Assim que possível, procriaremos a partir dele.

Chegou o momento, afinal, em que as redes de arame do novo cercado estavam funcionando, o mecanismo da trava no portão fora checado quatro vezes por todos os pares de olhos disponíveis e era hora de apresentar Soberano a nossa nova pistola de dardos. Esse equipamento extremamente caro (3 mil libras) está apto a liberar uma dose de anestésico a qualquer distância entre um e 45 metros, e tivemos um dia de curso bastante rigoroso da parte do fornecedor austríaco, que instalou um alvo no restaurante inacabado. Essa pistola de dardos é uma Dan-Inject, o modelo preferido do setor, de primeiríssima qualidade, muitas vezes brandido no exterior dos Land Rovers em documentários sobre animais selvagens durante a perseguição a rinocerontes e leões. Sua mira a laser também possibilita disparos a partir da altura do quadril, pois muitos animais parecem reconhecer um rifle erguido como sinal de perigo. Ao disparar da altura do quadril, até eu era capaz de acertar o alvo a 25 metros.

Mas esses pequenos artifícios não colavam com Soberano. No instante em que viu Steve com a arma, começou a andar de um lado para o outro e a babar na jaula, atento para não mostrar o flanco, pois já havia sido alvejado e sabia que esse era o alvo. Por fim, sua agitação levou a melhor, ele girou de leve e Steve o acertou no quarto traseiro, um disparo perfeito. Todos recuamos por 15 minutos, como planejado, enquanto o veterinário monitorava o avanço da droga e Soberano pouco a pouco desmoronava. As ações haviam sido cuidadosamente planejadas de antemão, apenas com as pessoas que estavam diretamente envolvidas nos arredores. Todos tinham um papel, que foi ensaiado em reuniões — um pouco como um benigno assalto a banco — até que estivesse tudo claro. O engradado estava pronto, a van encontrava-se em posição diante da jaula e o trajeto exato rumo ao novo local de moradia, estabelecido. Ainda assim, é sempre altamente dramático o momento em que a porta da jaula em que se encontra o felino adormecido é aberta.

Mesmo dormindo, um ser como Soberano — ele em particular, na realidade — é assustador. Nosso cérebro fica nos dizendo para mantermos distância. Pode ser uma armadilha (quase desconfiamos de que esse felino tenha escondido um antídoto dentro da boca como um agente secreto). E se ele simplesmente se levantar de um salto? Sinto isso todas as vezes: não deveria estar perto de um animal como ele. Mas Soberano estava verdadeiramente apagado, e as únicas coisas a serem lembradas eram que a dose fora fraca, visando a segurança — a dele, não a nossa —, e que movimentos bruscos e ruídos altos poderiam desencadear no animal uma resposta adrenérgica capaz de neutralizar a droga, o que ninguém desejava. Portanto, a atmosfera de total silêncio, rádios e telefones desligados, apenas comandos essenciais sussurrados, aumentava consideravelmente a tensão da ocasião. À medida que o deslocávamos com êxito para cima de um cobertor e o arrastávamos para fora da jaula, percebi que em nossas tentativas de não mover com violência nosso paciente letal, de alguma forma acabei com a extremidade correspondente à cabeça, ao passo que os outros três carregadores puseram-se a arrastar as patas traseiras. Minha extremidade era não só mais pesada, como muito mais assustadora. A cabeça de Soberano possui o tamanho de uma abóbora média de Halloween, decorada com presas legítimas, sendo as mais proeminentes seus dois caninos de 5 centímetros destinados a perfurar crânios. Eu acabara de perceber a proximidade em que meu aparentemente delicado pulso encontrava-se daquelas mandíbulas escancaradas (lembrem-se de que o jaguar possui as mandíbulas mais poderosas dentre todos os grandes felinos) quando o celular do veterinário disparou. Enquanto o toque do telefone (uma trilha de Kylie Minogue, incongruentemente) retumbava e ecoava no estreito corredor de concreto, o veterinário recuou em uma pantomima de horror para desligá-lo, e sussurrou em minha direção:

— Ponha o cobertor em cima da cabeça dele. — Obedeci de boa vontade, duvidando de que aquele material delicado adiantasse muito para reduzir o som ou proteger meu pulso, sobretudo com Kylie cantando a plenos pulmões, tentando despertá-lo.

Mas Soberano não despertou e o colocamos no engradado, na van e em seu novo local de moradia sem embaraços adicionais. Foi um momento incrível. Nosso novo equipamento funcionou à perfeição, a nova equipe atuou de forma impecável e transferimos com êxito e sem incidentes um animal muito perigoso. Agora poderíamos dar prosseguimento ao pedido de licença ao reformar seu cercado e tornar a revestir o fosso que estava vazando, o que significava mais trabalho de demolição para mim, e mais serviço de solda na cerca, que seria entregue a pessoas mais bem-qualificadas.

Infelizmente, nossa mudança seguinte não correu tão bem. Dessa vez foi a tão esperada transferência de Tammy, a tigresa que, vocês devem estar lembrados, vinha brigando e precisando ser separada da irmã havia cerca de cinco anos, desde que ambas receberam injeções hormonais contraceptivas. Após incansáveis tentativas por parte de todos os tratadores, por fim encontramos um lar para ela na França, e foi marcada uma data para o transporte. Os procedimentos foram ensaiados como antes, e ajustes sem importância foram acrescidos ao plano, com base nas pequenas lições aprendidas. Os franceses chegaram na noite anterior, prontos para começar cedo, e passamos uma noite agradável no pub local nos conhecendo. Eu estava ansioso para falar um pouco de francês, quem sabe traduzir informações cruciais nos momentos críticos, mas minhas esperanças vãs rapidamente se evaporaram quando ficou evidente que ambos falavam inglês tão bem quanto eu.

Na manhã da transferência, a primeira coisa que deu errado foi a van não conseguir se aproximar tanto quanto gostaríamos da jaula da tigresa, que ficava após uma ladeira mais longa e íngreme que a da jaula do jaguar, e a ladeira estava então recoberta pelas sobras de asfalto, o que não oferecia muito apoio para que uma van vazia com tração em duas rodas desse ré. Tudo bem, o veterinário estava seguro de que o animal ficaria desacordado por tempo suficiente para que o carregássemos ao longo dos 50 metros adicionais e o instalássemos no interior da van em segurança; portanto, continuamos. Tammy era menos esperta que Soberano e mais fácil de acertar com o dardo, mas produziu ruídos horrivelmente assustadores após ser atingida. Depois do tempo necessário, uma delegação aproximou-se para dar uma olhada e julgou que ela precisava de uma nova dose; assim, nós nos pusemos a esperar novamente. Após dar-lhe um peteleco na orelha, o veterinário concluiu que ela não iria a lugar nenhum, e manobramos aquele animal considerável para cima de outro cobertor (ainda não tínhamos conseguido arcar com as despesas de uma maca). Seis de nós carregavam Tammy — mais uma vez, sujeitos a um código de silêncio — protegidos por John, munido de uma arma de grande porte, que poderia matá-la com um único disparo caso as coisas dessem errado. E, então, as coisas deram errado.

Na metade do caminho, que tem por volta de 3 metros de largura, com leões de um lado e tigres do outro, Tammy despertou. O primeiro sinal foi a cauda, que começou a se mover e em seguida cingiu com força a perna de alguém. Em seguida ela simplesmente se pôs de pé, em campo aberto, dispersando as pessoas como um tiro em um shopping center — ou, na realidade, um felino de grande porte em meio a uma multidão. Ela estava incrivelmente grogue e mal conseguia se sustentar, mas continuava a ser um animal enorme, de pé e no lado errado da cerca. As pessoas evaporaram do local, saltando as barreiras de isolamento, ainda que sem se aproximar muito dos leões, pois de repente eles haviam se tornado bastante vocais em suas objeções, ao perceberem Tammy tão próxima (a política de Duncan de prender os demais felinos durante tais procedimentos havia sido negligenciada, com consequências potencialmente perigosas). Percebi que, de alguma forma, várias pessoas haviam conseguido escalar a torre de observação, embora os 2 metros inferiores de degraus da escada houvessem sido removidos para torná-la inacessível. Mas percebi, sobretudo, que Tammy, a menos de 3 metros de distância, de pé, pôs-se em seguida a girar lentamente e a me encarar. Decidi permanecer imóvel. Seus olhos estavam vidrados, mas eu sabia que eram ultrassensíveis ao detectar movimentos e poderiam facilmente ser disparados pelos sinais de uma presa a sua frente (isto é, eu) tentando escapar. Não precisei olhar para a direita para saber que John teria erguido o rifle preparado para disparar, e fiz o possível para permanecer completamente imóvel. Há pessoas que afirmam que são capazes de recolher sua aura e se tornar quase invisíveis, com certeza menos perceptíveis, ideia que eu antes achava ridícula. Mas, dadas as circunstâncias, senti-me inclinado a fazer uma tentativa. Na realidade, meu cérebro fez isso por mim, porque eu não sentia medo. Encontrava-me para além do medo, totalmente calmo, como se alguma coisa ainda mais primitiva do que a reação de lutar ou fugir houvesse sido acionada e meu corpo soubesse que eu não era confiável com a liberação de tanta adrenalina; esta possivelmente me induziria ao movimento, ou alguma espécie de sensibilidade na tigresa captaria o aumento da atividade eletromagnética tão de perto. Concentrei-me em parecer parte da barreira de isolamento na qual me apoiara, ou uma árvore talvez, ou qualquer outro estímulo inerte e rotineiro. Pareceu funcionar, pois o olhar vidrado de Tammy passou por mim sem registrar, e ela pôs-se a cambalear devagar rumo à van.

John, como oficial autorizado a portar armas, era responsável pela segurança de todos, e estaria em seu direito se matasse Tammy no momento em que tivesse uma chance clara. Eu estava meio que esperando por isso, embora minha percepção da situação de segundo a segundo era a de que ainda não houvera necessidade. E ele não atirou. John conservou a calma, como eu sabia que faria, e manteve o contato visual com Steve, o curador, e com o veterinário, que lhe sinalizaram que esperasse. Todos permaneceram calmos. Tammy deu mais alguns passos cambaleantes, então se deitou, infelizmente bem ao lado da pistola de dardos, que era o único meio de administrar mais anestésico. Seguiram-se alguns momentos de tensão enquanto o veterinário preparava um dardo e Steve rastejava em direção a Tammy, protegido por John, para resgatar a pistola. Com dissimulação animal — não poderia ser mais animal do que isso —, ele se aproximou até ficar a cerca de um metro dela, consciente de que, à medida que os segundos se passavam, a droga perdia o efeito. Sem a pistola de dardos, não teríamos escolha a não ser atirar para matar se ela se tornasse mais ativa. Steve alcançou a arma, aproximou-se do veterinário na ponta dos pés e este aplicou em Tammy outra dose.

Agora, precisávamos mais uma vez esperar que a droga fizesse efeito, dessa vez em campo aberto, um intervalo que poderia ser de um ou vinte minutos, mas que provavelmente estava mais perto de cinco. Quando

Tammy foi declarada inconsciente (outra vez), minha adrenalina havia entrado em ação. Mas precisávamos colocá-la urgentemente na caixa no interior da van, e temor algum impediria que isso acontecesse. Lembro-me de ter me sentido bastante inquieto enquanto carregávamos para dentro da caixa aquele ser incrivelmente perigoso, o gatilho de tantos medos primordiais, que já demonstrara ser capaz de acordar. Fiquei novamente com a extremidade da cabeça — ainda que não sozinho dessa vez — e não gostei. A cabeça de Tammy é maior que uma melancia bem grande, e embora o deslocamento tenha levado apenas trinta segundos, eu estava constantemente esperando que ela desse sinais de vida, com consequências desastrosas. Assim que empurrei a cabeça do animal para longe da porta do engradado, que deslizou e prendeu-a em segurança, senti a raiva crescer. Raiva pelo fato de ter passado por aquilo, junto com toda a equipe.

As lições que aprendemos no ato foram que as remoções não poderiam prosseguir, a menos que o veículo — com tração nas quatro rodas, em condições ideais — estivesse bem próximo à jaula do animal; e os outros animais na área também deveriam estar confinados, sempre. Então Anna, supervisora de nossa coleção de animais, e Steve começaram a investigar a questão mais importante: por que Tammy conseguira levantar? Consultas exaustivas com cerca de trinta veterinários de zoológicos e outros profissionais revelaram um consenso no que dizia respeito à droga de eleição para sedar grandes felinos durante tais procedimentos. Infelizmente, não foi a que o veterinário usou. Este havia escolhido um tranquilizante para cavalos, que pode funcionar, mas é considerado menos confiável. O que ficou provado.

Anna e Steve pressionaram bastante (embora não tivessem de fazê-lo) para que, no futuro, todas as remoções importantes e os procedimentos médicos fossem conduzidos por uma firma especializada, a International Zoo Veterinary Group (IZVG), uma entidade autônoma que trabalha apenas com animais exóticos. O que eles não sabem sobre animais de zoológico, ninguém sabe. Seus serviços eram, evidentemente, muito mais caros, mas isso não era um fato a ser levado em conta e concordei com entusiasmo. O próximo deslocamento que iríamos tentar, quando a sala veterinária estivesse pronta, seria o de três grandes predadores em um único dia para tratamento dentário indispensável, e não podíamos nos dar ao luxo de que qualquer parte do procedimento desse errado. Independente do custo, recorreríamos ao IZVG.

Nesse meio-tempo, tendo deixado para trás tantos outros incidentes inquietantes, esse talvez tenha sido irrevogavelmente formativo. Duncan e eu descobrimos que já não nos sentíamos completamente relaxados em campo aberto, sobretudo por aqui. Certa vez nós nos encontrávamos no reservatório do zoológico, uma designação incorreta, visto se tratar, na realidade, apenas de um grande poço coberto no ponto mais alto do parque, acima do furo de mina que fornece água à taxa de 4 mil litros por dia. Infelizmente, ele vaza, o que significa que a cada dez dias em três semanas a pressão da água diminui, fazendo com que o fornecimento das lontras seque, um dos lagos artificiais comece a esvaziar (por causa de outro vazamento não identificado), e a pressão no restaurante caia abaixo do que é necessário para mantê-lo em funcionamento. Muito mais importante para mim, porém, é que às oito da manhã, quando descubro isso, é porque a ducha não está funcionando. Como previamente descrito, a ducha não é um paraíso luxuoso mesmo quando funciona. Um caixão de plástico amarelado e rachado, instalado em um espaço separado, da largura de um chuveiro, bem em frente à única janela, seu mecanismo é ótimo (ainda que enfeitado com fios funcionais logo atrás), e estar debaixo dela, quando está funcionando, muitas vezes parece a melhor parte do dia — um curto período de tempo em contato com nossas raízes aquáticas, durante o qual é quase garantido que não seremos interrompidos. Quase. Milo e Ella ainda me consideram alvo legítimo quando estou no banho, e também fui convidado a sair um bom número de vezes para comparecer a diversas reuniões de emergência, mas em geral, melhor do que esse santuário imperfeito é impossível. Até que a ducha deixe de funcionar. Quando deixa de fornecer água quente, ou mesmo qualquer tipo de água, os antolhos da negação desaparecem e a enxergamos pelo que realmente é: um miserável pedaço de merda que ainda não podemos nos dar ao luxo de substituir. Como uma TV ou um laptop que de repente param de funcionar e deixam de ser canais rumo ao centro do universo e se tornam apenas caixas de plástico fajutas.

O que é preciso fazer quando a água seca é penetrar em um bosque atrás dos lobos e acima dos ursos até o reservatório, munido de duas chaves inglesas de quase um metro, e mexer em umas válvulas resistentes para fazer com que o sistema torne a fluir. Cedo pela manhã, antes da escola, isso só pode ser descrito como deprimente, então tentamos evitar que ocorra, que foi como Duncan e eu acabamos lá em cima em uma noite de domingo, conversando sobre os acontecimentos do dia, relaxados enquanto tentávamos lembrar a sequência exata das válvulas a girar e dos canos a conectar uns aos outros. De repente, ouvimos o farfalhar de um animal grande a menos de 6 metros de distância e ambos giramos, agarrando as chaves inglesas, prontos para um combate mortal. Ambos expandimos nossa postura, prontos para lutar ou fugir, e pusemo-nos a relancear os olhos arregalados em torno, procurando boas árvores para escalar nos nanossegundos antes de determinar o que estávamos enfrentando. Era uma vaca, no outro lado da cerca. Esquecemos que, na orla do parque, outras pessoas possuem animais de grande porte como vacas, cavalos e ovelhas, que não estão prestes a arrancar nossos membros e devorá-los. Mas todo cuidado é pouco, e levamos alguns instantes para relaxar e voltar ao trabalho que tínhamos pela frente.

Em outra ocasião, encontrava-me ao ar livre, atravessando um campo vazio cuidadosamente avaliado, pertencente a um vizinho, quando um saco plástico ergueu-se em meio ao capim alto e me causou um espasmo de pânico semelhante. Mas os momentos mais assustadores são à noite. A primeira vez foi ao recolher lenha para a lareira, no que eu vagamente lembrava ser um cercado praticamente vazio, contendo alguns pássaros terrestres, o maior dos quais um peru, que por vezes era agressivo, mas não intransponível. Ergui os olhos de minha serra de arco e vi vários pares de olhos de mamíferos refletindo minha lâmpada frontal, todos miúdos e pouco espaçados, indicando animais pequenos. Mas, se fossem felinos de pequeno porte, eu tinha um belo problema. Então lembrei que não possuíamos felinos de pequeno porte, à exceção de Jilly, a serval de idade avançada, cujo cercado ficava a alguma distância e que aqueles eram, na realidade, cervos muntjac miniatura inofensivos, que tinham muito mais medo de mim do que eu deveria ter deles. Ainda assim, informou meu raciocínio agitado, possuem pequenas galhadas pontiagudas, e tive o cuidado de não aborrecê-los enquanto concluía minha incursão em busca de madeira.

A ocasião mais recente de medo noturno foi ao levar Leon, nosso cão, para passear (mais sobre ele depois). Perto da esquina do campo da girafa (tudo bem, dos felinos de pequeno porte), que fica atrás dos pumas, em uma noite clara, mas sem luar, ouvi alguma coisa grande mover-se bem devagar em minha direção. O cachorro estava ocupado a alguma distância, mas minha ansiedade tinha como base o fato de as fêmeas de puma estarem no cio e emitirem o seu gigantesco *miiauu* estrangulado que, segundo se crê, junto com o incentivo de seus feromônios, atraía jovens pumas machos das charnecas. E era dessa direção que o animal estava vindo. Hesitei, com esperanças de que o cachorro idiota fosse detectá-lo e, em condições ideais, desafiá-lo e ser devorado por ele, não eu. Mas Leon continuou desatento, farejando egoisticamente os muitos cheiros de animais no capim alto a 100 metros de distância, em vez de oferecer-se para sacrificar sua vida por mim. Uma brisa tenaz soprava às minhas costas, portanto eu sabia que o animal sabia exatamente onde eu me encontrava e o que eu era e, ainda assim, continuava abrindo lentamente caminho pela vegetação rasteira em minha direção. Por fim dei um golpe seco e acendi minha lâmpada frontal, meio que esperando ver um puma em fuga, em parte temendo a alternativa, a de que ele não fugisse. Os olhos que me encararam eram bastante espaçados e não fugiram. Não fizeram nada, o que aos poucos me trouxe algum conforto, pois predadores tendem a tomar decisões repentinas. Sem pressa e finalmente contando com Leon como apoio moral — e potencialmente sacrificial —, eu me desloquei em sua direção. Quando o fiz, ficou claro que se tratava de outra vaca inofensiva e idiota, recém-introduzida naquele campo normalmente vazio, me espreitando porque, presumivelmente, achara que eu fosse o fazendeiro, rompendo um hábito de toda uma vida ao lhe trazer comida às três da manhã.

Essa espécie de incidente, embora na verdade bastante excitante, serve para reforçar a sensação de que morar no parque é viver em perpétuo estado de emergência. Até aqui, porém, a maioria das emergências foram alarmes falsos, ou ao menos controláveis, que o influxo de dinheiro da NFU tornou mais suportáveis. Agora, a sensação era mais como descer uma corredeira rumo a uma cachoeira à medida que o dinheiro escoava e o prazo final da inspeção para nossa licença tornava-se inexoravelmente mais próximo.

Com uma grande quantidade de coisas a serem feitas, estávamos trabalhando em ritmo frenético, e todos os problemas que surgiam pareciam exigir soluções caras. A van, um veículo antigo que havia feito extraordinários 420 mil quilômetros, subitamente se exauriu quando um suporte do chassi quebrou e perfurou o piso na parte traseira. Não houve volta depois disso; assim, uma substituta nova (bem, com apenas 130 mil quilômetros no medidor) e reluzente foi comprada. O caminhão basculante, um monstro gigantesco amarelo com o motor errado e uma caixa de marchas que parecia ter saído da pré-história, um dia explodiu, o que exigiu gastos adicionais. Esses dois veículos são a espinha dorsal de nossas atividades, usados para buscar e distribuir alimentos para os animais e todo tipo de materiais por todo o parque.

O novo caminhão basculante, alugado, era muito popular, sobretudo porque de fato funcionava, e contribuiu muito para melhorar não apenas a velocidade do trabalho, mas também o moral. Mas os custos agigantavam-se nitidamente, e mais uma vez me fizeram sentir saudades de Katherine, pois eu sabia que suas habilidades para gerir o orçamento teriam nos poupado dinheiro e desenvolveriam uma noção de controle que, em sua ausência, parecia nos escapar. No entanto, nos encontrávamos em uma viagem sem volta, e a maioria dos problemas que enfrentávamos, para variar, de fato podia ser resolvida com dinheiro. Mas eu estava bem consciente de que, uma vez que o dinheiro fosse gasto, não haveria mais nenhum. E, se não conseguíssemos inaugurar o parque com ele, o nível de desastre seria impensável. Provavelmente muitos animais morreriam, e muitas pessoas (inclusive as que haviam renunciado a bons empregos para vir trabalhar conosco) ficariam desempregadas. O patrimônio familiar, que meus pais haviam trabalhado tão duro a vida inteira para construir, acabaria em frangalhos.

— Mas pelo menos ninguém está atirando na gente — dizia minha mãe. Criada em Sheffield durante a guerra, quando criança sobrevivera a ataques aéreos noturnos, que culminaram com uma saída sua do porão para descobrir que a residência da família, na realidade a rua inteira, havia sido destruída. A família simplesmente caminhou até a casa do parente mais próximo, uma tia que morava a 11 quilômetros de distância, passando por fileiras de corpos estendidos nas estradas, até que fosse possível cuidar deles. Esse tipo de experiência concedeu à geração de minha mãe uma profunda compreensão da realidade, e embora tenha passado os últimos trinta anos (ou mais) em relativa opulência suburbana e não apreciasse as terríveis condições de vida e o estresse constante de arriscar tudo em um empreendimento louco e nem um pouco seguro, mamãe sabia por experiência própria que as coisas podiam ser muito piores.

De saída, a força de mamãe e seu senso de aventura foram absolutamente vitais na compra do zoológico, e no fato de continuarmos a lutar por ele após nossa chegada ao parque. Estávamos sempre atentos ao sacrifício de mamãe na compra do zoológico e fazíamos o possível para deixá-la confortável e tranquila. Mas ela não precisava de mimos. O plano era ela seguir com a vida, confeccionando vasos de cerâmica e pintando, tendo o zoológico como uma espécie de próspero pano de fundo. Mas, quando Katherine morreu e Duncan se ausentou, ela administrou o lugar. Esse não era um passo pequeno para uma mulher que enviuvara recentemente e cujo marido administrara os negócios da família de forma impecável nos 53 anos anteriores. Papai costumava se admirar com a inaptidão de mamãe para números — ele lia livros como *Mathematics Made Difficult* (A matemática dificultada) e passava os trinta minutos que levava para chegar ao trabalho realizando cálculos mentais complicados. Mas mamãe não ficou completamente sozinha. Adam nos colocara em contato com Jo, uma contadora de olhos claros, matrona e perspicaz, que aos poucos submeteu as contas a seu controle, iludia habilmente os credores e fornecia boletins diários sobre nossa saúde financeira.

Com tantos gastos inesperados — sobretudo no restaurante, onde tudo, desde a louça até os fogões, teve de ser substituído —, muitos projetos tornaram-se caros demais e precisaram ser adiados. Como reconstruir a jaula do jaguar, que havíamos demolido e que foi orçada em 27 mil libras. Ao deixá-la de lado, pudemos arcar com as despesas de várias outras coisas, como um cortador de grama novo, um bosque de novas traves para as cercas e mais um mês de salário dos funcionários. A determinação de mamãe em assumir as questões importantes do negócio certamente o salvou em um momento difícil e granjeou-lhe o respeito e a admiração da equipe e de muitos outros. Quando emergi de meu exílio autoimposto, descobri que mamãe estava no centro da maioria das coisas que estavam ocorrendo, apesar das ordens médicas recentes para que evitasse o estresse na sequência de uma crise cardíaca. Um dos poucos lugares na casa em que gastamos dinheiro foi em equipar a velha cozinha (antes fedorenta) com um novo piso e transformá-la em um estúdio de cerâmica. Quando estava concluído, tentamos fazer com que mamãe se interessasse por retornar a seu hobby de toda uma vida, no qual se sobressai, conversando detalhadamente sobre vender seus vasos na loja. Mas ela não quis — e ainda não quer — saber. Enquanto houver trabalho a ser feito, mamãe o fará. E tentar liberá-la do laço das decisões estressantes simplesmente não funciona. Ela tem espiões por toda parte. Quando percebe que está recebendo garantias insossas da administração e dos chefes de departamento, mobiliza outra rede de funcionários para descobrir o que está de fato ocorrendo. Embora a série de TV chame-se *Ben's Zoo*, em muitos sentidos deveria chamar-se *Amelia's Zoo.*

# 8

# Gastando o dinheiro

Que diferença faz o sol. Minha teoria é a de que um número desproporcional de expatriados que deixam este país à procura de um lugar ao sol sofre de desordem afetiva sazonal (SAD) em certa medida. Estou certo de que me encontro em alguma parte desse *continuum*, pois anseio pelo início da primavera desde o primeiro momento em que as folhas tornam-se marrons no outono. Quando o sol por fim começou a sair, no final de abril e em maio, tudo pareceu cem vezes melhor. As campainhas brancas esparsas deram lugar a uma multidão de narcisos, o otimismo no ar era palpável e não provinha somente de mim.

A oficina estava produzindo traves de metal recém-soldadas para os cercados, grandes máquinas abriam novas trilhas diante de nossos olhos e o restaurante era uma colmeia fervilhante de atividade. A primavera estava definitivamente no ar, e com ela surgiu a necessidade de algumas vasectomias reversíveis, uma vez que não possuíamos documentação nem instalações para que muitos de nossos animais procriassem. O primeiro da fila era Zak, o lobo alfa idoso, cujo problema na realidade parecia mais sério. Um de seus testículos inchara e atingira o tamanho de um abacate, e embora isso possa ocorrer com lobos durante um curto período, o de Zak estava inchado havia várias semanas e o veterinário achava que ele precisava ser operado. O trabalho na sala de veterinária ainda estava em andamento; por essa razão, a loja ao lado do restaurante foi esterilizada e algumas mesas, reunidas. No dia marcado, Zak foi alvejado com um dardo e perdeu os sentidos sem dificuldade. Embora a van se encontrasse na posição, o veterinário e Steve decidiram que era mais fácil carregá-lo ao longo dos cerca de 100 metros até a sala de operações improvisada. Na verdade, caso Zak conseguisse levantar e dar uma de Tammy, ninguém ficaria muito assustado. Aos 19 anos, mesmo em seus melhores dias provavelmente conseguiríamos andar mais rápido do que ele conseguiria correr, e agora ele conservava seu controle sob a matilha não por meio da força bruta, mas simplesmente por carisma e experiência.

Eles chegaram ligeiramente ofegantes, e Zak foi posicionado sobre o dorso, aninhado por dois grandes blocos de plástico, que lembravam os blocos que as pessoas usam para apoiar a cabeça, e nos quais fora recortado um semicírculo, especificamente projetado para manter firmes sobre o dorso os animais que possuem a espinha dorsal repleta de saliências. Os blocos estavam bem gastos e o procedimento era bastante rotineiro, mas ainda assim perguntei quantos lobos o veterinário havia de fato operado.

— Ah, vários até agora. Não se preocupe. Eles não são diferentes de um pastor-alemão. — Como qualquer um que está sendo preparado para uma cirurgia, Zak parecia dolorosamente exposto e vulnerável, e, à medida que era raspado e lavado nas áreas pertinentes, ondas de empatia fluíam dos homens que assistiam ao procedimento. As mulheres presentes acharam nosso mal-estar muito divertido.

Uma vez que Zak fora aberto, o testículo do tamanho de um abacate foi instantaneamente declarado canceroso, e suas estrias pretas e roxas indicaram a clara presença desse inimigo maligno de tantos animais e pessoas. Por sorte, mesmo quando em estágio avançado, cães e lobos dificilmente apresentam cânceres secundários oriundos da região testicular — ao contrário dos seres humanos. Mas o som do canal deferente, o pequeno filamento de tecido conjuntivo entre o testículo e a cavidade corporal, sendo cortado não é nada agradável. Houve muita trituração de cartilagem e muita careta e cruzamentos de pernas na plateia. O outro testículo de Zak, branco com um matiz rosado e de tamanho normal — parecendo mais uma avelã grande com a forma de um feijão — foi igualmente proclamado um risco potencial à saúde, uma vez que talvez houvesse sido contaminado por seu vizinho, e a segunda série de triturações e cortes foi muito pior, pois se deu em tecido saudável. O momento em que o segundo testículo, aparentemente saudável, retiniu na vasilha de metal foi pungente, e todos os homens presentes sentiram alguma coisa, embora seja difícil precisar o quê. Provavelmente, sobretudo não permitir que a comunidade médica se aproximasse de suas gônadas. Ainda que houvéssemos salvado Zak de modo a que vivesse para liderar a matilha por mais algum tempo, aquele dificilmente poderia ser descrito como um bom dia para ele. Mas ele se recuperou por completo, e os receios de que sua bolsa escrotal vazia influísse em seus dons de liderança revelaram-se infundados, pois Zak continuou a cuidar da matilha e de Parker, seu sucessor um tanto patético à espera, com orientação e comando por muitos meses mais.

O próximo da fila era Salomão, rei dos animais, o enorme e impressionante leão africano. Aquilo era de fato uma vasectomia reversível de rotina, pois algum dia é provável que tentemos procriar a partir dele, mas, no momento, gerar um filhote de leão seria considerado irresponsável pela comunidade zoológica. Embora ligeiramente menor do que Vlad, Salomão é sem dúvida nosso mais impressionante felino. Com cerca de 230 quilos, ele, sua juba e seu rugido são verdadeiramente épicos. Os tigres não rugem, mas esse som assombroso ocupa uma posição elevada no arsenal de armas aterrorizantes de Salomão. Acho que vale reiterar que, na natureza, em geral não ouvimos esse som de tão perto e ao vivo. Quando Salomão açoitou Steve com seu Rugido Mortal dos confins de sua jaula, os beiços curvados para trás, o que revelou dentes afiados e ofereceu um visual altamente alarmante além dos estímulos auditivos, vi Steve se segurar e resistir à tentação de recuar em direção à parede mais afastada do estreito corredor. Steve esperou pelo momento propício e logo havia lançado o dardo no flanco de Salomão. Quando voltei a inspecionar o procedimento, Salomão estava inconsciente, a porta, aberta, e o veterinário suturava sua parte traseira, sem se deixar intimidar pelas dimensões absurdas do paciente. Eu, pelo contrário, deixei-me intimidar. Os flancos de Salomão eram absolutamente enormes, e a operação sangrenta que tinha lugar em suas partes mais íntimas certamente seria uma fonte de descontentamento caso ele acordasse. John estava presente, cumprindo sua guarda armada, mas fora isso havia uma porta aberta entre o animal e o parque. Quando Kelly, que se posicionara na extremidade que correspondia à cabeça dentro do compartimento (os outros leões estavam trancados em sua parte da jaula), começou a informar que ele estava piscando — isto é, que o anestésico estava começando a perder efeito —, esperei sinais de pânico, ou ao menos que o veterinário acelerasse seu trabalho. Afinal de contas, ao fazer o que estava fazendo, ele provavelmente seria o número um na lista de vítimas de Salomão se este recuperasse os sentidos. Mas o veterinário permaneceu impassível e continuou sua sutura metódica como se estivesse operando um gato doméstico no conforto de sua prática. Poucos minutos mais tarde, o procedimento estava concluído, e o veterinário e os demais se aproximaram para implantar em Salomão um microchip e afastá-lo da porta. Isso também foi feito de forma despreocupada, ainda que, a essa altura, talvez com um resquício de urgência. Então, missão cumprida, todos saíram, a porta foi fechada e os níveis normais de segurança foram retomados. E Salomão recuperou-se de seu martírio para dar alegremente seus tiros de festim, segundo as exigências do licenciamento.

A última vasectomia, à qual não assisti e que me incomodava um pouco, foi a de Vlad — mais uma vez, realizada na jaula do animal, decretada do alto para evitar que ele fecundasse suas duas irmãs, absurdamente chamadas Mancha e Listrada. Esses três tigres foram gerados de forma ilegal e criados à mamadeira. E esse fora um dos motivos pelos quais Ellis, o proprietário anterior, entrara em conflito com as autoridades, e de todos os três tigres terem recebido a classificação "Apenas para Exibição" e não poderem procriar. Isso não me incomodava. O que me preocupava era o fato de os tigres serem particularmente suscetíveis a morrer sob efeito do anestésico. O irmão de Vlad, Ivan, havia morrido durante uma operação de rotina fazia alguns anos, e o coração de Tasmin parara havia alguns meses, ao ser examinada por causa de um problema renal crônico. Nessa ocasião, somente a reação rápida de Duncan ao alertar o veterinário, que voltava para o carro na hora, salvou-a, e ela recebeu de pronto um antídoto que a fez voltar a si. Como as tentativas amorosas de Vlad com as irmãs, em sete anos, não resultaram em nenhum rebento ilegal, eu relutava em interferir em razão de um possível risco de vida. Eu gostava muito de Vlad — um rapaz bondoso e amigável — e achava que os mecanismos da intervenção estatal, junto a um leve esnobismo no que dizia respeito a sua ausência de valor zoológico, o estavam expondo a riscos desnecessários. Mas a essa altura eu já estava um pouco cansado de batalhas, e com minha defesa dos lobos, dos macacos e várias outras questões, provavelmente era um bom momento para deixar passar alguma coisa. A cirurgia foi um sucesso, e Vlad retornou a suas atividades no dia seguinte.

O dinheiro estava se esgotando, mas por fim tínhamos a data de inspeção, marcada para 4 de junho, o que nos concedia um prazo final, que era tudo ou nada, em direção ao qual trabalhar. Todos se puseram ao trabalho com afinco, às vezes delirando um pouco a respeito de nossos recursos, mandando buscar ferramentas e equipamento com relativa despreocupação. Os funcionários essenciais que herdamos eram improvisadores magníficos — tiveram de ser por muitos anos à medida que as riquezas do parque diminuíam. Em lugar de comprar novas barreiras de metal, por exemplo, encorajei a recuperação das existentes, que estavam generosamente espalhadas. Atrás do restaurante, havia mais ou menos 4 mil metros quadrados de sucata, que incluía carros velhos, até mesmo caminhões e a carroceria havia muito esquecida de um antigo caminhão basculante, bem como cerca de vinte geladeiras, inúmeros pneus e rodas, pedaços de madeira e milhares de outras coisas "guardadas" para uso em algum momento indefinido no futuro, que nunca acontecia. Fizemos um acordo com o negociante de sucata local, que chegou com um amplo caminhão-plataforma equipado com garra e uma miniescavadeira (que ele gentilmente nos emprestava quando não estava usando). O trato era o de que ele ficaria com tudo, à exceção dos pedaços selecionados de metal que poderíamos reciclar, em troca de limpar o terreno.

— Sem problema — disse ele, satisfeito. — Isso vai levar mais ou menos cinco dias. — Nove semanas mais tarde, ele continuava a carregar o caminhão todos os dias com novos objetos de metal retirados do parque. Embora 95% fossem puro lixo, nesse meio-tempo salvamos todo tipo de itens úteis, inclusive painéis de vidro duplo miraculosamente intactos, algumas traves para cercas perfeitamente aproveitáveis e conexões em T suficientes para fabricar um pequeno cercado. O primeiro objeto inteiramente fabricado de sucata recuperada foi um reboque para os novos quadriciclos dos tratadores, que John confeccionou em menos de uma semana, usando as rodas de um velho cortador de grama. Esse reboque ainda está em uso atualmente.

Os quadriciclos, porém, não estão. Ou melhor, um deles sim; mais ou menos. A ideia de Duncan de comprar quadriciclos baratos como incentivo moral para a equipe saiu pela culatra no início, quando as pessoas erradas acabaram por usá-los pelos motivos errados. Em vez de Hannah e Kelly terem sua carga de trabalho aliviada, pareciam continuar empurrando carrinhos de mão pesados repletos de carne ou escalando caminhos íngremes enquanto membros da equipe de manutenção em posição inferior e empregados ocasionais destruíam o parque nos veículos, realizando pequenas tarefas. Os quadriciclos deterioraram-se rapidamente e começaram a passar cada vez mais tempo sendo consertados ou aguardando peças. Isso originou muita má vontade e foram realizadas várias reuniões, nas quais normas rígidas para o uso dos quadriciclos foram implantadas. Quem ficou menos feliz com isso talvez tenha sido Rob, tratador-chefe e neto resignado de Ellis.

— Qual é o problema de caminhar? — perguntava ele. — Faz parte do trabalho em um lugar como este. — Ainda que bem-intencionada, a compra dos quadriciclos nos ensinou uma lição sobre a intervenção no ecossistema que herdamos.

Meu próprio presente para os tratadores deu-se em menor escala e causou menos controvérsia. Dez lâmpadas frontais, distribuídas pela equipe, tornaram o trabalho nas noites escuras de inverno, na ausência de iluminação externa (e mesmo de luz dentro da jaula de alguns felinos), mais seguro e suportável.

— Não ouvi uma palavra contra elas — disse Rob. Ainda assim, na primavera, todas haviam se perdido ou quebrado. Felizmente, nas noites mais claras, não necessitávamos delas.

Por tudo o que valiam, os pavões foram outra parte bem-vinda daquela primavera, entediados e alisando com o bico sua incrivelmente exagerada plumagem. Parecem ter sido desenhados por um louco exibicionista, provavelmente de origem indiana, dado seu fino acabamento, embora com mais do que uma inclinação rumo aos gostos de Liberace. Mesmo em repouso eles são maravilhosos, a cabeça e o pescoço de um azul impossível dando lugar a penas verdes e douradas igualmente improváveis, dispostas como escamas a partir da metade do dorso. Estas, por sua vez, são substituídas pelas famosas penas de sua comprida cauda, muitas delas com cerca de um metro, facilmente com o triplo do comprimento do macho. Como se isso não bastasse, como uma ideia tardia, a cabeça é enfeitada com mais penas de pontas azuladas com hastes estreitas, que se abrem em uma paródia animal do capacete de um centurião romano. *E por que diabos não?*, pensamos. Ele já foi longe. Ao que parece, o único limite para sua opulência são os quase ilimitados confins da imaginação do Liberace indiano que é seu criador.

Descobri que observar essas aves extravagantes sob o sol era singularmente divertido. A simples beleza física era enriquecedora, um símbolo de que, mesmo caminhando a passos largos com o celular colado ao ouvido, encontrava-me em um local extraordinário, compensador e com uma pitada de exotismo. E elas eram muito engraçadas também. Aqueles cérebros de ervilha abriam seu leque cintilante diante de qualquer coisa que se movesse e de algumas que não apresentavam movimento nenhum. Os machos mais velhos, com sua cauda magnífica, reluziam sob o sol, exibindo a mercadoria para os patos, galos e galinhas-d'água, que os ignoravam deliberadamente ou afastavam-se envergonhados. Mas eles também tinham como alvo bancos de piquenique, bolas de futebol, vasos de plantas e até mesmo os gatos (o que irritava muito esses felinos ainda levemente nervosos). Ao que tudo indicava, por vezes eles exibiam sua mercadoria para o alvo correto, a pavoa, que deveria ficar tão impressionada com a exibição que nada inferior serviria. Mas tampouco ela parecia impressionada, e não raro afastava-se, deixando um macho infeliz reluzindo em vão, como que abandonado em meio a um primeiro encontro promissor. Durante toda a temporada de acasalamento, assisti apenas a uma cópula bem-sucedida, e com certeza havia somente uma fêmea prenha ao final da estação.

Eu também adorava os pavões por seu lugar na evolução, ou melhor, na explicação desta. Como escritor ocasional sobre psicologia evolutiva, particularmente relacionada ao comportamento masculino, sabia que a cauda do pavão era frequentemente usada como síntese das ostentações masculinas elaboradas e caras que se destinavam a atrair as fêmeas. Há fortes argumentos a favor da ideia de que a totalidade do córtex humano — metabolicamente o órgão mais precioso que possuímos — tenha evoluído com a atração do sexo oposto em mente. De maneira análoga, o humor, a caça, correr riscos e Porsches 911 vermelhos podem ser sintetizados como fenômenos tipo a cauda do pavão. Procuramos outros exemplos, muitas vezes nas aves-do-paraíso, mas sua plumagem elaborada e única tática de choque, ainda que ridícula, nada tem a ver com a pura extravagância do estorvo com que o pavão se investiu. O principal, no que diz respeito à cauda, é que ela é muito custosa para produzir e manter — como o Porsche, ou o córtex —, e possuí-la é um nítido escoamento de recursos. O neocórtex humano requer 40% de nossas calorias; comprar um Porsche custa muito e, sujeitando-me a uma ação judicial iminente no momento da escrita, pode se tornar quase tão caro dirigir no centro de Londres, onde a maioria deles certamente se encontra. Mas a cauda do pavão de fato o estorva, atraindo atenção generalizada de predadores e tornando a fuga muito mais difícil. O peso impede o voo, e eles raras vezes são vistos empenhados em mais do que um salto com o auxílio das asas quando a plumagem está completa. Esse ponto ficou claramente ilustrado há alguns anos, quando, segundo Robin, os ursos foram transferidos para seu novo cercado em um terreno arborizado frequentado por pavões.

— Eles levaram um tempo para se acostumar com a mudança — disse Robin em tom agradável. — Os ursos comeram essencialmente pavões na primeira semana. — Quando pousavam, as aves ficavam alarmadas e mal-equipadas para fugir de três predadores vorazes que se deslocavam rapidamente, e essa lição de seleção natural me fascina. Ao vê-los desfilar tão mal aquele aparato incrivelmente dispendioso e diante de objetos tão inadequados — enquanto crianças jogam futebol por perto, por exemplo —, sou compelido a pensar que, tendo se dado todo esse trabalho, esbanjar seu visual diante da bolsa de uma câmera ou de um toco de árvore é de uma extravagância maravilhosa. Isso de fato esclarece, para tomar emprestada a frase de Dawkins em seu famoso livro sobre a teoria darwiniana, que o Relojoeiro era cego. Poderíamos pensar que apenas um grama extra de tecido neural seria um investimento melhor, mas não quando o mercado, que se desenvolveu por meio da seleção sexual rigorosa, encontra-se em caudas caras. Eu tinha uma queda pelos pavões. Tanto que fiquei perturbado ao tomar conhecimento de que Owen, nosso tratador das aves célebres, assumira a responsabilidade de abater quatro deles, alegando superlotação. Desconfiei de que houvesse mais do que isso na questão, pois Owen, assim como Sarah, havia me dito que via o zoológico como um local que deveria possuir apenas animais exóticos ou, mais especificamente, "animais de valor zoológico". A maioria das quase cem aves no cercado acessível — sobretudo galinhas, gansos e patos — desaparecera aos poucos, aparentemente morta por alguma infecção parasitária sistêmica avançada demais para ser tratada e que constituía um risco à saúde das aves raras de maior valor zoológico que possuíamos e que planejávamos adquirir no futuro. Mas vários vizinhos e fazendeiros foram contatados e convidados a levar as aves, sujeitas às suas inspeções de saúde, e muitas se salvaram, passando a produzir grande quantidade de ovos para outras pessoas. Adam, em particular, por vezes me provocava dizendo que comera um ovo de pato especialmente saboroso no café da manhã. Esse abate, considerado necessário, incomodava especialmente mamãe, que adorava ser acompanhada por toda parte por aquele bando desigual enquanto os alimentava, uma experiência, em seu próprio parque, que parecia um lembrete diário da extraordinária distância que percorrera na vida desde a infância. Aquilo também me aborrecia e sinalizava um grau de discordância da nova equipe de tratadores que culminaria em uma reunião inflamada acerca da orientação do parque dali a algumas semanas. (Mais sobre esse assunto depois.)

Nesse meio-tempo, concordei com essa e com outras medidas, em minha opinião bastante radicais, apenas por não ter tempo para contestar tudo e por não ser prudente desafiar a ortodoxia de tudo o que me deixava indeciso. Os tratadores de zoológico assemelham-se um pouco a paramilitares. Usam botas grandes e calças de combate, comunicam-se por *walkie-talkies* e fazem um trabalho perigoso, que, às vezes, envolve armas de fogo. Subir nessa categoria requer muita disciplina e dedicação, bem como conformidade à ortodoxia estabelecida. Eu não conseguiria. Talvez possuísse uma pequena dose de autodisciplina (embora consiga imaginar meu pai bufando com sarcasmo ao ouvir tal afirmação), mas a disciplina externa muitas vezes parece me causar irritação. Duncan certa vez tentou ser tratador por cerca de seis meses, na jaula dos répteis no zoológico de Londres, e aquilo tampouco serviu para ele.

— Eu me lembro do meu primeiro dia — contou Duncan. — O sujeito responsável por mim ergueu uma vassoura, me explicou o que era, então me mostrou como usar, colocando a vassoura no chão e empurrando-a várias vezes na minha frente. Levei um tempo para perceber que eu estava de pé ali, vendo um homem adulto me ensinar como varrer o chão.

— Estando bem-treinado nas artes esotéricas da limpeza, dias depois Duncan inovou. — A cabeça da vassoura ficava caindo, então enfiei nela um prego e tripliquei sua eficiência. Mas o cara ficou lívido. Gritou: "Quem te disse para fazer isso?", e acaba que com um bom motivo. — Aparentemente, a cabeça da vassoura ficava solta, pois às vezes era necessário entrar na jaula dos jacarés para limpar em torno daqueles lentos obstáculos, e a vassoura era a principal defesa do tratador. — O plano era o seguinte: se o jacaré fizesse um movimento na sua direção, você oferecia a vassoura e ele arrancava a cabeça dela e recuava, achando que tinha conseguido alguma coisa. E você ficava ao menos com o cabo, em vez de ele ser arrancado da sua mão e sacudido para todo lado. — Portanto, havia método naquela aparente loucura (embora essa parte razoavelmente importante do treinamento tenha sido deficiente), mas algumas das coisas com que Duncan deparou pareciam pura insanidade.

— As tartarugas de Galápagos estavam com o bico podre e não se reproduziam, então decidi usar minhas horas de almoço para investigar a questão — contou ele. O zoológico de Londres é sede de uma das bibliotecas zoológicas mais completas do mundo, mas, como tratador aprendiz no começo da década de 1980, Duncan não tinha acesso a ela. — Eles tornaram aquilo muito difícil; era como se sinceramente não entendessem o que eu queria fazer lá. — Por fim Duncan conseguiu entrar, e descobriu que o único zoológico que reproduzira com sucesso esses enormes répteis de vida longa (na ocasião, pensava-se que um dos exemplares em Londres à época houvesse sido trazido por Charles Darwin) fora o de San Diego. Lendo os artigos deles e entrando em contato com a equipe, Duncan descobriu que o apodrecimento do bico era causado pela ingestão de bananas, que grudam na parte inferior da mandíbula. Na natureza, esse alimento é afastado pela grama alta sobre a qual a tartaruga caminha, mas em Londres não, portanto o bico apodrece. Duncan levou suas descobertas ao tratador veterano encarregado dos répteis, na expectativa de conseguir implementar as mudanças necessárias e possivelmente ser recompensado por seus esforços. Na verdade, o velho declarou:

— Eu faço esse trabalho há vinte anos. Quem é você para me dizer como fazer meu trabalho? Cai fora. — Dizem que a ciência avança de funeral em funeral. Duncan não é o tipo de pessoa de ficar esperando, então pediu demissão para tornar-se seu próprio chefe, importando peixes marinhos dos trópicos.

Agora ambos nos encontrávamos administrando um zoológico — ou tentando fazê-lo — e, apesar de saber que tínhamos de dar ouvidos e seguir à risca o que diziam nossos conselheiros, desde os tratadores e o curador até o conselho, também sabíamos que havia vezes em que podíamos inovar. Os gerentes de negócios sabem que com frequência os melhores inovadores não são as pessoas ligadas às atividades internas. Nosso problema é que nem éramos gerentes de negócios. Mas ao menos não éramos leigos.

Também sabíamos que, naquele momento, precisávamos trabalhar juntos e que, para empregar a frase do agente de Saúde Ambiental Peter Wearden, "marcar as respostas corretas" era o que mais contava na corrida rumo à inspeção. Por vezes tais respostas eram marcadas após um conflito, por meio de uma cadeia de acontecimentos diferentes dos prescritos ou recomendados, como no caso da controvérsia a respeito dos lobos, ou na questão dos macacos, mas isso sempre levava tempo e, durante o hiato anterior à solução, nossa frágil credibilidade invariavelmente se desgastava. Até que a resposta fosse de fato marcada, quando se tornava uma questão invisível e tudo se deslocava rumo ao novo problema. Não tínhamos tempo e precisávamos marcar o maior número possível de respostas antes da inspeção, agora firmemente agendada para 4 de junho. Tivemos de entrar em um frenesi de marcação de respostas, caso contrário os banqueiros e os advogados alegremente produziriam seus próprios quadros, oferecendo muito menos espaço para manobra, e com muito menos respostas amistosas.

Havia um revigorante senso de trabalho em equipe — um grupo verdadeiramente flexível, qualificado e dedicado trabalhando em conjunto para alcançar um objetivo comum. No papel, esse era nosso negócio, e todos éramos funcionários produzindo para, mais cedo ou mais tarde, gerar lucro. Na realidade, acho que ninguém pensava assim — nenhum de nós. Dia após dia, parecia que estávamos todos lutando para salvar um bem público ameaçado e, mais importante, uma coleção de animais ameaçados, salvos para o futuro. E, se fracassássemos, as consequências seriam impensáveis. Tony Tourette realizou um ótimo serviço, superando aos palavrões incontáveis contratempos, deslocando a escavadeira em manobras ridiculamente habilidosas e eficientes, trabalhando e fazendo sua equipe trabalhar tão duro quanto humanamente possível. Anna e Steve foram absolutamente inestimáveis, Anna ao lidar com a documentação complicada, fornecendo-nos um feedback das respostas exatas que precisávamos marcar e de como marcá-las, enquanto Steve mobilizava-se como trabalhador braçal, tratador, supervisor, motorista do rolo compressor — o que quer que precisasse fazer. Hannah, Kelly, Paul, John e Rob alternavam entre serviços de tratador e de manutenção, e uma equipe de trabalhadores temporários permaneceu com as tarefas desagradáveis como dragar canais lamacentos, varrer hectares de folhas molhadas e tensionar centenas de metros de tela metálica novas, o que fere as mãos e tornou-se ainda mais doloroso pela ação da brisa gelada. Owen e Sarah lideravam seu grupo de tratadores auxiliares na linha de frente, trabalhando arduamente, conduzindo, treinando e implantando práticas modernas apropriadas, ainda que por vezes, parecia-me, de forma um tanto severa — Owen afirmou que para treinar um novato às vezes era preciso "destruí-lo e formá-lo novamente". Isso não era compatível com minha técnica de gestão preferida (embora confessadamente improvisada), mas por outro lado eu não provinha daquela cultura. Esse avanço contínuo teve, inevitavelmente, seus conflitos ocasionais e suas ameaças de greve, mas a atmosfera geral era a de trabalho árduo e de todos fazendo o que fosse necessário. As coisas corriam da melhor forma possível. E então chegou a chuva.

Após um mês de maio excepcionalmente ensolarado e alegre, ingressamos no mês de junho mais úmido do Reino Unido em cem anos. O Sudoeste experimentou pouco mais que o dobro da média de precipitação desde que os registros começaram em 1914, mas parecia chover todos os dias. As dúvidas inquietantes sobre se conseguiríamos concluir as tarefas no tempo assinalado retornaram. Com capas impermeáveis, muitos serviços como a substituição de cercas e barreiras ainda podiam ser efetuados. Mas soldagens externas, concretagem, trabalhos com motosserra e, em muitos casos, o uso da escavadeira achavam-se fora de questão.

Os pavões, tão recentemente um símbolo de esperança, agora pareciam encharcados. Uma das fêmeas sentou-se à beira do gramado, diante dos banheiros, por várias semanas, e quando perguntei aos tratadores se ela estava bem, constatou-se que estava chocando alguns ovos. Na chuva. A poucos metros do local, havia um arbusto bastante viável, que teria ao menos fornecido proteção contra os elementos e, no mínimo igualmente importante, contra as raposas. Mas aquela ave idiota — a única a sucumbir à elaborada e evolutivamente dispendiosa exibição masculina de primavera — continuou a tentar criar sua delicada prole exposta aos elementos e aos predadores. Por fim, três ovos chocaram, e ela sabiamente deslocava seus pequeninos todas as noites, mas, à medida que cresciam, iam cada vez mais longe — ela e seu pequeno trio de aves de fato bem bonitinhas, que tentavam desesperadamente acompanhar a mãe. Aos poucos as perdemos de vista e não posso dizer com honestidade se alguma delas sobreviveu.

Mesmo debaixo de chuva, havia muito trabalho a ser feito, tanto interno quanto externo, e atirei-me nele. A essa altura, menos de três meses após a morte de Katherine, eu percebia mudanças psicológicas significativas em minhas reações. Acima de tudo, já não me sentia tão pesado, como se a vida houvesse sido sugada de dentro de mim pela morte dela — embora minha dieta de Stella Artois, muito reduzida, mas ainda parte importante de minha rotina para pegar no sono após ter colocado as crianças para dormir, estivesse expandindo minha cintura, fazendo com que meu peso, na realidade, aumentasse. Mas minha energia interna começava a voltar. Os muitos disparadores diários estavam se tornando mais reconhecíveis e suportáveis, eu me deixava confundir menos por situações inesperadas e a quantidade de choro de que necessitava estava diminuindo aos poucos. Por vezes, sentia-me oprimido ao examinar a enormidade do que havíamos perdido. Durante esse período, algumas breves porém necessárias viagens a Londres, que eu parecia ter percorrido com Katherine de cabo a rabo, foram particularmente terríveis. Mas, no geral, sentia que tudo estava melhorando. E as crianças pareciam estar indo bem na nova escola e adaptando-se com a flexibilidade dos muito jovens.

Era evidente que ainda estavam profundamente afetadas, e eu me certificava de conversar com elas sempre que desejavam. No entanto, pareciam me proteger — e a si mesmas — cada vez mais de meu sofrimento, que deviam considerar alarmante, mas que foi impossível (e desaconselhável, acho) de esconder nos estágios iniciais. Elas por vezes faziam confidências a amigos, a vizinhos e à avó, que me repassavam suas preocupações. Certa vez, ambos tiveram a ideia de usar um dos pulôveres de Katherine na cama, e enquanto eu revirava suas gavetas de roupas dobradas com esmero, à qual recorrera pela última vez naquelas semanas inesquecíveis que passara vestindo-a e despindo-a, comecei a me sentir cada vez mais angustiado. Milo, que me observava com atenção, sorriu e balançou o dedo em minha direção, dizendo com ar bondoso:

— Hã, hã, hã, papai. Não ligue as lágrimas. — Aquilo me alegrou imensamente e prometi que não choraria; assegurei-lhe que, sempre que desejasse conversar sobre a mãe, eu não iria chorar. Que é onde nos encontramos agora.

Lá fora, no parque, a data da inspeção aproximava-se, e a chuva muitas vezes impossibilitava que enxergássemos poucos metros adiante. Mas perseveramos e, a poucas semanas da inspeção, a disposição de ânimo no local era inspiradora; o consenso parecia ser o de que "marcamos respostas corretas suficientes" para demonstrar iniciativa. É quase sem precedentes o fato de um zoológico que teve sua licença caçada alçar-se do abismo, mas o pressentimento era o de que provavelmente o faríamos — embora não pudéssemos nos dar ao luxo de desacelerar um instante sequer. Nosso breve currículo parecia bom. Tínhamos as pessoas certas, as intenções certas e, se não o montante de dinheiro certo, ao menos o estávamos gastando do jeito certo.

Uma das partes mais importantes de nosso pedido de licenciamento eram as medidas de preservação que implementaríamos. Steve e Anna possuem bons contatos com um programa de espécies ameaçadas de extinção no Sri Lanka, e o catálogo de sucessos prévios de Owen e Sarah estava filtrando para nós promessas de programas de reprodução no futuro, o que também nos concedia pontos, bem como animais como Ronnie, a anta oficialmente "Vulnerável", e Soberano, nosso jaguar com pedigree. No entanto, cada vez mais as medidas locais de preservação são consideradas, no mínimo, de igual importância. Por sorte, estávamos em boa posição para pôr em prática muitas delas. Às margens de Dartmoor, em si um hábitat propício a muitas espécies que estão decaindo em todo o território nacional, estávamos perfeitamente localizados para ajudar animais em extinção de variadas espécies domésticas muito menos glamourosas. Como os ratos do campo, os morcegos-ferradura, pássaros vulneráveis que fazem seus ninhos no solo, salamandras, caracóis e até mesmos certos musgos e liquens.

Uma espécie sobre a qual eu já sabia um pouquinho era um tipo de borboleta fritilária, cujos últimos pontos de inserção no país pareciam localizar-se em Dartmoor, e sobre a qual eu escrevera de forma sucinta para o *Guardian*. Telefonei para a Sociedade de Preservação das Borboletas ("Preservação das Borboletas, como podemos ajudá-lo?", arrulharam), que me informou que poderíamos trabalhar no sentido de proporcionar hábitats apropriados para as borboletas em nossos terrenos. Já possuíamos alguns hectares de floresta dedicados à preservação, mas as condições essenciais a plantas específicas talvez fossem prejudiciais às já existentes no local. Eles receberiam com prazer uma doação. Errr... algum dia, quem sabe.

Outra tentativa frustrada foi o pônei de Dartmoor, reduzido a menos de novecentas fêmeas reprodutoras (o que o torna ainda mais raro que a figura de proa da preservação, o panda gigante) e objeto de uma campanha local concentrada em protegê-los de proprietários de terras brutais, que às vezes os matam ou os vendem por causa da carne, em lugar de pagar a recém-introduzida tarifa de vinte libras para o passaporte equino, agora exigido pela legislação europeia. A ideia é registrar animais passíveis de ingressar na cadeia alimentar humana, de modo a que quaisquer drogas veterinárias que estes tenham consumido sejam monitoradas. A realidade é que um pônei de Dartmoor pode ser vendido pelo preço de apenas meio litro de leite, e muitos fazendeiros em apuros simplesmente não podem dar-se ao luxo de obedecer à lei do passaporte. Instituições beneficentes estão à procura de proprietários de terras que ofereçam pastos para pequenos rebanhos de equinos, que são periodicamente transportados para certas áreas das charnecas, a fim de pastoreá-las e administrá-las como somente estes pequenos animais nativos sabem fazer. Minha irmã Melissa pesquisou e promoveu o esquema, tendo criado certa vez um pônei de Dartmoor — Afrodite — que possuía um temperamento obstinado, mas dócil. Lembro-me com carinho de Afrodite ao ar livre, na neve, sem a menor preocupação, com pingentes de gelo retinindo nos bigodes, tentando confortar um meio puro-sangue frouxo, que usava uma grossa pelagem e pegara um resfriado, em seu estábulo aquecido. Esse projeto local parecia perfeito, e fiz planos para consagrar 8 acres que comportariam cerca de oito a 12 pequenos pôneis, a esse admirável objetivo. Mas choquei-me contra uma parede de tijolos: o projeto não marcava nenhuma resposta. Os pôneis de Dartmoor podem estar em risco de extinção, mas o verdadeiro gênero, *Equus*, ou cavalo, para quem não viu o filme homônimo de Richard Burton, só pode ser descrito como próspero. Os pôneis de Dartmoor foram gerados artificialmente há algumas centenas de anos, provavelmente para trabalhar nas minas de estanho locais, e são computados como cruzamento, e não como espécie em risco de extinção. É como tentar salvar o gato siamês ou o Staffordshire *bull terrier*. A iniciativa talvez seja do interesse dos criadores locais, porém é insignificante em termos zoológicos. Isso me pareceu particularmente difícil de engolir, mas o tempo não estava do nosso lado e precisávamos fazer o necessário, e não o que gostaríamos, para obter nossa licença.

Um projeto local que consegui incluir como plataforma central de nossa estratégia de preservação foi o restabelecimento das cercas vivas. Nossos 12 hectares de terras são delimitados e entrecortados por alguns quilômetros de cercas vivas, a maior parte depauperada e dispersa, oferecendo pouco do rico hábitat para a vida selvagem local que antes proporcionava. Algumas cercas (ainda que não as nossas, é preciso que se diga) têm mais de setecentos anos. Com a manutenção adequada, constituem gigantescos ecossistemas alongados por direito próprio, atuando como corredores de vida silvestre a ser passada adiante e protegendo muitas flores selvagens, plantas, insetos, pássaros e mamíferos que enfrentam dificuldades a céu aberto. Também possuíamos bolsões de diferentes tipos de espinheiro, que poderiam ser transplantados de outras partes do parque, e esse projeto, por sorte, recebeu um entusiástico apoio das autoridades. Também marcava minha resposta pessoal a favor de uma intervenção lenta, um aprimoramento gradual do ecossistema mais amplo do parque, pouco suscetível a causar choques, mas suscetível a proporcionar benefícios no longo prazo e oportunidades educativas — além de segurança, uma vez que cercas espessas representam um bom obstáculo contra invasores, bem como contra certos animais exóticos nômades. E — *E* — de onde retirássemos os espinheiros, liberaríamos espaço para outras funções, como áreas públicas de observação. O projeto entrou para nosso plano de negócios, e começamos a ligar nossas antenas a fim de conseguir especialistas em cercas vivas que nos ministrassem treinamento. Por sorte, nesta área de Devon, tais práticas rurais se mantêm, e eu ansiava ser capaz de mergulhar na antiga arte da poda durante algumas horas em futuro não muito distante.

Enquanto isso, o mestre de cerimônias Adam gradualmente harmonizava o restaurante, embora fosse preciso um olho experiente para enxergar alguma coerência em meio ao caos. A cozinha continuava caótica, assim como a área destinada às refeições e à loja — coberta de serragem e ferramentas —, que, de alguma forma, tinham de se transformar em um local desimpedido e acessível ao público ou em espaço comercial. Mas havia sinais de que estava tudo mudando para melhor. O teto odioso foi revestido com placas de gesso onduladas, em seguida recebera uma fina camada de reboco, até atingir uma uniformidade quase celeste, trabalho que, numa área de 400 $m^2$, tendo sido efetuado por três homens em menos de uma semana, representava um progresso bastante bom. Para dizer a verdade, teve de ser assim. O teto precisava secar, ser pintado e ter os novos e lindos spots de luz de aço escovado instalados (Katherine teria aprovado).

Havia-se falado muito em quase-branco, até mesmo em cores fortes a serem empregadas nas paredes, mas mamãe e eu nos mantivemos firmes: seria tudo branco. Com o piso, as bancadas e o bar em carvalho e os detalhes em aço escovado, aquele amplo salão representaria uma dura concorrência para os restaurantes elegantes de Londres. Estão lembrados da reunião de design da qual eu estava participando quando um lobo escapou? Acabamos por não usar aquele pessoal para fazer nossos folhetos, pois apresentaram protótipos excessivamente detalhistas. (Em vez disso, um amigo de Londres se ofereceu para terminar o que Katherine começara, muito mais ao estilo dela; obrigado, Paul.) Mas da reunião surgiu uma coisa boa. Quando esbocei minhas ideias para a aparência geral do restaurante e, em última análise, do parque, mencionando Terence Conran como princípio norteador, um dos designers propôs a excelente descrição "Conran se encontra *com as raízes da África*". Saltei prontamente sobre a ideia. (Pretensioso? *Moi?*) Por mais pomposo que o modelo parecesse, se o alcançássemos, eu tinha certeza de que funcionaria no mercado que estávamos tentando conquistar. O bom design está se tornando uma tendência dominante, e há construções modernas surgindo nos zoológicos tão rápido quanto em qualquer outra parte. O zoológico de Bristol gastou recentemente um milhão de libras em uma nova jaula para os macacos que poderia figurar em um programa *Grand Designs* sueco. Pessoas que comem regularmente no McDonald's na realidade não serão repelidas pelo bom gosto despretensioso (bem, "bom gosto" na minha modesta opinião, de qualquer maneira) nem pela boa comida, desde que o preço seja razoável. Além disso, minha interpretação mais otimista de nosso plano de negócios era a de que nós (e as estradas circundantes) poderíamos suportar no máximo de 200 a 220 mil visitantes ao ano, e um dia talvez tivéssemos de aumentar os preços para restringir a quantidade. Por que não nos preparar para tal mercado agora? Era fácil nos excedermos (muitos consideravam otimista nossa aspiração mais premente, a de apenas equilibrar as finanças, com 60 mil visitantes) no alto-astral do restaurante, especialmente com Adam na modalidade "dá para fazer", executando malabarismo com os orçamentos e materiais e entrevistando a equipe de trabalho com um cronograma muito apertado. Ao acompanhar o andamento e observar Adam, sabia que ele faria sucesso. Isso era absolutamente essencial, porque o restaurante seria a locomotiva financeira do zoológico — e, em tese, um local onde eu poderia comer sem ter de me preocupar com a limpeza pelos próximos 25 anos.

Outra parte vital de nosso plano comercial era ter ao menos um bom quiosque, em condições ideais dois ou, a tomar como base o Zoológico de Paignton, nosso tremendamente bem-sucedido vizinho, um a cada 50 metros. Adam rejeitou a construção padrão ao lado do futuro zoológico de animais de estimação, uma configuração de instalações pelas quais fui muitas vezes explorado em troca de chá, bolo e sorvete desde que me tornei pai. Em vez disso, Owen apropriou-se do prédio para incubar ovos de pássaros para exibição pública, ao passo que Adam apresentou um forte argumento a favor de nos concentrarmos em um quiosque construído para tal fim no alto da área de piquenique. Era evidente que esse local precisaria de um quiosque algum dia, mas decepcionou-me o fato de ele rejeitar uma construção existente, e tentei persuadi-lo de que, inicialmente, deveríamos comprar o que me parecia uma barraca bastante cara, em lugar de esperar e investir no modelo moderno e curvilíneo que acabara de ganhar o prêmio de Melhor Quiosque de Lazer na Dinamarca (tantos prêmios, tão pouco tempo). Mas Adam foi inflexível: o desembolso de 2 mil libras se pagaria em um único dia de verão, ao conservar as pessoas na melhor parte do parque, maravilhadas com a proximidade dos tigres na Montanha do Tigre, ouvindo ocasionalmente os rugidos dos leões e os uivos dos lobos, e comprando chá, bolo e sorvete e, como estávamos no sudoeste, pastelões, como se não houvesse amanhã.

Como um aparte, aprendi duas coisas a respeito dos pastelões desde que cheguei aqui. Uma delas é que a grossa borda externa de massa, que constitui o autêntico pastel e gruda na boca como um pacote de biscoito de queijo, na realidade não deve ser ingerida, pois se destinava a ser o suporte pelo qual os mineiros, com suas mãos encardidas, seguravam a refeição no intervalo de almoço. Se vocês já sabiam disso, desculpem-me, mas gostei da descoberta porque fez com que me sentisse menos culpado por deixar de lado aquele arco de carboidrato desidratado, ou por jogá-lo fora para ser devorado pelas formigas. Suportes biodegradáveis orgânicos e embalagens para alimentos em geral são questões nas quais deveríamos estar pensando hoje em dia, mas estavam sendo abordadas já em 1510. O que me remete à segunda coisa que aprendi. O pastelão da Cornualha foi inventado em Devon. Sim, aqui onde moro. Descobriu-se recentemente que 1510 foi a data da primeira menção escrita ao pastelão, nos registros do conselho da cidade de Plymouth. Que se localiza em Devon. No outro lado do rio Tamar, "havia monstros", e isso fica provado pela menção seguinte ao pastelão, em 1746, quando essa receita devoniana foi supostamente roubada por piratas e introduzida na Cornualha. Que tipo de piratas eram esses? Batedores de alguma despótica Martha Stewart primitiva? Por ora, resta o fato irrefutável de que o pastelão originou-se em Devon. Portanto, acostume-se com isso, Cornualha. E, sim, todos já sabem que os pastelões possuíam originalmente duas cavidades, uma salgada e outra com recheio de fruta, a primeira refeição de conveniência do mundo com dois pratos. Até eu sabia disso. Aparentemente, o Grande Debate sobre os Pastelões continua a se alastrar rancorosamente entre os dois condados, embora eu tenha de admitir que, em 18 meses aqui, nunca ouvi uma palavra sequer a respeito. E, francamente, já estou ficando um pouco enjoado de pastelões.

Assim, Adam convenceu-me de que a nova estrutura seria um bom uso para nosso capital que se esgotava rapidamente, e me chamou pelo rádio para vê-la chegar. Eu ainda tinha minhas reservas sob a forte chuva de junho. Continuava a parecer uma opção cara comparada à reforma da construção existente a uma centena de metros, e para mim, era um pouco quadrada demais. A equipe que chegou para montar a estrutura pré-fabricada era decididamente profissional e pôs-se a trabalhar com eficiência sob a chuva em um pequeno local que havíamos marcado e nivelado para as exigências do quiosque. Mais uma vez, tive uma pequena oportunidade de me envolver em construção tipo bricolagem, dando uma martelada ocasional aqui, erguendo um painel ou dois ali, e participei com prazer. Mas, assim que a estrutura ficou de pé, a equipe aglomerou-se ao redor, guarnecendo-a com painéis internos e prendendo a manta asfáltica no telhado, e não me restou nada a fazer a não ser retroceder na área de piquenique e me encher de admiração. Quadrada ou não, parecia ter estado sempre ali, local ao qual definitivamente pertencia, e foi fácil me entusiasmar ante a possibilidade das filas de clientes pagantes alinhadas em seu exterior. Mas não com um tempo como aquele...

O quiosque representava uma parte muito importante de nosso plano geral e, como lado comercial do empreendimento, tinha de dar certo. Era óbvio que os animais vinham em primeiro lugar, mas, sem clientes satisfeitos — e muitos —, os animais estavam diante de um futuro incerto. A inspeção ocorreria em poucos dias, e embora fosse enfatizar o bem-estar animal, eles também prestariam alguma atenção às instalações para o público. O número de banheiros, o estado dos caminhos, o acesso para deficientes, barreiras adequadas para impedir que os membros dos visitantes fossem arrancados por carnívoros gigantescos, esse tipo de coisa. O que o inspetor não faria — não podia fazer — era dizer se o local daria certo como empreendimento. Isso dizia respeito a nós, ao tempo, ao elemento sorte, e ao fato de a reputação local do parque já estar ou não irremediavelmente manchada na opinião pública. O que era um pouco assustador.

O Dia da Inspeção despontou com uma rara manhã ensolarada, o que era um bom prognóstico, embora o nervosismo pré-exame contagiasse a todos. Quando me reuni com os tratadores antes da chegada do inspetor, mal os reconheci. Estavam todos bem-vestidos e limpos! Normalmente sujos de lama e encharcados de suor, aquele bando de trabalhadores endurecidos, que não pensariam duas vezes antes de se atirarem na lama atrás de um animal ferido, que removiam com pás quantidades enormes de excremento ou cobriam-se de sangue ao cortar uma carcaça de cavalo, de repente pareciam pessoas normais, como as que podemos encontrar na rua. Eu nem sequer sabia que Steve possuía um paletó, mas lá estava ele, parecendo ligeiramente pouco à vontade, fumando despudoradamente cigarros enrolados à mão enquanto aguardávamos a chegada do examinador. Eu estava particularmente nervoso, o que me pegou de surpresa, pois sondara todos os envolvidos e convencera-me de que era "quase certo" que fizemos o suficiente para passar. Foi esse "quase" que de repente veio para ficar enquanto esperávamos.

O inspetor designado pelo governo chegou com Peter Wearden, que na prática era quem expediria a licença caso fosse essa a recomendação. Peter piscou para mim, o que foi um tanto reconfortante, mas o assunto estava fora de sua alçada. O inspetor, Nick Jackson, administrava seu próprio pequeno zoológico, uma atividade familiar de segunda geração de renome internacional no País de Gales. Portanto, sabia como administrar um bom zoológico. Esperávamos apenas que ele conseguisse discernir as sementes de um no que havíamos feito. O passeio — que em geral me causava a inequívoca satisfação de mostrar o que havíamos conseguido, o que desejávamos fazer e de ver as pessoas transformarem-se de céticas e surpresas em fortes entusiastas ao final — de repente tornou-se insuportavelmente sério. O sr. Jackson estava sendo pago para fazer perguntas difíceis, de uma posição de extremo discernimento, e nada estava fora de cogitação. Entrou em cada uma das jaulas dos animais, expôs todas as áreas em que éramos deficientes, e fez as perguntas mais difíceis. Enquanto isso, Peter, em seu papel de agente de Saúde e Segurança do conselho de South Hams, tinha suas próprias críticas. O "Ninho do Robin", por exemplo, onde ele se refugiou para realizar seu trabalho de design dos cercados e a construção das placas, era um sótão que finalizava com uma queda abrupta, próxima a sua mesa, de 6 metros até o chão de concreto da oficina embaixo, que ninguém parecera notar ou achar estranho. Era óbvio que Robin estava ciente disso e sabia manter-se afastado da borda, mas igualmente óbvio era o fato de que o local não era seguro.

— Quero que isso seja resolvido imediatamente — gritou Peter, de forma pouco usual. — E isso quer dizer HOJE.

Outro descuido óbvio era a ausência de placas nas portas das jaulas dos animais perigosos quando havia gente trabalhando nos cercados.

— Se eu estivesse trabalhando lá dentro, gostaria de saber que existe uma placa na porta pedindo aos tratadores que não soltem os felinos, caso haja alguma pane na comunicação — declarou o sr. Jackson. Embora nossas intervenções fossem suficientemente pequenas e escassas para que todos soubessem o que todo mundo estava fazendo, foi um argumento justo, e Duncan passou um rádio para Robin, cujo ninho perigoso já estava sendo consertado, que começou no mesmo instante a implementar a recomendação. Eu não ajudei; na falta do que dizer enquanto aguardávamos a chegada das chaves à jaula dos tigres, chamei atenção para a presença de sangue no cadeado da porta externa. O inspetor olhou atentamente para mim e sorriu.

— Eu não tinha percebido — confessou. — Jeito errado de trabalhar. — E tomou nota. Droga!

Por volta das cinco da tarde a inspeção havia terminado, e raras vezes me senti tão aliviado. Mas o dia ainda não chegara ao fim. Seguimos para o escritório, onde todos se sentaram e suportaram um relato de duas horas e meia, que revisou todos os pontos levantados e nos forneceu uma indicação de nossa pontuação na inspeção. Isso foi quase tão extenuante quanto a inspeção em si, e embora tenha sido um feedback útil, no qual nos classificamos bastante bem, o retorno não foi conclusivo, uma vez que o relatório final conteria material extra. Fiquei aliviado, pois, embora meu comentário a respeito do cadeado tenha chamado atenção para nossas deficiências, na realidade funcionou bastante bem e foi apontado pelo inspetor como parte de uma "cultura de abertura", que aparentemente se achava ausente nas inspeções anteriores ao longo dos anos. Ele também solicitou entrevistas reservadas com os tratadores e outros funcionários, longe dos empregadores respirando em seu pescoço, e ficou impressionado com a interpretação deles do que estávamos fazendo e do rumo que estávamos tomando. Portanto, não seria necessário demitir ninguém (brincadeirinha). A menos, claro, que o resultado voltasse com um "Pedido Recusado", caso em que todos procurariam novos empregos.

Lembro-me do dia seguinte de maneira vívida. De repente, senti-me (estupidamente) exausto, sentado em um banco diante de casa com as crianças, quando Rob se aproximou.

— Não posso mais trabalhar com o Steve — anunciou. Rob era tratador-chefe, Steve era o curador, e o relacionamento dos dois era vital para o bom funcionamento do zoológico. Aquilo deveria ter caído como uma bomba. Eu deveria ter entrado em pânico ou, ao menos, ter ficado alarmado, mas, em vez disso, lá no fundo, pensei, *Fazer o quê?*. Eu achava que devíamos muito a Rob. Ele havia permanecido no parque, afastara-o das mãos do incorporador, assumindo a coleção sob a Lei de Animais Silvestres Perigosos quando a licença de seu avô para exibir a coleção foi revogada. Conversei e troquei muitos e-mails com ele durante o período de negociação quando estava na França. Rob foi uma das pessoas mais importantes envolvidas na compra do parque. Não desejava perdê-lo, em parte por sermos seus devedores, mas também por ele ser um sujeito polivalente e ter um profundo conhecimento do parque, que seria impossível reproduzir.

Esperei. Ele sugeriu mudar-se e trabalhar nos terrenos, o que, após uma breve reflexão, achei muito boa ideia. Com 30 acres para supervisionar, precisávamos de uma pessoa dedicada em nossas terras (embora na realidade não pudéssemos arcar com ela), e Rob era um arboricultor qualificado, que conhecia o parque tão bem quanto qualquer pessoa. Ele precisava de um emprego menos estressante devido a uma mudança em sua situação pessoal, pois agora estava cuidando sozinho de uma filha com quem não convivia havia quatro anos. Cuidar dos terrenos o tiraria do controle direto de Steve, com quem mantinha um relacionamento tempestuoso, que parecia atingir o ponto de ruptura mais ou menos a cada duas semanas. Sob as ordens de Tony, com quem mantinha um relacionamento menos conturbado, poderia trabalhar ao ar livre, sem se preocupar com os turnos de outras pessoas ou com mudanças nos procedimentos com os quais havia crescido sendo introduzidas pelo novo regime. Rob também tinha algum conhecimento a respeito das muitas plantas exóticas que floresciam em todo o parque, cultivadas principalmente a partir de mudas plantadas por Ellis, que possuía dedo verde. (Tenho dedos marrons; qualquer planta sob meus cuidados automaticamente seca e morre, ainda que Rob tenha nos contado, no início, que uma planta rara, um tipo de trepadeira, frustrara Ellis durante quarenta anos, mas assim que chegamos começou a cobrir-se de folhas. Era uma história estranha, de veracidade duvidosa, que, no entanto, era agradável de ouvir.) Rob teria uma vida mais simples e eu quase o invejava.

Steve também ficou satisfeito e sugeriu passar mais tempo no parque com os funcionários, cumprindo o papel do tratador-chefe e deixando o lado administrativo de seu trabalho mais a cargo de sua mulher, Anna, altamente capaz. Todos pareceram satisfeitos com a nova configuração, e senti-me um pouco como o técnico de um time de futebol que houvesse proposto um novo modo de posicionar os jogadores; em vez do 4-4-2, optaríamos por um radical 1-1-8. Ou algo assim. Tenho de admitir que sou um pouco inseguro com relação a futebol, mas foi mais ou menos isso o que senti. Provavelmente.

Assim, estranhamente cansados, mas também revigorados, todos nos dedicamos a preencher o tempo até tomarmos conhecimento de nosso destino. Precisávamos assumir que passaríamos na inspeção e abriríamos em breve, mas quando, exatamente, não podíamos prever. Essa era uma questão complicada, pois o material publicitário precisava ser impresso, com dias e horários de funcionamento, para distribuição em todo o condado. Quando as gráficas, confrontadas com seu prazo final, nos pressionaram por informação, nada soubemos informar. Por fim optamos por "Inaugura no Verão de 2007". Era melhor que conseguíssemos.

Por fim chegou o dia em que Peter Wearden me pediu que comparecesse à sede do conselho em Totnes para saber o resultado. Fui até lá com Steve e mamãe (Peter talvez fosse mais benevolente na presença de uma senhora idosa). A última vez em que havia estado lá foi para registrar a morte de Katherine, três meses antes, junto com Ella, com quem brinquei depois no pequeno labirinto do pátio. Mas tentei tirar isso da cabeça porque, como diz o rei do Castelo do Pântano em *Monty Python — Em Busca do Cálice Sagrado*, a respeito do casamento interrompido pelo massacre de muitos convidados pelo exuberante Lancelot, "esta deveria ser uma ocasião feliz". Peter sorriu, eu sorri, todo mundo sorriu. Estava ficando bom. Ele me estendeu o relatório, que era longo, mas felizmente possuía uma carta explicativa. "Recomendo que seja concedida ao Dartmoor Zoological Park uma licença para comerciar como zoológico..." Uau! Finalmente. Havíamos conseguido. Agradecemos a Peter, voltamos exultantes e demos a notícia a todos os funcionários, alguns dos quais derramaram umas quantas lágrimas. Marcamos uma data definitiva para nossa inauguração, dali a duas semanas, em 7 de julho — 7/7/2007 —, que todos concordaram que era, de certa forma, auspiciosa.

Mais importante, seria um pouco antes das férias escolares, no início da época mais movimentada, embora isso significasse que teríamos de começar botando para quebrar. Teria sido ótimo ter uma inauguração mais suave em junho, para pegar um pouco de prática em lidar com o público antes de exibir nossa estrutura recém-remodelada para as hordas fervilhantes (no melhor dos casos) de julho. Se essas hordas descobrissem furos em nosso plano, iriam se precipitar por eles, impulsionadas pelas forças do mercado, e perfurar o maldito balão. Mas 7/7/2007 estava gravado em pedra. Inauguraríamos nessa data a qualquer preço. Se o restaurante não estivesse pronto, haveria sanduíches. Se o quiosque não estivesse devidamente conectado à rede elétrica, arranjaríamos um cabo de extensão. Se a área de recreação não tivesse sido instalada, teríamos brinquedos infláveis emprestados pela Adam's Bouncy Castles, uma parte secreta da vida prévia de nosso gerente de atendimento ao cliente. *A coisa aconteceria.*

Mas o dinheiro havia terminado. Tentamos — em vão, ao que se revelou — ficar de olho em nossas reservas. Mas quando Joanne, nossa contadora, dominou a situação, foi para nos informar que nos restavam cerca de 60 mil libras, e aproximadamente um mês sobrando antes da inauguração. Um zoológico ameaçado come dinheiro como uma máquina especialmente projetada para esse fim, e, para o exército decidido do Dartmoor Zoological Park, 60 mil libras eram uma ninharia. Uma trituradora industrial de papel especialmente adaptada para cédulas bancárias não conseguiria devorar mais dinheiro. Além de bocas famintas para alimentar — leões, ursos, tigres, macacos e lontras, para citar apenas algumas —, todos esses animais necessitam de exames odontológicos veterinários caros, programas de rastreio fecal, vacinações de rotina, inserções de microchips e toda uma gama de outros serviços que, para a custódia de animais exóticos, são a primeira prioridade.

Mas essa é uma parte tão evidente de um zoológico que não representa nenhum dilema. O Dia do Dentista foi uma inauguração inesquecível, e especialmente cara, do que é necessário apenas para cuidar com responsabilidade de tantos animais exóticos. Fudge, a ursa, além de precisar de uma segunda tentativa de cortar as garras, que cresceram até se tornarem semicirculares e dificultarem seu caminhar, parecia estar com dor de dente. Aos 29 anos, esperava-se que vivesse talvez outros sete em cativeiro (embora estivesse havia muito tempo morta na natureza, na qual sua espécie reduzira-se possivelmente a cinco exemplares nos Pireneus, e continua a ser caçada por esporte na Europa Oriental). Suas garras eram um problema, mas ela parecia desanimada e lenta, e os vislumbres ocasionais que oferecera do interior de sua boca revelaram um horrível conjunto de dentes quebrados e cobertos de sujeira marrom, assim como o que parecia ser um abscesso. Era o suficiente para tornar qualquer um menos ativo, em especial uma venerável anciã.

Um puma fêmea também estava com dor e salivando, o que havia sido sistematicamente diagnosticado como gengivite e tratado como tal de tempos em tempos ao longo de vários anos. O problema era que gengivite em geral é uma enfermidade aguda — muito raramente crônica —, mas esse puma raras vezes mostrava os dentes aos tratadores e, na realidade, revelara-se um puma completamente diferente do que pensávamos possuir. Um raio X feito poucos meses antes mostrou uma placa de metal na pata que não deveria estar presente, o que significava que se tratava de um animal totalmente distinto. Precisávamos descobrir quem ela era e o que havia de errado com ela.

O terceiro cliente, e quase indiscutivelmente o mais importante, era Soberano, o jaguar ninja fujão e o animal mais ameaçado dos três. Ele havia, de alguma forma, quebrado ambos os caninos superiores, um dos quais estava achatado na extremidade. Sugeriu-se que os dois dentes talvez precisassem ser extraídos, o que me incomodava, pois Soberano ainda era um jovem adulto e aqueles dentes eram suas ferramentas de trabalho. Ele sem dúvida não precisava deles para caçar no zoológico — poderíamos alimentá-lo com carne picada se necessário —, mas preocupava-me seu bem-estar psicológico caso perdesse aquelas presas. Ele sentiria a perda. A preocupação em prevenir abscessos futuros não incluiria esse aspecto nos cálculos, o que me deixava inquieto. Eu desejava estar presente quando tais decisões fossem tomadas.

Então, o Dia do Dentista estava marcado e nós, preparados. Como nos preparamos: Peter Kertesz é o maior especialista do Reino Unido em odontologia de animais exóticos e é também, sobretudo, um dentista de seres humanos na rua Harley — que acabou interessando-se por dentição animal e tornou-se um dos maiores especialistas do mundo. Nick Masters, do International Zoo Veterinary Group, cuidaria dos anestésicos e realizaria exames gerais de saúde nos animais enquanto estivessem inconscientes. Estavam ambos agendados, e tínhamos de estar preparados.

Na escuridão que precedia a aurora, às seis da manhã, o grupo começou a reunir-se no parque, e a maioria dos procedimentos da rotina normal e de alimentação teve início. Às oito, Steve enfrentara sua dança cada vez mais familiar com Soberano, que fora alvejado com êxito e transportado para as instalações veterinárias do parque, novas e reluzentes. Soberano revelou-se um primeiro paciente espetacular para a nova sala veterinária, suas belas marcas contrastando com o ambiente estéril branco e os especialistas em jalecos verdes. No exame, ambos os caninos superiores lascados de Soberano exibiram parte da polpa, então havia uma possibilidade real de que ele os perdesse. Mas Peter não se deixou abalar e simplesmente os aparou, usando um pequeno esmeril terrivelmente eficiente, que faz os piores ruídos que alguém gostaria de ouvir na odontologia humana. Tendo estabilizado a estrutura externa dos dentes, começou a tratar os canais. No nosso caso, isso envolve um tubo especial de limpeza de cerca de 5 centímetros de comprimento, que é inserido no orifício central do dente, onde antes ficava a dentina, e arrastado para diante e para trás a fim de retirar todo o tecido residual da cavidade, no fundo do osso. Agradeço a Deus pelos anestésicos. No caso de Soberano, os tubos de limpeza precisavam ter ao menos 12 centímetros para aprofundar-se o bastante em suas imensas raízes, mas também para percorrer os centímetros extras do comprimento dos dentes em si, a fim de que Peter retirasse toda a polpa. Por sorte, para um paciente tão perigoso, Soberano foi um santo. Nick Master garantiu que ele se mantivesse sob anestesia geral rigorosamente monitorada; havia tubos em sua boca, monitores no coração, e máquinas que emitiam uma profusão de bipes. Após um profundo alargamento, seguido de obturações igualmente abrangentes, o tratamento de canal de Soberano foi concluído, e ele, devolvido ao leito de palha em seu cercado.

Em seguida foi a vez do puma fêmea, que achávamos que provavelmente fosse Holly e que vinha salivando de forma atípica. Transportamos o felino prostrado em uma maca emprestada por outro zoológico para a ocasião. Era um trajeto breve, com um felino relativamente pequeno e as drogas eram internacionalmente recomendadas, portanto não fiquei muito apreensivo. A remoção correu bem, e quando ela foi colocada sobre a mesa, Peter viu de imediato que o problema era um par de pré-molares na mandíbula, que nada tinham acima deles para mastigar. Nos últimos anos, ela vinha mordendo as gengivas, que estavam sangrando e causando a salivação, e dessa vez a extração foi a única opção. Mas tudo isso era rotina para Peter, e 45 minutos e duas extrações mais tarde, o tratamento fora concluído e Holly estava a caminho de seu cercado para recuperar-se em seu leito de palha quente.

Todos fizeram um intervalo para um almoço tardio, e um grupo revigorado enfrentou o que se esperava que fosse uma tarefa simples, a de cortar as unhas excessivamente grandes do mais velho mamífero do parque, Fudge, a ursa-parda europeia de 29 anos. Fudge foi difícil de sedar. Seu peso era desconhecido (as balanças na sala veterinária marcaram 147 quilos — ela é uma ursa pequena), portanto foi difícil acertar a dose. E ela era resistente. Por fim, seis pessoas conseguiram transportar uma Fudge adormecida para a mesa de cirurgia, onde nos pusemos a deslocá-la até deixá-la em posição para Peter e Nick. Este, como anestesista, teve prioridade no início para estabilizá-la, e sua coleção de máquinas barulhentas assegurou que ela estivesse inconsciente, com todos os sinais vitais monitorados. Assim que isso foi constatado, Peter assumiu o comando com um floreio. Nem Nick nem Peter são homens altos, mas ambos estão em boa forma e são incrivelmente precisos em seus movimentos — típicos profissionais da área médica —, e era um verdadeiro privilégio vê-los trabalhar. Eles também haviam incorporado seu papel, tendo ambos escolhido macacão azul em estilo paramilitar com bolsos nas pernas, o de Peter para carregar a embalagem da bateria recarregável da elaborada lâmpada frontal que ele usou o tempo inteiro, por vezes guarnecendo-a com acessórios ópticos, como uma espécie de cirurgião-joalheiro. O que suponho que um dentista de animais exóticos provavelmente seja. Peter talvez seja vinte anos mais velho que Nick, e embora estivesse no glamouroso papel de especialista, cedia graciosamente a vez para o anestesista sempre que precisava de autorização para checar os tubos na boca de Fudge ou avisava quanto tempo poderia demorar. Dava um passo atrás, com os instrumentos no ar e todo o tempo do mundo, e dizia:

— Faça o que você tem que fazer. Eu sou só o técnico. — Mas, apesar de amável, Peter estava sempre proporcionando um monólogo sobre o excelente trabalho que estava executando. — Olha para isso — dizia, cortando a gengiva para extrair com habilidade um dente podre pouco importante, suturando em seguida com uma das mãos. — Talvez eu seja a única pessoa no mundo que consiga fazer isso. Ir do diagnóstico à extração em menos de vinte minutos. Ainda bem que estou aqui.

Houve rumores de que Peter chegaria com uma assistente nova e atraente, e foi o que fez (é o que ele sempre faz). Infelizmente, embora fosse muito competente, ela não era tão rápida quanto Peter exigia, e ele lhe fez várias censuras cruéis. Mas, claro, aquilo era um negócio sério. A ursa só podia continuar inconsciente por determinado tempo, e fazia horas que as pessoas envolvidas estavam trabalhando, com muitas outras pela frente, durante as quais ninguém podia se dar ao luxo de cometer erros.

Quanto mais Peter olhava, mais coisas ruins encontrava. No final das contas, Fudge teve cinco extrações; os molares e, especialmente, seu canino superior restante não foram serviços de vinte minutos.

— Os dentes dos ursos são feitos para durar — disse Peter enquanto lutava com a dentição bem enraizada de Fudge, o que acarretava o emprego de um pequeno martelo de aço inoxidável e um cinzel. A enfermeira odontológica, Anna, Steve, Duncan e eu pusemos todos mãos à obra para manter Fudge imóvel enquanto Peter puxava e bajulava os dentes para que saíssem, e então costurava a gengiva que sangrava. Antes eu já havia estado com Soberano sob anestesia geral e sua lânguida musculatura não fora nenhuma surpresa, embora Holly, o puma fêmea, superara-se e parecera apenas um gato doméstico grande demais, ainda que ninguém fosse querer se meter com um desses. Mas Fudge parecia incrivelmente sólida, talvez como o javali que Leon sabiamente se recusara a perseguir na França. Ela dava a impressão de ser capaz de suportar qualquer coisa, e Nick ficou admirado com a força de seus sinais vitais ao longo do procedimento. Fiquei impressionado com Fudge. Ela era de fato uma fera. E, durante o tratamento, ficou claro por que vinha se movendo devagar fazia algum tempo.

Peter abriu e drenou um abscesso do tamanho de uma bola de golfe no maxilar inferior que, se não fosse tratado, enfraqueceria o sistema imunológico do animal e poderia ser fatal. Um dos primeiros exemplares de esqueleto do homem primitivo foi encontrado perto de um lago na África e a causa da morte, diagnosticada como um abscesso dentário que deteriorara a mandíbula e matara o indivíduo, provavelmente de forma bastante dolorosa, na flor da juventude. Na natureza, Fudge jamais teria vivido tanto tempo, considerando que aquele abscesso quase certamente a teria matado.

Três horas e meia mais tarde, a operação estava concluída, e Fudge foi devolvida a seu cercado em um parque mais uma vez envolto pela escuridão, como quando havíamos começado. Fora um dia longo e bastante repulsivo, e embora fosse impossível não refletir, ao menos por um momento, a respeito das despesas (uma conta veterinária de 8 mil libras, mais sala, equipe etc.), foi ótimo ter desviado algum dinheiro do mundo e tê-lo direcionado para essa causa imensamente compensadora. Agora, se algum dia precisássemos nos desfazer dos animais, ao menos esses três estariam mais saudáveis e representariam uma oferta mais atraente para adoção. Mas era mais do que isso. O otimista em mim achou profundamente satisfatório ser capaz de fornecer cuidados altamente qualificados e especializados a esses incríveis animais, em nossas próprias instalações no parque. Nick e Peter eram, sem sombra de dúvida, profissionais de nível internacional. E conseguimos mobilizá-los para tratar de problemas de saúde duradouros em três animais sob nossos cuidados, que antes não haviam sido tratados.

Entrei no site de Peter na internet e lá estava ele, com uma variedade de animais, em locais muito mais exóticos que o nosso: a foto mais impressionante era a de um elefante deitado de costas, com — eu contei — 29 pessoas conservando-o na posição para que Peter pudesse realizar uma extração, provavelmente de um dente do tamanho de uma bola de rúgbi. Comparado com isso, seis pessoas de prontidão durante 14 horas e um homem com um enorme rifle postado no lado de fora era café-pequeno, e foi uma honra ele ter perguntado se algumas das fotos tiradas poderiam ir para seu site com as demais. Em todo caso, foi emocionante.

Os três animais tiveram excelente recuperação e, longe de parecerem debilitados pelo dia passado no dentista, todos exibiram uma elasticidade adicional no caminhar, pois enfermidades dolorosas e de longa data por fim haviam sido tratadas. No dia seguinte, Soberano destroçou com avidez um imenso pedaço de carne com seus dentes recém-obturados, Holly, o puma fêmea, comeu frango cortado em pedaços e Fudge triturou alegremente um balde de maçãs, apesar dos muitos pontos em suas gengivas.

As contas de veterinários constituem apenas uma coluna na planilha. No quadro geral, é só uma despesa necessária na administração do negócio.

O problema era que ainda não havia negócio. Vários potenciais credores haviam enfatizado isso no início, e alguns chegaram mesmo a mencionar esse fato como a razão para não nos emprestar dinheiro. *Que absurdo*, eu pensava na época. Mas estava começando a entender seu ponto de vista.

Sem dúvida tínhamos passado na inspeção para obter nossa licença e logo poderíamos abrir ao público e começar a negociar. Mas, infelizmente, a data para que isso ocorresse foi avançando cada vez mais no calendário — abril, então Páscoa e depois junho — até chegar ao preocupante mês de julho. Em julho e agosto ocorrem 65% do comércio anual em uma atração sazonal como esta. Se parte de julho ficasse fora do orçamento, teríamos sérias dificuldades. E ainda não havíamos chegado lá. Tínhamos o suficiente para pagar os salários e os principais credores até outubro, depois mais nada. As pessoas tinham de vir em julho e agosto, e em número significativo. Caso contrário, poderíamos fechar no final de nossa primeira temporada. Era preocupante, mas continuamos em frente, usando artigos que já tínhamos em estoque, reciclando materiais existentes e apagando cuidadosamente as luzes ao fim do dia, embora o impacto na assombrosa conta mensal de eletricidade de 6 mil libras talvez fosse pequeno.

A licença chegou com algumas condições, sendo que a maioria das questões poderíamos resolver ao longo dos 12 meses seguintes, mas um ou dois itens — como o restaurante — precisavam atingir certo padrão antes de inaugurarmos. Mas estava tudo sob controle, e por volta de 1º de julho, Adam nos informou, satisfeito, que o bar encontrava-se em pleno funcionamento, apto a servir vinhos, bebidas destiladas, cidra seca e bitter, nossa cerveja bastante seca. E Stella Artois. Quando as lanternas traseiras do carro de Adam desapareceram na entrada de veículos naquela noite, Duncan, eu e Max, um cinegrafista com quem nos demos particularmente bem, abrimos o bar e começamos a experimentar esses gêneros de primeira necessidade, para fins de controle de qualidade, é claro. O bar tornou-se um local conveniente para nos reunirmos ao final do dia, a fim de trocar informações e discutir enredos que precisavam de seguimento com Max. Estritamente reuniões de negócios, claro. Dez dias depois, o barril de 47 litros estava vazio, e Adam vendera cerca de 3 litros ao público pagante.

— Estou vendo que para ter algum lucro com a Stella vou ter que cobrar mais ou menos 12,50 libras por copo — lamentou-se, talvez em tom um tanto irritado. Abafamos o riso como colegiais travessos à medida que ele se afastava, embora eu seja seis anos mais velho que Adam, e Duncan e Max, muito mais. É claro que percebemos que aquilo não era maneira de administrar um negócio, ainda que na ocasião parecesse necessário.

A um dia da inauguração, o restaurante estava realmente pronto, a loja, abastecida com bichinhos de pelúcia atraentes e mercadoria impressa do DZP, os espaços para carne e hortaliças para os animais reluziam, as novas trilhas estavam surrealmente lisas e arrumadas, e a área de piquenique encontrava-se pontilhada de mesas restauradas diante do novo quiosque, cujo abastecimento de eletricidade e água estava quase concluído, na expectativa da multidão que — esperávamos — logo estaria fervilhando ao seu redor. Ainda mais impressionante era a aparência dos funcionários, recém-guarnecidos com uniformes imaculados, verdes para os tratadores, azuis para o pessoal da manutenção, branco para o serviço de bufê e vendedores. Todas as camisas exibiam o logotipo de Katherine, o DZP com listras de tigre, a última coisa que ela projetou, agora aparentemente destinada a sobreviver a ela por muitos anos.

A única coisa que não estava colaborando era o clima. Tendo atravessado o mês de junho mais chuvoso de todos os tempos, o começo de julho também não demonstrou a menor inclinação no sentido de transformar-se em verão. A chuva seguia implacável, e tínhamos até mesmo prolongados períodos de neblina, o que impossibilitava a visão para além de 20 metros. Como Kelly sucintamente declarou na véspera do nosso grande dia:

— Nós vamos inaugurar amanhã e estamos vivendo numa maldita nuvem. — Nada havia a fazer, exceto uma última arrumação, um último passeio, depois apagar as luzes e ver o que o dia seguinte nos reservava.

# 9

# O dia da inauguração

Então, o dia 7 de julho amanheceu, e abriríamos ao público às dez da manhã. E, maravilhosamente, pela primeira vez em cerca de seis semanas, fazia sol. Na realidade, estava quente. O céu estava claro, não havia nuvens nem mesmo sobre o parque, para variar. No estacionamento, uma pequena multidão reuniu-se de nove e meia em diante, e havia uma faixa estendida na entrada, pronta para ser cortada quando o zoológico fosse oficialmente reaberto ao público pela primeira vez em 15 meses.

Mamãe, Duncan e vários funcionários bem-vestidos já se encontravam lá embaixo quando cheguei, mas éramos em muito menor número que o público à espera, composto de mães com carrinhos de bebê, famílias e o ocasional idoso aposentado. No dia anterior, o tempo teria tornado aquilo muito pouco provável, mas a repentina lacuna nas nuvens foi como se as cortinas tivessem inesperadamente se aberto diante do elenco de uma peça que vinha ensaiando fazia tempo, com a data de estreia constantemente ameaçada de adiamento. De repente, estávamos no ar. Aqueles eram clientes genuínos, todos desejando sinceramente visitar um verdadeiro zoológico. Alguns iriam querer até mesmo comprar um brinquedo, fazer uma refeição e ir ao banheiro; portanto, pelas próximas oito horas (pela primeira vez em nossas vidas), este era nosso trabalho: certificar-nos de que aquela amostra aleatoriamente selecionada de público obtivesse o que desejava e partisse satisfeita com a experiência.

Mamãe fez um breve discurso agradecendo a todos por terem comparecido e aos funcionários por seu trabalho árduo, então declarou o parque aberto e cortou a faixa. Ao vê-la cortar sua primeira faixa cerimonial em 76 anos, achei que talvez estivesse pensando na casa onde nascera, em Sheffield, que não possuía sequer dois cômodos no andar de cima e dois no de baixo, mas um em cima e outro embaixo, além de um pequeno sótão no topo, com bacias de latão diante do fogo na sala de estar/jantar/cozinha/banheiro. Mas, na realidade, eu estava apenas sendo sentimental, e mamãe estava pensando em termos muito mais práticos como "Graças a Deus, está entrando algum dinheiro afinal" e "Como vou chegar lá no alto antes dessa gente toda?".

Como quis o destino, fomos arrastados caminho acima na cabeceira de uma imensa onda de energia e otimismo. Exceto por minha preocupação com as valas pronunciadas na lateral da estrada, que, como me haviam sinalizado várias vezes nos últimos meses, poderiam facilmente quebrar um tornozelo se alguém pisasse errado em uma delas (ainda que em quarenta anos isso nunca houvesse ocorrido). Todos em minhas imediações de alguma forma conseguiram subir em segurança, mas as pessoas logo estariam lá em cima, e as primeiras reclamações a respeito do restaurante, depois a respeito do quiosque, das trilhas, dos banheiros e das latas de lixo começariam a chegar. E então, é claro, haveria um Código Vermelho. Os ativistas de direitos dos animais cortariam alguma cerca, ou um tratador nervoso cometeria algum erro e, de repente, Salomão atravessaria correndo a área de piquenique com um bebê na boca. A multidão se dispersaria aos gritos, para nunca mais voltar, e a venda do zoológico não cobriria os pedidos de indenização, pois possuíamos um seguro de responsabilidade civil de apenas 5 milhões de libras.

Para onde quer que eu olhasse, havia algo que podia dar errado. Eu mexia constantemente em meu rádio, para verificar se estava recebendo ambas as frequências ao mesmo tempo, de modo a captar as catástrofes no atendimento ao cliente, assim como os desastres no departamento animal. Não estava efetivamente esperando, de forma pessimista, que tais coisas ocorressem, mas não ficaria nem um pouco surpreso a essa altura se alguma delas de fato acontecesse. Fazia tanto tempo que o modo de emergência estava ligado que era difícil recuar e ver esse dia pelo que realmente era. Um enorme e absoluto sucesso.

As pessoas estavam chegando — precipitando-se — caminho acima, perambulando, desfrutando as instalações. Estavam comprando sorvete, xícaras de chá, almoço, brinquedos na loja e sorrindo. Além disso, faziam comentários agradáveis, para nós e para os tratadores: como tudo estava em ordem, a mudança revigorante que ocorrera, quão felizes os animais pareciam, o quanto devíamos ter trabalhado. Nenhum de nós estava acostumado a isso. Até agora, a maioria dos visitantes do mundo exterior compunha-se de funcionários públicos, banqueiros, inspetores, advogados ou credores de um tipo ou de outro, que enfatizavam a extrema seriedade de nossa posição, a enorme quantidade de trabalho pela frente e as consequências desastrosas, caso alguma coisa desse errado. Mas aqui estávamos nós, tendo finalmente acertado e sendo elogiados o dia inteiro por um público sorridente e até mesmo grato. Perto da hora do almoço, dirigi-me à área de piquenique, e Salomão não se achava em parte alguma, estando seguro atrás do aramado, entretendo seu público em lugar de devorá-lo. E o público estava comendo no quiosque. Todas as mesas de piquenique estavam ocupadas; havia pessoas sentadas na grama, relaxando e tomando chá — chá que haviam comprado no quiosque —, enquanto crianças pequenas de meias nos pés gastavam energia nos castelos infláveis. Não resisti a uma contagem, e a primeira revelou 42 adultos visíveis no canto inferior, o que, multiplicado pelas oito libras do ingresso, convertia-se em 336 libras. Bem diante de mim, arrecadáramos dinheiro mais que suficiente para pagar pela furadeira elétrica incrivelmente cara que tivemos de comprar três meses antes. Mais os cafés e os chás, mais todas as outras pessoas circulando pelo parque e no restaurante. Talvez funcionasse, afinal de contas.

Então recebi minha primeira queixa.

— Por que vocês colocaram esses castelos infláveis aqui? — reclamou uma das mães, ligeiramente contrariada. — Eu trouxe meu filho para ver os animais, mas ele não quer sair. Eles são uma distração. — Eu não soube bem o que dizer, então tentei meu novo método de atendimento ao cliente, desculpei-me, mas assinalei que muitas pessoas usavam os castelos infláveis como uma oportunidade para fazer um pausa a fim de que as crianças voltassem a visitar os animais quando houvessem queimado um pouco do excesso de energia. Esse lugar-comum pareceu funcionar. Embora houvesse tomado a reclamação muito a sério, do mesmo modo como fora feita, e esta tenha me levado a questionar por um instante a ideia central das áreas de recreação, eu estava bastante seguro, a essa altura, de que todos os zoológicos e quase todas as atrações de lazer no final das contas possuem algum tipo de área de recreação, e aquela era tudo o que podíamos proporcionar no momento. Em geral, esses espaços são considerados uma espécie de serviço público. Mas na realidade não há como agradar certas pessoas, como vim a descobrir, ainda que aquela houvesse sido a única reclamação do dia.

Com o passar das horas, nada de ruim ocorreu. Os tratadores sorriam, quase sem acreditar na enxurrada de elogios, aplausos e feedback positivo. Foi um longo percurso para eles também, os antigos e os novos, em tempos muito difíceis e com um nível de incerteza quanto ao futuro que a maioria nunca vivenciara. O que eles já haviam vivenciado, porém, era o público, e fiquei impressionado com a facilidade com que pareciam se mover em meio à multidão, fazendo discursos improvisados, em seguida dando prosseguimento a suas rotinas. Fazia sentido, claro. Nenhum deles havia trabalhado em um zoológico vazio antes de chegarem aqui; as multidões eram normais.

O único zoológico em que eu havia trabalhado, contudo, era este, que sempre estivera vazio. Qualquer elemento do público no parque estava sob nossa responsabilidade e tinha de ser escoltado o tempo inteiro. No intervalo entre a concessão da licença e a inauguração, menos de duas semanas antes, a escola local pedira para nos fazer uma visita. Eu havia concordado, e embora aquilo tenha sido tecnicamente permitido como uma visita particular, caíra no desagrado de Steve, Anna e Peter Wearden. Sob supervisão rigorosa, a ocasião fora tensa, ao conduzirmos 26 jovens vulneráveis e os cerca de seis adultos que os acompanhavam pelo campo minado de perigos que, eu fora instruído, o zoológico apresentava. Agora, de repente, havia crianças por toda parte, correndo e rindo, praticamente sem vigilância e estranhamente ilesas. Eu adorava vê-las, reconhecer a alegria em seu rosto, que revelava que estavam tendo um dia especial. Aqui, em nosso zoológico. Era difícil de assimilar.

O restaurante também foi um estrondoso sucesso: bolos, café, chá, panini, refeições quentes preparadas por Gordon, nosso novo chef, todas vendendo bem, todas sendo consumidas com alegria, até mesmo de forma casual, por um público satisfeito, que partia do pressuposto de que era assim que devia ser. Se houvessem visto o salão onde estavam comendo apenas uma semana antes, ninguém teria considerado aquela façanha possível.

Então, alguma coisa me atingiu: Katherine. Ao longo do dia, em meio ao fluxo de simpatizantes, várias pessoas vieram apertar minha mão e oferecer seus pêsames por Katherine. A notícia de sua morte chegara ao jornal local, que enviara um repórter poucas semanas depois para fazer a cobertura. Não me importei, uma vez que as perguntas foram convenientemente sóbrias, e o jovem repórter pareceu convenientemente constrangido ao fazê-las. Até que o fotógrafo apareceu. O sujeito era conversador, um comerciante persuasivo, o que provavelmente funcionava bem com anciãs cujos gatos haviam sido salvos pelo Corpo de Bombeiros, ou com latifundiários grosseiros com ossos grandes demais. O fato não me irritou muito, até que ele pediu a foto de Katherine, que ele me advertira com antecedência que gostaria de reproduzir. Aquilo tampouco me aborreceu, e entreguei-lhe a única fotografia dela que possuía — uma de minhas preferidas e que, para mim, poderia ter adornado uma das capas da *Vogue*. Pedi-lhe que tomasse cuidado e a devolvesse via correio depois, mas ele declarou que não haveria necessidade de levar a fotografia, pois acabara de bater um *close-up* digital dela com sua imensa Nikon, e que isso serviria. Melhor ainda.

Mas, quando entreguei a foto, ele disse:

— Ah, excelente. Ela é linda. É, muito bonita. — E, quando visualizou a fotografia de Katherine em seu visor, alguma coisa estalou em seu cérebro e o conversador surgiu novamente, como se se dirigisse a uma pessoa viva, em seu monólogo brega e nojento. — É isso, muito bonita. Linda, você está ótima aqui. — *clique, clique* — É, é isso aí, minha linda, vamos lá, mais umazinha — *clique, clique, clique*. Não consigo dizer a vocês tudo o que passou por minha mente; basta dizer que me dei conta de que matar o sujeito talvez fosse contraproducente, portanto, me afastei.

Esse artigo com foto ocupou a página 3 inteira no jornal local, com bastante destaque, e, ao que parecia, fora amplamente lido pela população local. No dia da inauguração, talvez cinquenta pessoas tenham se aproximado de mim para oferecer felicitações, e cerca de sete ofereceram suas condolências por Katherine; um ou dois de fato puseram o dedo em uma ferida que eu sequer sabia que existia, ao declararem: "Tenho certeza de que sua mulher estaria orgulhosa", ou coisa parecida. Sem dúvida sou forçado a examinar a validade dos comentários do público, como no caso da reclamação sobre os castelos infláveis. E tive de concluir que Katherine talvez se sentisse orgulhosa até certo ponto (ainda que houvesse dito alguma coisa convenientemente sarcástica a respeito de tudo aquilo). Mas eu não esperava ter de pensar no assunto nesse dia, até que outras pessoas o trouxeram à tona. Eu esperava um Código Vermelho, mas não dentro de minha cabeça.

Para ser honesto, eu recebera um aviso, mas não exatamente a tempo. No dia anterior à inauguração formal, organizamos uma recepção VIP, para a qual convidamos vereadores locais e várias pessoas de quem éramos devedores — ou em breve nos tornaríamos — a fim de que conhecessem nossas instalações recém-reformadas e comessem e bebessem à nossa custa em uma daquelas comemorações às quais eu tantas vezes comparecera — e das quais praticamente subsistira em épocas magras — como jornalista. Isso, mais uma vez, não representou o menor problema, e embora fosse uma nova experiência estar no outro lado da cerca, foi um prazer receber os convidados, até as pessoas começarem a me puxar para o lado e dizerem a mesma coisa: sua mulher estaria orgulhosa.

Precisei fazer um pequeno discurso e agradecer a ajuda de várias pessoas, então fui até o escritório para preparar alguma coisa, com a festa audível a alguns cômodos de distância. Infelizmente, lá estava o artigo com a foto de Katherine, que algum funcionário bem-intencionado desenterrara e deixara à mostra para que eu levasse para casa. Aquilo foi demais, e bastante inesperado em um dia como aquele. Eu tinha a sensação de haver me preparado para qualquer outra coisa, e durante o processo conseguira empurrar Katherine para o fundo da mente grande parte do tempo. Mas lá estava ela, sorrindo para mim, parecendo tão deslumbrante e tranquila, sem saber que em poucos anos estaria morta, debaixo da terra em Jersey, a cerca de 1,5km do local onde a fotografia fora tirada, deixando órfãos dois filhos pequenos. Uma morte totalmente injusta. Teria ela ficado orgulhosa? Sem dúvida teria ficado feliz por estar presente, apenas por estar viva em primeiro lugar, mas com certeza também teria sido a alma do evento, com seu encanto natural e genuíno. Não consegui sair do escritório durante pelo menos uma hora. Quando por fim apareci para fazer o discurso, que foi de fato bem curto, me esqueci de mencionar o nome de um ou dois membros da equipe, que de pronto ficaram amuados. Tentei me desculpar mais tarde, porém o mau humor prolongou-se e, ainda que eu não tenha me importado, minha mãe chegou às raias da apoplexia. Acabou por procurar os emburrados e concedeu-lhes uma dose maciça de sua fala simples do norte, no extremo receptor da qual, posso garantir, ninguém deseja estar. Alguns dias mais tarde, o mau humor chegou ao fim.

Mas tínhamos outras coisas em que pensar, como o dia seguinte, e o próximo, estendendo-se até a distância que conseguíssemos enxergar. Ocorrera-me, enquanto guiava o caminhão basculante pelas passagens estreitas do parque, o que eu demorara algumas semanas para aprender de maneira eficiente, que poderia ter de dirigir um caminhão basculante pelo parque pelos próximos 25 anos. Gostei da ideia. Certa vez, passei sete anos como editor-colaborador de uma revista, e me dei conta de que mais de meia década de minha vida podia ser avaliada por cerca de um metro de exemplares dessa revista comprimidos em minha estante. O que eu estava fazendo em agosto de 1996? Pesquisando e escrevendo os artigos publicados sob meu nome na edição de setembro de 1996 e assim por diante. Eu tinha muitas lembranças felizes, adquiri muito conhecimento profissional, fui enviado para o mundo inteiro e conheci muitas pessoas interessantes e atraentes, mas, de repente, aquilo continuava a parecer um pouco monótono, ou uma gaiola dourada. Tudo bem, fui enviado em um navio quebra-gelo ao norte da Finlândia para conhecer uma matilha de huskies siberianos e viajar em um trenó conduzido pelos cães por três dias; realizei vários saltos de paraquedas em queda livre a mais de 4 mil metros de altura (o horror, o horror); fui pago para praticar snowboard em Lake Tahoe, na Califórnia, durante dez dias; nadei com golfinhos em Florida Keys (foram aqueles malditos golfinhos que me tiraram dessa). E dirigir um caminhão basculante repleto de bosta debaixo de chuva talvez soasse menos glamouroso e mais agrícola, mas continha as sementes de algo muito mais importante, muito mais compensador. A profundidade do potencial de expansão e desenvolvimento internos no parque, perseguindo uma causa tão importante, era limitada apenas pela imaginação. Não se parecia em nada com uma prisão. Como me disse uma boa amiga quando compramos o zoológico enquanto conversávamos animadamente ao telefone:

— É como se toda a sua vida tivesse sido uma preparação para esse momento. — E era o que parecia. Eu tinha a sensação de que aquilo era uma vocação.

Milo e Ella também estavam apreciando a exposição a tais experiências — que criança não apreciaria? No começo, contavam a todos que conheciam que moravam em um zoológico (o que em geral era recebido com total descrença), e que seu pai subia em árvores no covil dos leões para alimentá-los. Aos poucos, desenvolveram um entendimento maior dos animais e de suas necessidades, cotejando sua exposição diária com um apetite ilimitado por documentários sobre história natural. Eles assistiram a tantos *Monkey World* na TV Sky que talvez saibam mais a respeito da dinâmica de grupo dos chimpanzés do que eu. Quando por fim conseguirmos nossos bonobos (ou gorilas, ou orangotangos), provavelmente terei de empregá-los como consultores. Mas são as horas a fio passadas no parque observando os animais de perto que estão de fato lhes proporcionando um profundo conhecimento de como o mundo funciona e do lugar que ocupam nele. Ella ainda não se decidiu, mas Milo quer ser diretor de zoológico quando crescer. Este diretor de zoológico não recomenda obrigatoriamente o cargo, embora comporte enormes benefícios. A maior parte do tempo é gasta em questões mais ou menos enfadonhas de infraestrutura, problemas com a equipe de funcionários e outras preocupações que surgem com a administração de uma empresa aberta ao público. Mas de vez em quando somos convocados a passar momentos valiosos com os animais, ou realizar intervenções decisivas no que lhes diz respeito. E isso é o que interessa. Não consigo imaginar um investimento tão grande de tempo e energia emocional em outra causa que nos recompense de forma tão plena.

Mamãe também está encantada com seu novo e estimulante cargo de diretora de zoológico. Embora ainda esteja envolvida com a administração diária do lugar, sempre arranja tempo para passear pelo parque, arrulhar para os animais, apreciá-los — sobretudo os grandes felinos. Tendo acariciado leões na Namíbia, em vez de retirar-se para uma vida de lembranças já no final da casa dos 70 anos, ela está alcançando outras conquistas no que diz respeito a acariciar animais exóticos — urso, tigre, jaguar e puma (todos anestesiados) —, o que a realiza e a torna alvo da inveja de seus contemporâneos. Qualquer dia destes, ela estará lá fora, como planejamos, com seu caderno de desenho, esboçando seus próprios tigres com base nos originais.

Sem os animais, não consigo visualizar nada que houvesse me chamado de volta de minha vida na França — e nada que pudesse ter nos ajudado tanto a enfrentar a terrível perda de Katherine. Com os animais, há uma clara missão, da qual todos aqui se sentem parte.

# Epílogo

O dia seguinte à inauguração, um domingo, também foi muito quente, e mais pessoas vieram. Nós nos vimos mais uma vez inundados de visitantes, nadando em elogios, e nada deu errado. Foi surpreendente. Claro que era um final de semana, mas, antes do início das férias escolares, essa afluência só poderia ser considerada boa. Agora, tudo o que precisávamos era de um verão repleto de dias como este, e nosso plano perfeito deslizaria facilmente rumo ao futuro.

Infelizmente, após o mais chuvoso dos meses de junho, também enfrentamos o mês de julho mais úmido em cem anos. Mas, nos dias de sol, era muito bom. As pessoas afluíam ao parque, onde passavam o dia inteiro, comprando e se divertindo. E aprendendo sobre animais e preservação, vivenciando o mundo natural mais de perto do que a maioria jamais havia feito. Era um enorme e inesperado prazer. Eu adorava vê-las se aglomerar pelo parque, divertindo-se, fascinadas pelos animais. É contagioso estar no meio de uma multidão de pessoas que está passando bons momentos e saber que em parte fomos capazes de proporcionar isso. Ver os animais aos quais me acostumara — embora eles não me entediassem — por novos olhos, em especial pelos das crianças, era imensamente reconfortante.

Os animais também gostavam da presença do público. Muitos visitantes dizem que gostam da intimidade deste zoológico, onde é possível se aproximar muito mais dos animais do que o habitual. Isso não ocorre pelo fato de os cercados serem pequenos — muitos são bem maiores do que os de zoológicos mais amplos. Apenas os possuímos em menor número, e vários são projetados, como a Montanha do Tigre e os cercados dos jaguares e dos ursos, de forma que não haja cerca entre o observador e o animal. Isso gera uma experiência profunda — que, em muitos casos, provoca formigamento na espinha e arrepia os pelos da nuca —, o que parece funcionar nos dois sentidos. No fim de semana da inauguração, os animais saíram e perambularam muito mais do que antes. Os tigres e os lobos, em particular, revelaram-se francamente exibidos. Claro que, tendo nascido no parque, estavam acostumados a grupos de pessoas (ainda que não tanto nos últimos anos), e ver gente circulando os devolveu à normalidade. Foi bom vê-los farejar o ar, captando tudo aquilo, e instalar-se em algum lugar proeminente, notando que estavam sendo observados.

Agosto foi menos úmido, quase como um mês de verão propriamente dito, e repleto de dias movimentados, muitos dos quais quebraram recordes estabelecidos na semana anterior. No feriado bancário de agosto, tivemos quase o dobro do número de visitantes do dia da inauguração — segundo Robin, que está aqui há quase vinte anos —, tão movimentado quanto qualquer dia que ele já vira.

Outra boa notícia foi a chegada do lince da França. Fomos encarregados por outro zoológico de cuidar de um jovem e magnífico lince siberiano fêmea, com pedigree e pronto para procriar. Teríamos de construir-lhe um cercado, mas nesse meio-tempo ela permaneceria em quarentena no cercado que Soberano vagara ao voltar a seu lar reformado no topo do parque. (A antiga morada de Soberano foi aprovada pelo Departamento de Meio Ambiente, Alimentação e Assuntos Rurais e considerada adequada para esse fim.)

O lince fêmea era deslumbrante, muito mais elegante e flexível que Fin, o lince de idade avançada que possuíamos, de quem ela seria companheira quando encerrasse a quarentena, embora estivesse evidentemente um pouco tensa com a estranheza do ambiente. Ela foi colocada com sucesso no cercado da quarentena, do qual tínhamos certeza de que não conseguiria escapar; se Soberano não conseguira sair, animal algum o faria. E mal a avistei ao longo dos seis meses seguintes, em parte por ela ser um tanto tímida, mas também por ser um aborrecimento transpor os portões e os lava-pés necessários para preservar a quarentena.

Passei o restante do verão como que em um borrão, acordando cedo, dormindo tarde, em meio a uma avalanche de reuniões e decisões nesse intervalo, mas tudo estava avançando na direção certa. Um ajuste um pouco triste foi que, pouco depois do dia da inauguração, a equipe de filmagem, tendo obtido o que precisava para sua série de quatro partes, fez as malas e se despediu. Como jornalista, eu havia me dado bem com a equipe, e o grupo central — Francis, o produtor, Joyce, Max, Charlie e Trevor — incorporara-se a nós havia tanto tempo que parecia fazer parte de nosso quadro de funcionários, apenas menos propenso a discussões. Ao longo dos meses, testemunharam nosso desenvolvimento, e nós também presenciamos o deles — sobretudo o de Trevor, que chegou no primeiro dia em um carro alugado resplandecente e desembrulhou um par de botas de caminhada novinho em folha, ainda envolto em papel de seda na caixa. Ele não dava ares de que ficaria muito tempo, mas era discretamente resistente e, ao final, em geral estava sujo de lama, e suas botas, irreconhecíveis, tendo praticamente se desgastado em um único serviço. No início, relacionei-me com a equipe de filmagem no mínimo tanto quanto com os funcionários, pois ela pertencia a um mundo que eu conhecia. Mas no final, ouvindo-os mencionar com saudades a estação Paddington, aonde chegavam após seu turno de trabalho de uma semana no campo ansiando por cappuccinos caros e lanchonetes do Soho, me dei conta de que eu havia mudado. Eu não desejava tais coisas e, nas poucas vezes que fora obrigado a ir a Londres, mal podia esperar para cair fora e voltar para o ar puro e as imensas árvores do parque. Mas senti falta das brincadeiras deles. Trevor tinha uma frase especial para quando ficava satisfeito com uma sequência que filmara: "Isso é ouro televisivo", anunciava, arreganhando um sorriso e baixando a câmera se alguma coisa houvesse corrido bem, como quando um animal entrava em uma tomada.

Contudo, após o verão, os números caíram demais. Tão acentuadamente, na realidade, que várias pessoas ficaram apreensivas com a possibilidade de o negócio fracassar, e uma ou duas chegaram a pedir demissão para procurar empregos mais seguros. Fiquei satisfeito ao vê-las partir. Com esse tipo de lealdade, a empresa com certeza funcionaria melhor sem elas, mas isso aumentava a carga de trabalho, e o processo de recrutamento era inevitavelmente demorado. Fico feliz ao declarar que hoje temos uma tripulação completa de tratadores e pessoal de manutenção e bufê dedicada e harmoniosa, que parece se entender de forma perfeita, embora, em meu novo papel da Pessoa que Demite os Funcionários, eu talvez seja o último a saber em caso contrário.

Logo, o outono ameno e o marketing da nova agente educacional produziram comboios regulares, sinuosos, faladores e sorridentes de grupos escolares, de mãos dadas aos pares, produzindo ruídos semelhantes aos de um riacho sussurrante e volúvel, guardados por professores ansiosos e jovens (tão jovens!). Isso aumentou nossa receita, reforçou nosso perfil local e proporcionou o serviço educacional para o qual nos encontramos aqui.

O verão fora um tremendo sucesso em termos do número de visitantes nos dias ensolarados, consumo per capita, satisfação e reação da clientela. Mas eu sabia que o banco não enxergaria a situação dessa forma. E não enxergou. No que lhe dizia respeito, julho não rendera tanto quanto disséramos que renderia, e recusaram-se a estender nosso crédito ("Estava chovendo, pessoal, mas veio mais gente nos outros dias." "Isso não conta...") para o inverno se necessário, embora houvessem prometido que o fariam, caso o modelo básico de negócios parecesse estar funcionando. O que claramente estava. Porém, mais uma vez, nós nos vimos sozinhos. E, mais uma vez, a coisa ficou feia. O começo tardio da estação nos custou caro, assim como a chuva, e as reservas de que necessitávamos para pagar salários e custos operacionais no inverno não eram tão grandes quanto esperávamos. Mesmo se fechássemos durante alguns meses, como muitas atrações, faria pouca diferença, pois precisávamos que a equipe central permanecesse e as contas continuariam a chegar. Percebemos advogados distantes estenderem a mão para pegar caixas de arquivos e lerem atenta e calmamente as cláusulas de reintegração de posse.

E então a série de TV começou.

*Ben's Zoo* foi ao ar pela BBC2 de fins de novembro até o início de dezembro, de oito às nove da noite, e foi assistido por uma média de 2,5 milhões de espectadores por semana. As coisas começaram a mudar. Durante o primeiro programa, Adam monitorou nossa página na internet e registrou mil acessos durante a transmissão, muitos dos quais eram consultas a respeito da muito necessária adoção de animais. No final de semana seguinte — por sorte, ameno —, os visitantes começaram a pingar, e o fluxo transformou-se em uma torrente ao longo das semanas posteriores. No início do feriado de Natal, estávamos abarrotados. E todos tinham coisas agradáveis a dizer. Sobretudo os habitantes locais — muitos dos quais já haviam estado no parque e se afastado durante os anos de declínio —, que nos congratulavam pelas benfeitorias. Foi uma sensação maravilhosa, como se estivéssemos novamente no verão. Os tratadores eram reconhecidos e recebiam chocolates e flores de presente por parte de um público afetuoso, e descobri que era impossível circular pelo parque sem ser parabenizado de poucos em poucos metros por um bando de simpatizantes. Embora isso significasse ter a mesma conversa cerca de cinquenta vezes ao dia, não me importei nem um pouco e senti-me genuína e imensamente grato a todos os que compareceram. Os apertos de mão violentos, porém, tornaram-se um problema, pois os homens nos arredores parecem ter mãos imensas e fortes, ao contrário de minhas mãos "femininas", que se tornaram delicadas após 15 anos digitando para ganhar a vida. Um idoso em particular, um sujeito baixo que se deslocava com o auxílio de muletas, causou-me de fato uma distensão. Perguntei-lhe, enquanto massageava a mão, o que havia feito para ganhar a vida, esperando que ele respondesse que esmagava pedras com as mãos desprotegidas em algum circo. "Fui designer gráfico", respondeu ele, o que não fez nenhum bem ao meu ego.

Inevitavelmente, após tamanha exposição pública, algumas pessoas desejavam apresentar suas condolências acerca de Katherine. E, mais uma vez, foram os homens que mais me comoveram. Das mulheres, que em geral transmitem melhor suas emoções, esperamos compaixão e palavras de conforto. Mas para os homens isso é muito mais difícil (eu poderia entediá-los com páginas e mais páginas a respeito dos motivos pelos quais isso ocorre, portanto insiram seus relatos por conta e risco próprios). Uma mulher me chamou de certa distância para dizer:

— Ben, sei pelo que você está passando. Perdi meu marido há nove anos e ainda não me recuperei. — O que considerei um tanto insensível. Mas um sujeito em particular se destaca. E destacou-se na ocasião. Com pelo menos 1,95m de altura, a constituição física de um jogador de rúgbi e o inevitável aperto de mão violento, ele me olhou nos olhos, os seus se enchendo de lágrimas, e simplesmente declarou: "Bom trabalho." Tendo dito o bastante, afastou-se, mensagem transmitida. Eis um exemplo de comunicação masculina para vocês.

Por falar em comunicação masculina, meu pai também era um homem de relativamente poucas palavras. Não que fosse taciturno — apenas não acreditava em contaminar o ar com bobagens desnecessárias e possuía o dom de ser breve, mesmo na fala, o que tornava suas declarações precisas e calculadas, e em geral imbuídas de uma sutileza árida, que muitas vezes levava tempo para ser assimilada. Nada disso teria sido possível sem meu pai, cuja vida inteira de atividade, trabalho árduo e devoção à família acabou por nos conceder a extraordinária oportunidade de salvar um zoológico decadente após sua morte. É claro que ele nunca teria aprovado e talvez houvesse ficado sem fala se nos visse agora. Mas o restante de nós, graças a ele, pôde se dar ao luxo de ser um pouco mais impulsivo. Mamãe, minha irmã Melissa e meus irmãos Duncan e Vincent investiram sem hesitação tudo o que podiam para fazer com que esse plano temerário e rudimentar desse certo. E funcionou. O primeiro dia útil após o Natal foi nosso dia mais movimentado até então, e o inverno tem sido quase tão movimentado quanto o verão, o que fará com que, embora tenhamos perdido um terço da estação, consigamos por pouco — por pouco — atravessar o inverno sem a ajuda do banco.

Meu pai também se chamava Ben, mas apenas Ben, enquanto minha família me conhece como Benjamin. Preocupava-me um pouco o fato de a série de TV ter se chamado *Ben's Zoo*, em grande medida porque este não foi, de modo nenhum, o esforço de uma única pessoa. Mas, até certo ponto, é oportuno. Trata-se mesmo do zoológico de Ben, mas um Ben diferente de mim, seu vaidoso representante. É o zoológico de Ben Harry Mee (1928-2005).

Dizer que tudo isso mudou minha vida é um eufemismo. Mas ver o fluxo de pessoas circulando pelo parque todos os dias, partindo energizadas e entusiasmadas, tendo aprendido alguma coisa sobre o mundo natural, e estar em posição de expandir essas instalações incríveis e recrutar cada vez mais animais da Lista Vermelha da União Internacional para a Conservação da Natureza para proteger para o futuro é sem dúvida um raro privilégio. Tem sido uma tarefa árdua, mas que não sinto como trabalho. Sinto como vocação. Obrigado, pai.

Este livro foi impresso na
**LENA** GRÁFICA EDITORA LTDA.
Viela Urga, 144 – Bonsucesso
CEP 07175-332 – Guarulhos – SP
Fone: (11) 2088-9191 – Fax: (11) 2088-9192
lenagrafica@lenagrafica.com.br – www.lenagrafica.com.br